한·중·일 경제 삼국지

누가 이길까?

나남
nanam

저자 소개

안현호는 서울대학교 무역학과를 졸업하고
제 25회 행정고시에 합격한 후 산업입지환경과장,
철강・석유화학과장, 부품・소재과장, 산업기술정책국장,
산업정책국장, 기획조정실장, 산업경제실장을 거쳐
산업통상자원부(구 지식경제부) 차관을 역임하였으며
약 30년 공직생활의 대부분을 산업 분야에서 근무하였다.
퇴직 후 2011년부터 한국무역협회 상근 부회장으로 재직하고 있다.

나남신서 · 1687
한·중·일 경제 삼국지
누가 이길까?

2013년 4월 15일 발행
2014년 12월 5일 8쇄

지은이 · 安玹鎬
발행자 · 趙相浩
발행처 · (주) 나남
주소 · 413-120 경기도 파주시 회동길 193
전화 · (031) 955-4601 (代)
FAX · (031) 955-4555
등록 · 제 1-71호 (1979. 5. 12)
홈페이지 · http://www.nanam.net
전자우편 · post@nanam.net

ISBN 978-89-300-8687-5
ISBN 978-89-300-8655-4 (세트)

책값은 뒤표지에 있습니다.

한·중·일 경제 삼국지

누가 이길까?

안현호 지음

Rock, Paper, Scissors: The East Asian Economic Game

Who Will Come Out on Top?

by

Ahn, Hyunho

nanam

책을 내면서

필자는 1980년대 초반 공직생활을 시작해 대부분의 시간을 산업통상자원부(舊 상공부)의 산업 분야에서 보냈고, 이 과정에서 우리나라의 제조업이 발전하는 과정을 현장에서 지켜보는 행운을 누렸다. 잘 알려진 것처럼 한국 경제와 산업은 유례를 찾을 수 없을 만큼 압축적 성장을 했다. 아무것도 없는 허허벌판에서 세계 최고 수준의 제조업 기반을 구축해 지난해에는 세계에서 9번째로 무역 1조 달러를 달성했다. 무(無)에서 유(有)를 창조한 이런 성과는 세계적으로 유일무이하다.

최근에는 삼성전자의 스마트폰 갤럭시가 애플의 아이폰을 누르고 세계 1위에 오르는가 하면, 현대·기아자동차가 내로라하는 선진국 유명 자동차업체들을 하나 둘 제치는 등 우리 기업의 승전고가 곳곳에서 들려오고 있다. 2011년에는 G20 정상회의를 개최했고, 싸이의 〈강남스타일〉 등 한류열풍이 저 멀리 아프리카 오지까지 퍼져나가면서 대한민국의 위상은 하루가 다르게 높아지고 있다.

이처럼 한국 경제와 대한민국의 위상은 나날이 발전하고 높아지는데, 어찌된 일인지 우리 사회의 미래를 걱정하는 목소리도 비슷하게 커지고 있다. 대다수 국민의 삶이 어려워지고 있으며, 행복을 느끼는 사람보다 불평과 불만을 호소하는 사람이 늘고 있다. 한마디로 모든 연령과 계층이 미래를 두려워하는 것이다.

대기업과 중소·중견기업, 정규직 근로자와 비정규직·자영업자, 수출기업과 내수·서비스기업 사이에 양극화가 심화되고 있다. 중산층이 감소하고 있으며, 계층 간 차단막이 높아져 '개천에서 용 나기' 식의 신분상승이 어려운 실정이다. 또한 경제성장과 고용 간 고리가 약화되어 일자리를 구하기가 쉽지 않고, 특히 젊은이들의 고용사정은 갈수록 나빠지고 있다. 이처럼 불안에 휩싸인 사회구성원들은 더 많은 복지를 요구할 수밖에 없다. 복지수준과 방법에 대한 보수-진보진영 간 갈등과 함께 포퓰리즘적 성격을 띤 복지요구가 커지고 정치권의 무책임한 호응도 높아만 가고 있다.

이러한 상황에서 무엇보다 걱정스러운 것은 우리나라의 기존 성장동력이 한계를 보이는데도 새로운 동력이 나타나지 않는다는 점이다. 엎친 데 덮친 격으로 우리나라는 조만간 생산가능 인구가 줄어드는 고령사회에 진입하고, 10년 안에 초고령사회로 갈 것이 확실하다. 따라서 10년 안에 새로운 성장동력을 만들어 내지 못하면 사실상 우리나라는 선진국에 진입하기가 힘들다. 한국 경제가 선진국에 진입하느냐 아니면 그 바로 앞에서 주저앉느냐 하는 기로에 선 것이다.

한편 이웃 중국과 일본도 우리처럼 커다란 변화가 수반되는 중대한 변곡점에 와 있다. 우리 경제에 결정적인 영향을 미치는 중국은 생산요소 투입 위주의 성장, 투자·수출 위주의 성장, 자원·환경소모적 성장으로 인해 이제 뚜렷한 한계를 보이고 있어 성장전략의 대폭적인 수정이 필요하다. 즉, 생산요소 투입 위주의 성장에서 총요소 생산성 위주 성장으로, 투자·수출 위주 성장에서 내수와 조화를 이루는 성장으로, 자원절약적이고 친환경적 성장으로의 전환이 그것이다. 그간의 비약적 발전에 결정적으로 기여한 중국 정부의 역할이 오히려 부작용을 초래하는 경우가 늘면서 정부와 민간 간 역할의 조정, 국유기업을 포함한 국유 부분의 축소, 노동·금융 등 생산요소 시장의 개혁 같은 경제 시스템의 개혁이 시급한 실정이다. 개혁에 성공하느냐 또는 실패하느냐에 중국의 미래가 좌우되고, 우리나라에 미치는 영향도 크게 달라질 것이다.

중국의 산업은 비약적 발전을 거듭해 조만간 조립완성품 분야에서 한국과 일본을 위협하고, 궁극적으로는 세계적 수준의 경쟁력을 확보할 것으로 예상된다. 반면 부품·소재·장비 분야에서는 여전히 한국과 일본을 따라잡지 못해 격차를 보일 것이다. 따라서 이 분야에서는 아직 우리에게 기회가 있다고 판단한다.

일본도 한국과 중국처럼 커다란 변화를 앞두고 있다. 일본은 1980년대 최고의 전성기를 구가했다. 제조업 분야에서는 감히 일본과 대적할 나라가 없었다. 소니·마쓰시타·샤프 같은 전자업체들과 도요타·닛산 등 자동차 업체들은 세계를 석권했다. 그러나 일본은 1990년대 초 부동산 버블이 꺼지면서 추락하기 시작했다. '잃어버린 20년'이 시작된 것이다.

완만하게 진행되던 일본의 하락세는 2008년 세계 경제위기로 급물살을 타기 시작했으며, 2011년의 동일본 대지진은 일본 경제와 산업에 결정타를 가했다. 기존의 고령화, 내부혁신의 실패와 함께 대지진으로 대부분의 일본 기업이 열도를 떠났거나 떠날 준비를 하는 등 제조기지로서의 역할이 현저하게 약화됐다. 하지만 일본 업체들은 뼈를 깎는 구조조정, 경쟁력 있는 사업 위주로의 재편, '볼륨 존(*volume zone*) 전략' 등을 통해 정상탈환을 꿈꾸고 있다. 요즘 논란이 되는 '아베노믹스'(*Abenomics*)도 과거의 영광을 재현하기 위한 몸부림이라 하겠다. 일본의 이 같은 변화는 한·중·일 분업구조에 커다란 변화를 가져올 뿐 아니라 우리에게 심대한 영향을 끼칠 수밖에 없다.

기존의 한·중·일 분업구조는 기본적으로 상호 보완적이었다. 일본은 하이-엔드 테크(*High-end Tech*), 한국은 미들-엔드 테크(*Middle-end Tech*), 중국은 로우-엔드 테크(*Low-end Tech*) 분야에 각각 특화하면서 경쟁보다는 협조적 분업구조가 유지됐다. 그러나 앞으로는 협조보다는 경쟁의 양상이 두드러지고, 조만간 일관공정 및 조립가공산업의 조립완성품 분야에서 한·중·일 세 나라는 생존을 건 진검승부를 벌여야 할 판이다. 한국·중국·일본은 세계 경제의 제조기지 역할을 하고 있으며, 각국의 주력산업이 거의 비슷하다. 따라서 삼국 간 전쟁에서 이긴 나라는 세계를 제패할 것이며, 패하는 나라는 무대에서 사라지게 된다. 물론 경제성장의 대부분을 수출에 의존하는 우리가 이 경쟁에서 밀린다면 치명적 결과를 맞을 수밖에 없다. 앞에서 언급한 대로 한·중·일 삼국은 모두 중대한 내부혁신을 앞두고 있으며, 이 고비를 성공적으로 넘기는 나라가 진정한 승자가 될 것이다.

필자는 평생 우리 기업의 경쟁력 확보와 미래 성장동력 창출과 관련한 일을 해왔다. 우리나라가 미래 성장동력 창출 등 내부혁신에 성공해 중·일과의 쟁투에서 승리하는 것은 물론 선진국에 성큼 진입했으면 하는 바람에서 이 글을 쓰기 시작했으며, 이 책에는 그만큼 오랜 고민이 담겨 있다. 이 책은 우리 경제의 지속적 성장을 위한 과제를 본격적으로 다루지는 않았다. 한·중·일 분업구조의 향후 변화라는 관점에서 우리 경제와 산업이 나가야 할 길을 제시하는 것이 주목적이기 때문이다. 그렇지만 한국 경제의 지속적인 성장전략을 제시하는 데 있어서 본질과 핵심은 다루었다고 생각한다.

이 책을 쓰게 된 또 하나의 동기는 중국과 일본, 특히 중국에 대한 연구를 활성화하는 데 기여하고 싶어서다. 중국은 우리 경제와 산업에 커다란 영향을 미치지만, 정작 우리에겐 중국 경제와 산업, 특히 산업에 대한 연구가 매우 부족하다. 정부나 기업 모두 중국이 중요하다 하면서도 실제로는 심층연구에 소홀하고 인색하다. 단편적 연구들이 있기는 하지만, 양과 질에서는 아직 미흡하기 짝이 없다. 이 책의 출간을 계기로 중국의 중요성을 감안한 연구, 특히 중국 산업과 기업, 내수시장 등에 대한 연구가 대폭 활성화되기를 기대해 본다.

물론 일본에 대한 연구도 게을리해선 안 된다. 우리나라는 1960년대부터 경제개발을 본격적으로 추진한 이래 일본의 뒤를 열심히 따라갔다. 그런 노력에도 불구하고 우리 산업은 일본과 약 20년의 격차를 둔 것으로 평가된다. 따라서 일본에 대한 연구는 반면교사적 성격을 갖는다. 앞서 간 자의 잘못을 되풀이하지 않기 위해선 과거 일본 경제·산업·사회·정부정책 등에 대한 연구가 필요하다. 특히 고령화사회 진입을 앞둔 우리로서는 일본 고령화사회의 여러 현상과 대책, 시행착오에 대한 연구를 강화할 필요가 있다.

이 책은 중국의 경제와 산업의 현황분석과 미래전망에 많은 부분을 할애했다. 중국이 우리에게 중요할 뿐만 아니라 앞에서 밝혔듯이 중국의 경제·산업 분야에 대한 연구가 부족하기 때문이다. 중국을 종합적으로 평가하고 전망하는 것은 대단히 어려운 작업이다. 워낙 큰 나라인데다 경제·사회 시스템이 안정되지 않아 고려해야 할 변수가 너무 많고 불확실한 부분도 크다. 필자는 중국 부분을 쓰는 과정에서 가능한 한 중국을 종합적이고 객관적으로 평가하고 전망하기 위해 노력했다. 몸집이 큰 코끼리의 한 부분만 만져보고 전체 모습을 그리는 우(愚)를 범하지 않기 위해 많이 고민하고 토론했다. 물론 이에 대한 평가는 독자의 몫이다.

책이 나오기까지 많은 분들의 도움을 받았다. 우선 중국 경제·산업의 평가와 전망 부분에서 처음부터 토론을 함께 하고 문제점을 지적해준 산업연구원 북경소장 조영삼 박사, 국가 산업경쟁력 분석틀과 책 전체의 체제에 관해 조언해준 카이스트 김갑수 박사, 일본 경제·산업에 관해 탁월한 식견을 갖춘 이우광 박사, 한·중·일 포럼의 산업기술연구원 부원장 조영준 박사와 직원들, 그리고 이 포럼의 각 산업분과 연구자 분들에게 감사드린다. 그리고 교정, 타이핑, 자료수집 등을 도와준 무역협회 김병훈 실장, 조용석 과장, 조인숙 과장과 국제무역연구원 소속 연구원들에게도 감사의 마음을 전한다. 무엇보다 출판을 흔쾌히 수락해주신 나남출판의 조상호 사장님과 강현호 편집자의 노고가 없었다면 이 책이 나오지 못했을 것이다.

마지막 장을 쓰고 나니 아쉬운 부분이 많지만 용기를 내 책으로 묶기로 했다. 부족하고 모자란 부분은 다음 기회에 보충할 생각이다. 그럼에도 산업정책을 다뤘던 공무원 출신으로서 이 책이 대한민국 경제와 산업발전에 조금이라도 기여했으면 하는 간절한 바람 또한 어쩔 수 없다.

2013년 3월

삼성동에서 한강을 굽어보며

안현호

나남신서 · 1687

한 · 중 · 일 경제 삼국지

누가 이길까?

차 례

• 책을 내면서 5

1 기로에 선 한국 경제

1. 세계 경제사에서 유례없는 성공을 거둔 대한민국 17
2. 기로에 선 한국경제 24
   1) 양극화 · 불균형 심화 27
   2) 중산층의 추세적 감소와 계층 간 이동의 어려움 28
   3) 성장과 고용의 연결고리 단절 29
   4) 경제주체의 불안감 가중 및 기업가 정신의 약화 29
   5) 미래 먹거리 창출 한계 및 성장엔진 속도 체감 29
3. 불리하게 돌아가는 세계 경제 31
   1) 세계 경제는 저성장 기조로 갈 수밖에 없다 32
   2) 세계 경제의 불확실성이 증폭되고 있다 35
   3) 세계 산업재편 가속화로
      주요 산업과 기업의 부침이 심화되고 있다 38

4. 거대한 변화를 앞둔 중국, 일본
그리고 한 · 중 · 일 분업구조 41
1) 중국 : 비약적 발전 이후 예상되는 근본적 변화를 거칠 전망 41
2) 일본 : 경제 · 산업의 침체 가속화 및 재기의 몸부림 43
3) 한 · 중 · 일 분업구조 : '협력보완 관계'에서
'생존을 건 경쟁관계'로 45

2 중국 경제의 비약적 발전과 중국 경제 · 산업의 미래

1. 중국 경제의 비약적 발전 47
1) 중국의 눈부신 성장 47
2) 중국, 세계적 제조기지로 우뚝 서다 48
3) 중국 기업의 약진 51
4) 중국 경제 · 산업 발전의 특징 및 원인 66
5) 중국 경제성장의 요인 70
6) 중국 경제가 세계 경제와 우리나라 경제에 미치는 영향 75

2. 중국 경제 · 산업의 현황과 문제점 79
1) 요소투입형 성장의 한계 79
2) 새로운 성장동력이 필요한 중국 87
3) 중국 경제의 혁신수준과 혁신가능성 94
4) 투자, 수출주도 성장의 한계 109
5) 체제개혁의 미완성으로 인한 시스템의 한계 112
6) 환경, 자원 소모적 성장의 한계 124

3. 중국 경제의 미래 126

1) 중국의 목표 126

2) 12차 5개년 계획의 목표와 주요내용 127

3) 지속적 경제성장을 할 수 있을까? 133

4) 중국 경제성장의 수준과 향후 특징 135

5) 향후 중국 경제의 위기 가능성 138

6) 중국 경제 : 10년 안에 어려움을 겪을 가능성 상존 141

4. 중국 산업의 발전전망 143

1) 조립완성품을 중심으로 지속발전 전망 143

2) 산업별 발전전망 147

3) 부품 · 소재 · 장비산업 발전전망 164

3 가라앉는 일본 경제와 향후 일본 산업의 재편방향

1. 일본 경제의 위상 167

2. 추락하는 일본 경제 · 산업 173

3. 현저히 약화된 제조업 기지로서의 역할 179

1) 내수부진 181

2) 서플라이 체인 재구축 182

3) 전력 리스크 증대 183

4. 일본 경제침체의 근본원인 189

1) 인구감소와 고령화 대응 부진 189

2) 내부개혁의 실패 190

3) 자신감 상실에 따른 도전정신의 퇴조 193

5. 일본 경제 · 산업의 강점 195
1) 강소기업 : 다케나카제작소 200
2) 강중기업 : 무라타제작소 200

6. 일본 기업의 치열한 경쟁력 재무장 노력 202
1) 강력한 구조조정 추진 202
2) 기존 비즈니스 모델의 재검토 및 신성장 · 신산업 분야 진출 202
3) 신흥국 진출 가속화와 글로벌 경영 심화 204
4) 생산전략의 혁신 205
5) 볼륨존 마케팅 전략 206

7. 일본 경제 · 산업의 미래 208

4 한국 경제 · 산업의 현황과 미래

1. 한국 경제 · 산업의 현황과 문제점 211
1) 새로운 성장 패러다임의 필요성 211
2) 성장동력의 지속적 약화 212
3) 새로운 성장동력이 나오기 어려운 한국 경제 215
4) 잠재 성장률의 투입요소 측면에서의 한계 227
5) 새로운 성장산업이 나타나지 않고 있다 229
6) 고용 없는 성장의 현황과 문제점 230
7) 일본식의 내수침체 장기화 가능성은? 235

2. 한국 경제 · 산업의 미래 (성장동력 중심) 241

5 한 · 중 · 일 분업구조의 변화와 향후 전망

1. 생존을 건 전면전을 앞둔 조립완성품 분야 243
2. 일본의 우위 속 협력적 분업구조가 유지되는 부품 · 소재 · 장비 246
1) 부 품 246
2) 소 재 250
3) 장 비 251
3. 한 · 중 · 일 경제 삼국지 : 누가 이길까? 253

6 한국의 대응방향 (한 · 중 · 일 분업구조의 변화 관점)

1. 새로운 성장전략의 기본 틀 257
2. 전략 ① : 중소 · 중견기업을 새로운 성장동력으로 육성 262
1) 중소 · 중견기업의 성장 생태계 조성 262
2) 중소 · 중견기업 정책의 전면개편을 통한 성장역량 제고 264
3) 글로벌 경쟁력을 갖춘 중소 · 중견기업군의 육성 268
4) 대-중소기업 간 공동발전을 위한 새로운 관계 정립 269

3. 전략 ②: 부품 · 소재 · 장비산업의 육성 272

1) 중국에 대비한
부품 · 소재 · 장비산업 육성 프로젝트 추진 272
2) 일본의 제조기지 역할 퇴조에 따른
대체역할 극대화 273

4. 전략 ③: 중국 시장을 제2 내수시장으로 공략 274
5. 글을 마치면서 281

• 부록

1. 중국 12차 5개년 계획 분야별 개요 283
2. 일본과 한국의 글로벌 포춘 500 기업 리스트 291
3. 일본 기업의 한국 투자 사례 295
4. 저력과 혁신을 통해 일본을 이끄는 50개 기업 297

• 찾아보기 305

1

기로에 선 한국 경제

1. 세계 경제사에서 유례없는 성공을 거둔 대한민국

모든 나라가 선진국이 되고 싶어하지만, 그게 말처럼 쉬운 것은 아니다. 이것이야말로 역사가 주는 분명한 교훈이다.

〈표 1-1〉에서 보는 것처럼 우리 눈에 익숙한 선진국은 이미 19세기에 결정됐다. 현재 세계 경제와 산업의 패러다임은 유럽의 산업혁명을 통해 만들어졌으며, 오늘날 산업의 대부분 또한 제 2차 산업혁명이 진행된 19세기 말 또는 20세기 초에 그 물결이 완성됐다.

물론 이는 유럽 국가들이 주도했기 때문에 유럽 이외 지역에서 선진국이 되기는 매우 어려웠다. 아니 거의 불가능했다고 보는 게 맞다. 지금의 선진국은 유럽과 미국, 캐나다, 호주 등 유럽계 국가를 제외하고는 일본이 유일한 셈이다.

우선, 선진국이 되기 위해서는 연간 3% 이상의 성장률을 한 세기 이상 지속시킬 수 있는 역량을 갖춰야 하는데, 이는 현재의 시스템을 만든 유럽계 국가 이외에 다른 나라들이 이를 충족시키기가 대단히 어려운 구조다. 그러다 보니 성장 도중 많은 비유럽계 국가들이 주저앉았고 일본만이 유일하게 성공을 거뒀다.

이런 점에서 일본은 세계 경제사적으로 대단한 국가로 볼 수밖에 없

〈표 1-1〉 1인당 소득 기준 세계 20대 부국

순위	1870년[1]	1988년[2]	2011년
1	호주	스위스	노르웨이
2	영국	아이슬란드	카타르
3	벨기에	일본	룩셈부르크
4	스위스	노르웨이	스위스
5	네덜란드	핀란드	덴마크
6	미국	스웨덴	스웨덴
7	뉴질랜드	덴마크	네덜란드
8	덴마크	미국	미국
9	캐나다	서독	핀란드
10	프랑스	캐나다	오스트리아
11	아르헨티나	룩셈부르크	벨기에
12	오스트리아	프랑스	캐나다
13	이탈리아	오스트리아	일본
14	독일	UAE	독일
15	스페인	네덜란드	싱가포르
16	노르웨이	벨기에	프랑스
17	아일랜드	영국	아랍에미리트
18	포르투갈	이탈리아	아일랜드
19	스웨덴	호주	영국
20	칠레	뉴질랜드	이탈리아

현대중공업
울산조선소 전경

는데 그 어느 나라도 할 수 없는 일을 해냈기 때문이다. 그런데 우리나라가 1960년대 이후 약 50년간 이룩한 성과 또한 일본에 결코 뒤지지 않으며, 오히려 세계 경제사 전반을 놓고 볼 때 일본보다 나은 성과를 이룩했고 지금도 그 행진은 계속되고 있다.

우선, 우리나라는 2011년 세계 경제사에서 9번째로 무역 1조 달러를 달성했다. 1조 달러를 달성한 국가는 미국(1992년), 독일(1998년), 일본(2004년), 중국(2004년), 프랑스(2006년), 이탈리아(2006년), 영국(2007년), 네덜란드(2007년) 순이다. 이 가운데 네덜란드는 중개무역 국가여서 진정한 '1조 달러 클럽' 회원국이라고 보기 어렵다.

그렇다면 무역규모(2012년 기준) 면에서 한국은 미국, 독일, 일본, 중국, 프랑스, 영국 다음이다. 이 자체로도 개발도상국의 성적표라고는 도무지 믿기 어려운 대단한 성과임에 틀림없다.

수출규모에서도 2011년을 기준으로 세계 7위(5,552억 달러)를 기록했다. 수출액을 국가별로 나열하면, ① 중국(1조 8,983억 달러), ② 미국(1

1 Lester Thurow (1992), 《세계경제전쟁》.

2 세계은행. 모나코, 리히텐슈타인 등 극소국은 제외

LG디스플레이 생산라인

조 4,804억 달러), ③ 독일(1조 4,723억 달러), ④ 일본(8,226억 달러), ⑤ 네덜란드(6,669억 달러), ⑥ 프랑스(5,959억 달러), ⑦ 한국(5,852억 달러) 순이다.

무역이나 수출규모만 놓고 보면 우리나라는 세계 최고 수준의 선진국이다. 물론 국내총생산(GDP)은 세계 12~15위, 1인당 GDP 수준은 20위 중반 정도이다. 그런데 수출과 무역 분야에서의 이런 성과를 아랍에미리트연합(UAE), 브라질, 호주 등과 같이 자원수출로 이루어 낸 것이 아니라 순전히 제조업을 기반으로 이룩했다는 점이 중요하다.

우리나라는 제조업 전반에 걸쳐 생산기반을 고루 갖춘 전 세계에서 몇 안 되는 국가다. 대만처럼 일부 제조업에서 글로벌 경쟁력을 갖춘 나라는 꽤 있지만, 전 제조업에 걸쳐 기반을 유지하는 나라는 독일, 일본, 중국, 한국 정도다. 그렇다면 미국은 전체 제조업 기반이 안 갖춰졌느냐 하는 질문이 있을 수 있겠다.

미국은 1980년대 이후 제조 기반의 상당부분을 비용절감 등의 이유로 해외로 이전하거나 아웃소싱으로 대체해 산업의 일부분, 즉 상품기획, 연구개발(*Research & Development*, R&D), 마케팅처럼 기업활동으로 치

현대자동차
중국공장 생산라인

면 머리에 해당하는 부분만 남은 경우다. 최근 버락 오바마 대통령이 제조업 부활을 위해 여러 가지 노력을 하는 이유도 이 때문이다.

우리나라는 제조업 강국으로 세계 생산기지의 핵심 역할을 담당하고 있다. 메모리 반도체(DRAM)(1위), 디스플레이(1위), 조선(1위), 연료전지(1위), 자동차(5위) 등 전 제조업 분야에서 세계 1~5위 수준의 기반을 구축하고 있다. 그리고 우리 제조업은 모든 가치사슬(*value chain*) 과정에서 산업기반을 고루 갖추었다. 기획, 디자인, R&D, 생산, 물류 및 판매기반뿐 아니라 '소재-부품-장비-조립'으로 이어지는 산업별 생태계를 아주 정치(精緻)하게 구성했으며, 여기에 제조업을 밑에서 받치는 주물, 금형, 열처리, 단조 같은 뿌리산업의 기반과 경쟁력 또한 단단하다. 이 같은 제조업 강국으로의 위상과 경쟁력은 우리 산업, 경제의 최고 자산이며 자랑거리라고 할 만하다.

제조업 강국을 기반으로 한 무역 1조 달러, 수출 7위의 성과는 일본을 제외하고 어느 나라도 이룩하지 못한 것으로 세계 경제사에서 대단히 높이 평가받을 만하며, 확언컨대 일본보다 한 수 위다. 물론 현재 한국과 일본의 경제력을 비교하면 우리가 열위에 있는 것은 분명하다. 그렇지만 한국과 일본이 처했던 환경과 걸어온 길을 고려하면 생각이 달라질 수 있다.

일본의 경우를 보자. 일본은 적어도 2세기 이상의 근대화 과정을 거친 후 19세기 말~20세기 초반에 이미 선진국 수준에 도달했다. 일본은 1603년 도쿠가와(德川) 막부(幕府)가 들어선 후 천주교 유입 방지를 주된 목적으로 하여 쇄국정책을 취했으나 유럽의 선진문물은 나가사키(長崎)항을 통해 활발하게 유입됐다.

꾸준히 근대화 기반을 닦은 일본은 1868년 메이지유신(明治維新)을 통해 본격적인 부국강병을 추진하고는 곧이어 1894년 청일전쟁과 1904년 러일전쟁에서 승리함으로써 세계강국으로 우뚝 올라서게 된다. 당시 이미 일본은 서구 선진국과 경쟁할 정도의 과학기술 기반과 산업 기반을 가졌던 것이다. 나아가 일본은 진주만 폭격을 감행하면서 미국과 태평양전쟁을 치르게 된다. 당시 하와이 진주만을 공격했던 일본의 주력기가 이른바 '제로 전투기'인데, 미국이 추락한 이 일제 전투기를 가져다 연구할 정도로 기술이 우수했다고 한다. 이처럼 일본은 선진국이 되기 위한 기반을 몇 세기에 걸쳐 꾸준하고도 지속적으로 다져왔으며, 결국 비유럽 국가로는 처음으로 선진국이 될 수 있었다.

그렇다면 우리는 어땠을까? 멀리 올라갈 것도 없이 조선시대 들어 임진왜란(壬辰倭亂)과 병자호란(丙子胡亂) 같은 잇단 외세의 침략으로 국토가 피폐할 대로 피폐해진 상황에서 영·정조 시대의 치세로 잠깐 나라 형편이 나아지는 듯했으나, 세도정치의 전횡과 위정자들의 부패와 좁은 식견으로 일본의 식민지로 전락하고 말았다.

일제 강점기 때는 전 국토가 극심하게 수탈당했으며, 해방 후 닥친 6·25 전쟁은 한반도를 완전히 초토화시켰다. 우리는 그야말로 아무것도 없는 상태에서 1960년대 중반 제 1차 경제개발 5개년 계획을 추진한 이래 50년이라는 짧은 시간 동안 지금의 성과를 이뤄낸 것이다.

일본은 청일전쟁에 필요한 전함 건조능력 등을 바탕으로 순탄하게 세계 1위 조선국으로 올라설 수 있었으며, 자동차산업에서도 역시 제로 전투기를 만들던 엔지니어들이 전쟁 이후 자동차산업을 세계 1위로 끌어올린 주역이었던 것이다. 반면, 우리는 사람도 돈도 인프라도 없는 상황에서 반세기 만에 맨손으로 오늘과 같은 산업적 능력을 일구었다는 점에서 일본보다 훨씬 높게 평가받을 만하다. 한국은 산업발전과 경제성장을 바탕으로 과학, 기술, 문화, 예술 등 거의 모든 분야에서 선진국 수준에 이르렀다고도 볼 수 있다.

최근 가수 싸이의 〈강남스타일〉이 유튜브 역대 최대 조회수(13억)를 경신하는 등 한국의 K-POP이 세계 유행을 선도하는 것을 보면, 1960~70년대에 청소년기를 보내면서 미국, 프랑스 같은 먼 세상을 동경하던 나 같은 세대들은 감회에 젖을 수밖에 없다.

난도직입적으로 물어보자. 한국은 선진국인가? '당연히 그렇다'고 선뜻 말할 사람은 많지 않다. '아직 아니다'가 대부분이다. 좀더 정확히 말하면 '선진국 문턱에 와 있다'고 하는 게 정확하다. 선진국 수준에 도달했거나 넘어선 분야가 부분적으로 있기는 하지만, 선진국이 되기 위해 반드시 갖춰야 할 몇 가지 요소가 부족한 것도 사실이다.

먼저, 우리나라는 노동, 자본 등을 동원한 요소투입형 성장에서 인적 역량과 기술혁신이 주도하는 총요소 생산성[3] 성장으로의 전환이 완결되지 않았다. 선진국으로 진입하기 위해 반드시 갖춰야 할 조건 중 가장 중요한 것이 총요소 생산성 성장이다. 만약 이 요건을 충족하지 못하면 한국은 선진국에 진입하지 못할 가능성이 크다.

한국에서 생산성이 선진국 수준에 도달한 경제주체는 대기업뿐이다. 그것도 제조업 분야의 대기업에 한정된다. 우리나라 대기업은 국제통화기금(IMF) 금융위기 이후 뼈를 깎는 구조조정과 동시에 R&D와 생산성 혁신을 추진한 결과 2000년 중반부터는 세계 최고 수준의 경쟁력을 갖게 되었다. 당시 대기업의 생산성 향상을 보여주는 단적인 예가 있다. 어느 반도체회사에서 생산성을 혁신한 결과 생산라인(*fabrication*) 당 4만 개이

3 노동, 자본 등 다양한 생산요소들에 의해서 산출되는 가치를 측정하는 개념으로 경제적 기술수준을 나타내는 지표 또는 생산효율성 수치이다. 통상 생산성이라고 하면 노동자 1인당 또는 노동자 1시간당 산출량으로 효율성을 측정하는 노동생산성을 말한다. 생산성이라는 개념은 투입요소를 이용하여 효율성을 나타내는 척도이다. 실제로 자본 생산성, 에너지 생산성, 설비 생산성 등이 사용된다. 그러나 이들의 생산성은 한 가지 투입 요소만으로 효율성을 파악한다. 따라서 어떤 재화의 생산은 노동, 설비, 원재료, 에너지 등의 투입과 적절한 관리로 이루어지므로 전반적인 생산성 증대효과는 개별요인만으로 설명하기가 어렵다. 그러므로 생산의 전반적인 효율성을 측정하기 위해서는 전체 투입요소를 고려한 측정이 필요한데, 이것이 총요소 생산성(TFP)이다. 총요소 생산성은 노동, 자본 등 단일요소 생산성 측정에는 포함되지 않는 기술, 노사, 경영체제, 법 · 제도 등이 반영되기 때문에 총요소 생산성 증가는 기술혁신을 의미하기도 한다.

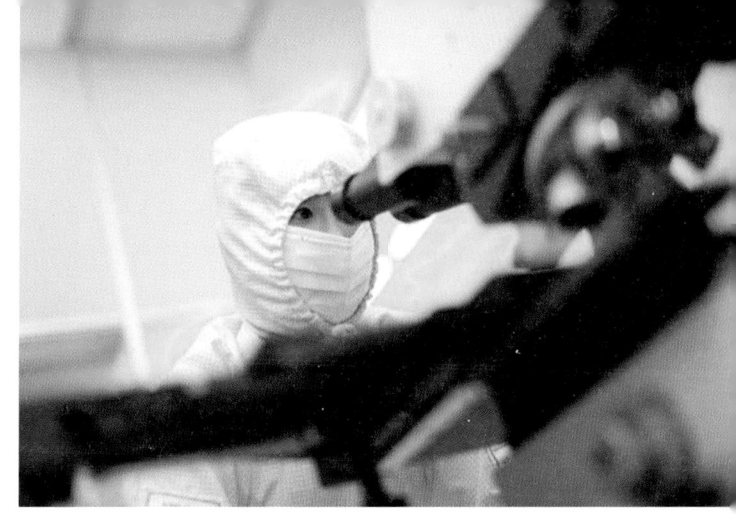
삼성전자
반도체 생산라인

던 생산능력이 12만 개로 무려 3배나 증가했다. 이러한 급격한 생산성 혁신 노력이 제조 대기업 사이에 전반적으로 확산돼 IMF 위기 이후부터 2000년 중반까지 전개된 것이다.

반면, 서비스 분야와 중소·중견기업군에서는 이런 현상이 아직 발견되지 않고 있다. IMF 위기를 전후로 양적인 성장은 있었으나 질적인 변화는 일어나지 않았다. 물론, 일부 혁신이 이루어지긴 했으나, 1990년대 말 제조업 분야 대기업 사이에 있었던 전반적이고 대대적인 혁신은 아직 일어나지 않고 있다.

중소·중견기업의 전반적이고도 대대적인 혁신 없이 우리나라가 선진국에 도달하는 일은 없을 것이다. 이는 역사적으로 보더라도 자명하다. 모든 선진국은 이 과정을 거쳤다. 독일은 1950~60년대, 일본은 1960~70년대에 걸쳐 중소기업의 대대적인 혁신이 산업 전반에서 일어났다. 우리만 이 과정을 생략하고 다음 단계로 넘어갈 수는 없다. 방금 언급한 여건이 충족되면 자동적으로 선진국이 될 것 같지만 그렇지 않다. 1인당 국민소득이 현재 구매력 수준으로 적어도 3~4만 달러는 돼야 한다.

시민의식도 중요하다. 시민의식을 '내 권리를 주장하면서도 내가 속한 사회와 국가의 이익을 동시에 고려할 수 있는 사고', '남의 이익도 배려하는 마음' 정도로 정의한다면, 선진 시민의식이 우리 사회와 경제 구석구석까지 충분히 자리 잡혔다고 보기 힘들다.

선진국들이 지금의 모습을 갖추기까지는 수백 년이 걸렸다. 경제적 부(富)가 축적되면서 중산층이 형성되고, 이들이 자신의 권리에 대한 자각과 함께 지역사회와 나라에 기여하고자 하는 의식이 고양되면서 민주사회로 발전했다. 선진국이 되기 위해서는 경제성장을 통한 물질적인 부의 축적도 중요하지만 시민의식과 같은 정신적인 토양도 함께 다져져야 한다.

우리나라는 불과 50년이라는 짧은 기간 동안 대단히 압축적인 성장을 해왔다. 그러다 보니 물질성장의 속도를 정신이 따라가지 못하고 있다. 이런 점에서 몇몇 언론이 성숙한 시민의식 형성을 위해 문제를 제기하는 것은 잘하는 일이다. 하지만 '나', '내 가족'을 벗어나 '타인', '사회', '국가'에 대한 공감과 배려는 양과 질적인 면에서 여전히 부족하다.

선진국 수준의 복지 시스템도 많이 부족하다. 얼마 전까지 무상복지, 반값 등록금, 선택적 복지냐 보편적 복지냐 등을 놓고 한바탕 논쟁이 벌어졌고, 이들 사안은 여전히 우리 사회의 중요한 화두다. 필자는 복지 분야 전문가가 아니어서 이 논쟁에 낄 형편은 아니다. 하지만 분명한 것은 더 이상 저(低)부담, 저(低)수준 복지와 가족 내부적으로 민생을 해결하는 복지 아닌 복지는 더 이상 국민들이 원치 않으며 감내할 수도 없다는 점이다. 현재와 같은 소득 양극화 상태가 지속되는 한 우리 사회의 통합은 요원할 수밖에 없다. 복지의 양을 늘리고 질은 높이는 작업이 차분하고도 진지하게 진행돼야 한다.

이제 한국 경제는 기로에 서 있다. 선진국이라는 높은 벽을 넘어 그 안으로 성큼 들어설 것인가? 아니면 문턱 앞에 마냥 주저앉을 것인가?

우리는 지금까지 수많은 위기를 극복해왔다. 1970대 초반의 세계 에너지 위기, 1979년 박정희 대통령 서거에 따른 혼란과 세계적 스태그플레이션 및 제 2차 석유파동, 그 여파로 인한 1980년대 초의 경제불황, 1990년대 말 동아시아에 불어 닥친 IMF 외환위기 그리고 2008년 세계 금융위기 등 수많은 고비를 민족적 저력으로 슬기롭게 이겨냈다.

하지만 앞으로 우리에게 닥칠 과제는 어쩌면 지금까지 맞이했고 풀었던 숙제보다 훨씬 어렵고 복잡할지도 모르겠다. 지금까지의 위기는 국내경제와 세계 경제가 동시에 어렵지 않았기에 극복이 가능했다. 상대적으로 덜 나쁘거나 괜찮은 쪽이 안 좋은 쪽을 보완해주는 역할을 했기 때문이다.

하지만 앞으로 우리 앞에 던져진 도전은 전 세계적으로 동시다발적이고 복합적일 뿐 아니라 무엇보다 위기에 대한 국민들의 마음가짐이 예전처럼 또렷하면서도 단단하지 않은 것 같아 걱정이다. 우리의 도전과제를 간단히 조망해 보자.

1) 양극화 · 불균형 심화

그간 불균형 성장의 그늘에 가려졌던 양극화 문제가 세계 경제의 글로벌화에 따른 경쟁심화와 IMF 외환위기 이후 신자유주의 경제기조의 강화로 인해 우리 사회의 수면 위로 급속하게 떠오르게 되었고 불균형의 폭도 확대되고 있다. 소득계층 간, 기업 간, 산업 간, 지역 간 격차가 드러나는 과정에서 '성장의 낙수효과'(*trickle-down effect*) 마저 사라지면서 양극화 문제가 갈수록 심각해지고 있다. 불균형, 충돌, 갈등구조가 심화되면서 선순환(善循環)의 고리를 만들어내기보다는 제로섬(*zero-sum*) 게임 식의 성장과 복지논쟁만 되풀이되고 있다.

〈그림 1-1〉 한국의 양극화 현상 개념도

	소득계층 간	기업 간	산업 간	지역 간
가진 자 (*haves*)	정규직 임금근로자	대기업	제조업 수출산업	수도권
	↕	↕	↕	↕
못 가진 자 (*have-nots*)	비정규직 자영업	중소 · 중견기업	서비스산업 내수산업	지방

2) 중산층의 추세적 감소와 계층 간 이동의 어려움

경제성장에 따른 과실 배분의 편중화로 중산층이 빠른 속도로 줄어들고 있다. 국민소득이 고성장, 수출 위주의 대기업에 의해 주도되면서 민생은 갈수록 어려워지고 있다. IMF 외환위기 이후 건실한 중산층이 서비스업, 자영업 등으로 대거 퇴출되면서 자연히 저부가가치 생계형 자영업과 비정규직 일자리가 늘어나고, 이런 것들이 부실한 사회안전망과 맞물리면서 저소득층이 중산층으로 도저히 뛰어오를 수 없는 구조로 변해가고 있다.

〈그림 1-2〉 한국 소득층의 변화

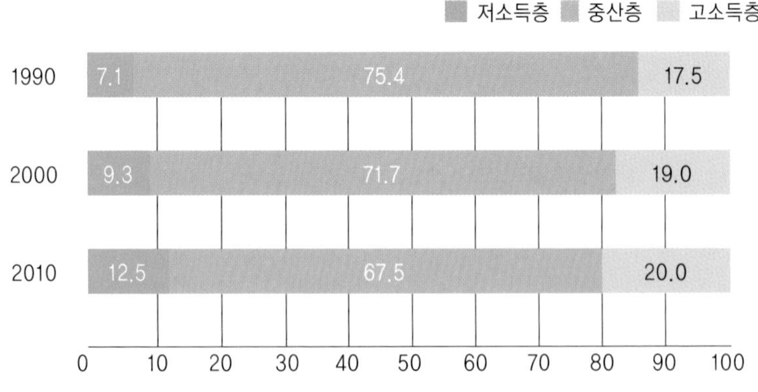

자료: 지식경제부

3) 성장과 고용의 연결고리 단절

경제성장은 지속되고 있지만 최근 들어 성장의 고용창출 효과는 갈수록 약해지고 있다. 즉, 대기업은 성장을 견인하지만 새로운 일자리를 만들어내는 능력은 크게 저하되었고, 고용창출이 유망한 중소기업과 서비스 분야는 생산성 등 경쟁력 자체가 여전히 취약해 일자리를 늘리는 데 한계를 보인다. 이러한 현재의 구조는 성장을 통해 일자리가 창출되고 저소득층이 중산층화되면서 정책 당국의 복지재정 부담을 완화할 수 있는 선순환 시스템과는 상당한 거리가 있다.

4) 경제주체의 불안감 가중 및 기업가 정신의 약화

모든 계층이 미래에 대해 불안감을 느끼면서 현실에 안주하려는 의식이 확산되고 있다. 특히 기업, 산업 나아가 사회 전체적으로 활력을 주도했던 청년층이 스펙 쌓기에 열중하거나 안정적인 자리를 노린 취업 재수·삼수에 몰두하면서 오히려 '우울한 세대'로 대표되는 모습이다.

그런가 하면 중장년층에서는 해고불안과 함께 계속되는 부동산경기 침체로 '하우스 푸어'(*house poor*)가 양산되고 있으며, 노년층 역시 미래 소득 불안과 함께 가족 부양체계의 급속한 해체로 노후의 느긋함을 찾기 어려운 실정이다. 결국 자신감 결여와 불안감 증폭이 사회를 지배하는 가운데 기업가 정신이 약화돼 도전적인 창업의 실종과 신사업 개척 둔화를 낳고 있다.

5) 미래 먹거리 창출 한계 및 성장엔진 속도 체감

더욱 걱정되는 것은 우리나라의 기존 성장동력이 한계를 보이는 반면, 새로운 동력도 나타나지 않아 상당기간 '곶감 빼먹기'가 불가피하다는 점이다. IMF 위기 이후 기술혁신, 생산성 향상 등으로 세계 최고 수준의 경쟁력을 보유한 대기업은 나타났으나, 새로운 성장동력을 발판으로 삼아 커야 할 중소·중견기업 중에서는 글로벌 경쟁력을 갖춘 업체가 거의 나타나지 않아 그 격차가 계속 커지고 있다.

지속성장을 위해서는 이미 한계를 보이는 생산요소 투입형 성장 대신 총요소 생산성 증가가 필요하다. 그러나 우리나라 총요소 생산성 증가의 경제성장 기여도는 낮은 수준에 머무르고 있다. 즉, 2001~2007년 우리나라의 총요소 생산성 증가율은 0.82%로 성장에 미치는 기여도가 20% 수준인 데 반해 같은 기간 미국, 독일의 경우 각각 34.62%, 48.65%로 우리나라 총요소 생산성 증가의 경제성장 기여도보다 훨씬 높다.[4]

---

4 한국생산성본부 (2010). "총요소 생산성 국제비교".

3. 불리하게 돌아가는 세계 경제

세계 경제는 2008년 금융위기 이후 대단히 큰 변혁기에 처해 있고 이러한 큰 변화가 진행 중이다. 원래 경제 안정기에는 큰 변화 없이 지내다가 큰 위기를 겪는 동안 불확실성이 커지면서 흥하는 기업과 망하는 기업이 명확히 구별되며, 세계 산업의 판세도 드라마틱하게 전개된다. 이 과정에서 두각을 나타내는 나라와 경쟁에서 크게 뒤처지는 나라가 뚜렷이 구별되기도 한다. 바로 지금이 그런 시기다.

세계 경제는 1990년 이후 연평균 3% 이상의 유례없는 고도성장을 지속해왔다. 1990년대는 정보화혁명을 통해 IT산업이 성장을 견인했으며, 2000년 이후부터는 미국과 중국이 주도하는 '고성장-저물가' 체제가 지속되면서 세계 경제를 이끌어 왔다. 특히 2004~2007년에는 평균 성장률이 3.9%에 달할 정도로 전례 없는 고성장을 기록했다.

하지만 세계 경제는 글로벌 불균형(*global imbalance*)[5]이 심화되고 미국의 버블이 꺼지면서 위기가 발생했다. 즉, 소비가 GDP의 70%을 차지하는 미국이 소비진작을 위해 저금리 기조를 유지하면서 과잉소비가 일어났고, 세계 경제는 이 같은 미국의 과도한 수요에 의존하면서 성장에 성장을 거듭했다.

이 결과, 미국의 소비증가는 경상수지 적자의 심화로 연결된 반면, 생산국(수출국)인 중국, 일본, 한국 등의 흑자 폭은 눈덩이처럼 확대되었다. 2008년 말 기준 미국의 경상수지 적자는 GDP의 4.7%인 7천억 달러인 반면, 중국은 무려 GDP의 9.9%에 달하는 흑자를 기록했던 것이다. 경상수지 불균형은 중국과 일본 등이 미국의 국채를 매입함으로써

---

5 미국의 소비를 대부분 한국 · 중국 · 일본 등 아시아 국가의 생산품이 담당하면서 미국과 아시아 국가 간의 국제 교역상 불균형(미국은 무역수지 적자, 아시아는 흑자)이 발생하는 현상을 말한다.

해소했다. 그런데 이런 불균형 현상은 영원히 지속될 수 없고 결국 깨지기 마련이다. 그리고 불균형의 정도가 크면 클수록 원래의 상태로 되돌아가려는 힘 또한 커진다.

현재 세계 경제는 불균형 현상의 조정과정에 있는데, 이는 크게 ① 세계 경제의 저성장, ② 불확실성 증대, ③ 글로벌 산업의 재편이란 3가지 모습을 띤다.

1) 세계 경제는 저성장 기조로 갈 수밖에 없다

2012년 4/4분기를 기준으로 미국 경제에 회복을 알리는 신호들이 나타나고 있으나, 그 기조가 아직은 매우 취약해 견고한 회복세를 보이기까지는 몇 년이 더 걸릴 전망이다. 무엇보다 선진국의 다른 한 축인 유럽마저 재정위기를 겪는 등 글로벌 경제상황은 매우 좋지 않다.

유로지역 경제성장은 2009년에는 -4.4%로 뒷걸음을 친 뒤 2010년과 2011년에는 다소 회복세를 보이다가 2012년에는 다시 마이너스 성장(-0.4%)을 기록하였다.[6] 남유럽 국가들의 상황은 매우 심각해서 2011년 경제성장률을 보면 그리스 -7.1%, 포르투갈 -1.7%, 스페인 0.4%, 프랑스 0.4%였다. 실업률은 그리스 25.1%, 스페인 25.8%, 포르투갈이 15.7%이며, 청년 실업률의 경우 그리스와 스페인은 50%를 훨씬 넘는 최악의 상황을 기록했으며 포르투갈과 이탈리아도 35% 수준에 육박했다.

이런 상황이 계속되면서 유로체제가 해체될 수 있다는 우려가 제기되고 있다. 그리스는 사실상 디폴트(*default*) 상태이고 포르투갈, 스페인, 이탈리아에 이어 프랑스까지 위험한 상황이지만 회원국마다 사정이 제각각이다 보니 본질적인 해법을 제시하지 못한 채 임시방편적인 조치만 겨우 내놓고 있다. 영국의 〈이코노미스트〉(2012. 11. 17)는 프랑스 문제

6 IMF (2013.1.23), "World Economic Outlook Update".

긴축재정에 반대하는
그리스 시민들의 시위

를 특집으로 다루면서 "유럽의 심장부에서 시한폭탄이 터지기를 기다리고 있는 형국"이라고 그 위험성을 경고한 바 있다. 유럽의 재정위기는 통화를 유로로 단일화하면서 태생적으로 발생한 구조적 문제로 문제해결에 따라 유로체제의 지속 여부도 달려 있다. 어떤 결과가 나오느냐에 따라 세계 경제가 좌우될 것임은 두말할 필요도 없다.

산업・경제 수준이 천차만별인 국가들을 하나의 통화로 묶다보니 역내 불균형(*internal imbalance*)이 발생할 수밖에 없다. 즉, 독일 마르크화와 그리스 드라크마화가 1:1의 비율로 통합된 것 자체가 문제였다. 이렇게 해서 '북유럽 국가'인 독일, 네덜란드 등은 실질적인 평가절하를 통해 산업 경쟁력이 대폭 향상된 반면, '남유럽 국가'인 그리스, 포르투갈, 스페인, 이탈리아 등은 그 반대가 되어 북유럽 국가들은 무역 흑자를, 남유럽 국가들은 적자를 쌓아 불균형이 심화되는 것이다.

문제는 이런 불균형을 해소할 내부 시스템이 부재한 상황에서 이루어진 유럽통합은 불완전할 수밖에 없다는 점이다. 통화정책은 유럽은행(ECB)의 권한으로 집행이 되나 재정정책은 회원국 각자가 다룬다. 특히 남유럽 국가들이 적자를 해소하려면 산업 경쟁력 회복을 위해 임금을 낮추는 등 허리띠를 바짝 졸라매야 하는데, 포퓰리즘적 성격의 크게 방만해진 정치, 경제 시스템하에서는 거의 불가능한 일이다.

그렇다면 남은 방법은 흑자국(黑字國)이 적자국(赤字國)의 적자분을 재정적으로 보전하는 길뿐이다. 마치 연방제인 미국에서 중앙정부의 정책을 통해 잘 사는 주(州)가 못 사는 주를 돕는 방식과 같다. 그런데 유럽은 불균형 해소를 위해 어떤 방식도 취할 수 없는 구조다.

한편, 스페인 같은 일부 국가는 부동산 거품 붕괴로 은행 부실이 급속히 확대되고, 은행 부실은 뱅크런(*bank run*)[7]을 낳는 등 금융위기의 양상을 보이고 있다. 이것도 유로체제의 구조적 문제 중 하나다. 독일·프랑스 은행들이 자국 은행보다 훨씬 낮은 이자율로 대출을 해주다 보니 스페인 국민들은 너도나도 빚을 내 부동산을 사고 이것이 투기로 이어지면서 대규모의 버블이 생기다가 한순간에 꺼지면서 위기에 빠진 것이다.

이런 구조적 문제를 해결하기 위한 노력이 몇 년에 걸쳐 진행 중이지만, 회원국 간 이견으로 재정통합 등과 같은 근본적 합의는 요원한 상태다. 사정이 이렇다 보니 유럽 경제는 대단히 어려운 상황으로 치닫고 있으며 앞으로 개선될 조짐도 보이지 않는다.

유로 전망에 대해 낙관론·비관론 등 여러 시나리오가 난무하고 있으나 확실한 것은 유럽 재정위기의 근본적 치유를 위해서는 적어도 10년 이상의 시간이 필요하다는 것이다. 따라서 세계 GDP의 약 50%를 차지하는 미국·유럽·일본 등 선진국은 상당 기간 저성장 기조를 유지할 수밖에 없다. 더욱이 초기만 해도 선진국 위기에 초연한 모습을 보이던 중국·인도·브라질 등 신흥국 경제도 시간이 지날수록 영향권에 들면서 어려운 상황에 직면하고 있다.

---

7 은행에 돈을 맡긴 사람들의 예금인출이 대규모로 발생하는 현상을 말한다.

2) 세계 경제의 불확실성이 증폭되고 있다

기업은 경기불황보다 미래에 대한 불확실성을 더 싫어한다. 불황이 예상되면 인력·투자 등 구조조정을 통해 적극적으로 대비할 수 있지만, 미래가 불확실하면 사업계획을 세우기가 힘들기 때문이다. '환율은 어떻게 될까?', '미국·유럽·중국 시장 수요가 늘어날까? 줄어들까? 줄어든다면 그 폭은 얼마나 될까?' 등에 대한 전망이 불투명하면 기업의 대응은 방어적이고 보수적이 될 수밖에 없다.

세계 경제는 2008년 글로벌 위기 이후 주요 선진국의 거품이 꺼지고 금융위기가 실물위기로 옮겨 붙으면서 곤두박질쳤다. 이것을 미국·중국 등 세계 각국 정부가 막대한 돈을 풀어 방어하고 있다. 떨어지는 힘과 이를 받치는 돈의 힘이 부딪쳐서 지금은 돈의 힘이 이기는 형국이지만, 이 불똥이 어디로 튈지는 아무도 모른다. 세계 경제 자체가 불확실성에 휩싸인 것인데 그 주요 요소들을 살펴보자.

첫째, 유럽의 재정·금융위기를 들 수 있다.

유럽의 상황은 변수가 너무 많아 어떻게 전개될지 아무도 모른다고 해도 과언이 아니다. 한 가지 위안은 그들 스스로 해법을 알고 있다는 점인데, 실행과정이 너무나 어렵고 복잡해 과연 해낼 수 있을지 의문이다. 그래서 근본적 문제에 대한 해법이 제시되기 전까지 유럽은 세계 경제의 골칫덩이로 남을 수밖에 없다.

둘째, 미국의 재정절벽[8]과 재정적자 감축 여부다.

재정절벽은 단기적 문제이지만, 재정적자 감축은 장기적 과제다. 재정절벽 문제에 관해 오바마 대통령과 미 의회 지도자들 간 협상이 진행중인데, 만약 이 협상이 기한 내 타결되지 못하면 불안한 회복세를 보이

---

8 재정절벽(*fiscal cliff*)이란 벤 버냉키(Ben Bernanke) 미국 연방준비제도이사회 의장이 처음 사용한 용어로, 감세정책의 종료와 정부지출 삭감 등이 미국 경제에 큰 충격을 줄 것이라는 의미이다.

고 있는 미국 경제에 타격을 가해 다시금 회복세가 꺾이고 더블딥(*double dip*)[9]으로 갈 수도 있다. 재정절벽 문제도 결국 천문학적 규모의 재정적자를 어떻게 줄일 것인가의 문제이다. 미국은 중장기적으로 재정적자를 적정수준까지 줄여야 한다. 그리고 빠른 시일 안에 이에 관한 마스터플랜을 제시해야 한다. 그렇지 못하면 미국 경제도 견고한 회복세를 보이기 어려우며, 오히려 글로벌 경제의 불확실성을 더욱 가중시키는 요인이 될 것이다.

셋째, 세계 주요국의 환율을 둘러싼 갈등을 들 수 있다.

미국이 3차에 걸친 양적 완화[10]를 통해 돈을 계속 푸는 이유는 경기 회복을 위해서이기도 하지만, 달러화 환율을 약세로 유지하기 위해서다. 국채(國債) 형태로 된 미국의 막대한 적자는 달러화 가치가 떨어지면 떨어질수록 축소된다. 미국 국채는 미국인도 많이 가지고 있지만, 외국 중앙은행이나 외국 국민들도 많이 보유하고 있다. 특히 중국·일본이 그렇다. 이렇게 되면 교역 상대국인 일본·중국·한국 등의 통화가치는 올라갈 수밖에 없다. 유럽 경제위기로 지속적인 엔고를 겪고 있는 일본으로서는 괴로울 수밖에 없다. 이에 일본 중앙은행도 대응에 나서 3차 양적 완화 이후 시중에 돈을 풀기 시작했다. 중국 정부도 위안화 가치가 마냥 올라가도록 내버려두지 않을 것은 불을 보듯 뻔하다. 그래서인지 요즘 외환 전문가들의 고민이 이만저만이 아니다. 환율을 전혀 예측할 수 없기 때문이다. 당분간 이들의 고민은 계속될 듯하다. 우리 기업인들의 고민도 환율에 모아져 있다. 무역 의존도가 높은 우리 기업의 가장 큰 불확실성 중 하나가 바로 환율이다.

---

9 불황에서 벗어난 경제가 다시 침체에 빠지는 이중하강(二重下降) 현상을 말한다.

10 금리 인하를 통한 경기 부양효과가 한계에 봉착했을 때 중앙은행이 국채를 매입해 시중에 유동성을 직접 푸는 정책을 말한다.

넷째, 시진핑(習近平) 주석 이후 중국의 미래다.

뒤에 중국에 관해 이야기할 때 다루겠지만, 현재 중국은 요소투입형 성장이 한계를 보이면서 수출-투자주도 성장 패러다임의 전환이 절실하며, 사회주의에서 자본주의 체제로의 전환에서도 일대 결단이 필요하다. 문제는 중국이 상당한 변화에 휩싸일 텐데 그 바람이 언제, 어디로 향할지 알 수 없다는 점이다.

다섯째, 이란-미국 간 핵무기 관련 갈등이다.

최근 이란과 미국의 협상소식이 전해지면서 양국의 전쟁 가능성은 잦아들었지만, 근본적인 해결책을 찾을 때까지는 세계 경제의 불확실 요인으로 남을 전망이다. 만약 두 나라 사이에 국지전(局地戰)이라도 벌어진다면, 국제 유가는 로켓이 발사되듯 수직 상승할 것이다. 어디까지 오를지는 예측하기 힘들지만, 최악의 경우 가격은 둘째 치고 물량의 확보마저 어려워질지 모른다. 우리나라는 에너지 자급률이 5% 미만이며, 석유 수입의 85% 이상을 중동지역에 의존하고 있다.

이상과 같은 세계 경제의 불확실성은 기업의 투자 등 경영활동을 결정적으로 위축시킨다. 최근 글로벌 다국적기업들의 현금 보유가 사상 최대라고 한다. 세계 경제의 불확실성으로 인해 미국은 물론 독일·일본·한국 기업들이 가진 현금이 금고 속에서 웅크리고 있는 것이다.

문제는 세계 경제의 추세적인 저성장 기조와 불확실성 심화가 일시적이지 않다는 점이다. 기업들은 이제 저성장과 불확실성을 더 이상 변수가 아닌 상수로 간주해야 한다. 특히 대외 의존도가 매우 높은 우리나라와 수출 기업의 어려움은 다른 나라보다 훨씬 커질 것이다.

3) 세계 산업재편 가속화로 주요 산업과 기업의 부침이 심화되고 있다

근대 산업의 골격이 대부분 20세기 초에 형성되었다 보니 현재 세계 산업이 처한 상황은 콘드라티에프 파동주기(*Kondratieff cycle*)[11]상 말기에 해당된다. 전기·전자, 화학, 자동차 등 세계 산업은 대부분 성숙단계에 와 있다. 따라서 이들 산업에 대한 R&D·설비투자 등이 더 이상 대대적으로 이루어지기 어렵다. 더욱이 새로운 상품이 개발되지 않아 대체수요만이 있을 뿐 차원을 달리하는 기술혁신이 이루어지지 못하고 있다.

선진국의 저성장 내지 정체가 선발주자로서 새로운 기술혁신을 이룩하지 못하기 때문이라는 주장도 있다.[12] 이런 상황에서 2008년 글로벌 위기 이전에도 세계 산업별로 상당량의 과잉설비가 존재했다. 그런데 경제위기로 세계 수요가 급격히 위축되고, 이런 모습이 상당 기간 지속될 전망이다. 더욱이 중국·인도 등 신흥국이 글로벌 경쟁에 본격 참여하면서 공급이 수요를 초과하는 현상이 심화되고 있다. 이로 인해 기업간 경쟁은 더욱 가속화되고, 중장기적으로 세계 산업은 격변기를 거쳐 크게 재편될 것으로 보인다.

현재 세계 주요 기업들은 '죽기 아니면 살기' 식의 전쟁을 치르고 있다. 정도의 차이는 있겠지만 산업별 치킨게임이 벌어지고 있으며, 이러한 상황은 더욱 확산될 전망이다. 치킨게임으로 우리에게 많이 알려진 분야는 메모리반도체산업이다. 1990년대 들어 20여 개의 메모리반도체 메이커가 난립하면서 경쟁적인 설비증설이 반복되었다. 몇 차례 치킨게임의 결과, 특히 경제위기 이후 원가 경쟁력이 취약한 유럽과 대만업체

---

11 50~60년에 걸친 장기파동으로 기술혁신과 신에너지의 개발 등에 의해 나타난다.

12 Robert J. Gordon (2012.8), "Is U.S Economic Growth Over? Faltering Innovation Confront".

들의 파산(破産)과 감산(減産)이 진행되면서 지금은 삼성전자, 하이닉스, 마이크론(미국) 등 몇 개 업체만 남았다.

철강산업에도 전운(戰雲)이 감돌고 있다. 전 세계 철강 생산능력은 20억 톤 수준인데, 이 중 25%인 5억 톤이 공급과잉 상태다. 이 중 과잉설비를 가장 많이 안고 있는 지역이 바로 아시아, 특히 중국이다. 중국의 생산능력 7억 톤 중 20~30%는 과잉 생산설비에 속한다. 이제 철강 분야에서도 메모리반도체산업과 같은 치킨게임이 벌어질 것이다. 신용평가사들이 세계 주요 철강기업의 신용등급을 낮추고 있는 것도 이런 배경 때문이다. 경제위기 이후 주요 산업별 공급과잉 현황과 진행결과를 간략히 요약하면 〈표 1-2〉와 같다.

전 세계적인 치킨게임이 진행되면서 궁극적으로는 산업별로 2~3개의 빅 메이저(*big major*)로의 재편이 가속화될 전망인데, 과거에도 경제위기로 산업구도가 크게 바뀐 전례가 있다.

〈표 1-2〉 주요 산업의 공급과잉 현황과 진행결과

산업	공급과잉 현황	진행결과
[자동차] '빅3'의 몰락과 시장의 틈새 발생	2009년 수요 대비 3천 4백만 대 과잉 공급	• 크라이슬러, GM 파산보호 신청, 뉴 GM 탄생 • 폴크스바겐, 피아트는 기존 · 신흥업체 인수 · 합병
[반도체] 파산과 재편	2008년 말 20% 공급 과잉 (2009: 8% 내외)	• 키몬다 (5위, MS: 10%) 파산(5월) • 대만 · 중국 후발업체 감산 (50% 이하)
[조선] 파산과 중국 조선 산업 중심 대형화	2008년 말 580만 CGT 과잉 건조	• 오덴세 (덴), 카나사시 (일) 파산 • 바단(독), 한국 일부 중소기업 파산
[화학] 공장폐쇄 · 구조 조정과 중국 · 중동의 부상	2009년 15만 톤 공급 초과	• 다우캠 (5천 명), 듀폰 (2천 5백 명) 감원 • 시노펙 (중) → 6위, 사빅 (사우디) → 7위, • 포모사 (대만) → 10위 등 중국 · 중동 약진

자료 지식경제부, 삼성경제연구소 (2009.12), "글로벌 경제위기 이후 한국경제의 신산업전략".

대공황 이후 미국 자동차산업은 군소 메이커 300여 개가 거의 다 도산하고 제너럴모터스(GM), 포드, 크라이슬러 등 5개 대형업체로 재편되면서 전성기의 기반을 닦았다. 제 1차 오일쇼크 이후에는 RCA, 매그나박스, 독웰 인터내셔널 등이 해외에 매각되면서 미국 가전산업의 기반이 무너지고 후발주자인 일본의 시대가 열렸다.

이번에도 위기를 극복하면서 선두로 치고 나오는 기업과 나라가 생기는가 하면, 공장 폐쇄와 부도 등으로 산업이 몰락하는 국가가 나올 것이다. 기업 입장에서는 생사가 달린 전쟁이며, 이에 따라 국가별 명암도 달라질 것이다. 우리는 이런 산업별 재편기를 활용해 선진국과의 격차를 좁히고 새로운 강자로 부상할 수 있도록 혼신의 힘을 다해야 한다.

지금까지 세계 경제 및 산업에 관해 간단하게 전망해 보았다. 대외 의존도가 높고 수출의 경제성장 기여도가 매우 큰 우리나라는 앞으로 여러 가지 어려운 상황에 처할 가능성이 높다. 우리가 이런 열악한 대외환경을 내부의 힘만으로 바꿀 수는 없지만, 지금까지 수많은 위기를 극복해 왔듯이 최선을 다해 슬기롭게 대처할 수밖에 없다.

그렇다면 시야를 보다 좁혀 우리나라와 중국 · 일본의 상황은 어떠한가? 한 · 중 · 일을 중심으로 한 지역적 상황이 한반도에 기회와 위협의 그림자를 번갈아 드리울 것이다. 또한 중국과 일본의 경제 · 산업은 거대한 변화를 앞두고 있어 우리가 제대로 대응하지 못하면 난감한 상황에 빠질 수 있다. 특히 중국은 한국 경제와 산업에 결정적인 영향을 미치는 만큼 중국 경제 · 산업의 전개 동향을 예의 주시하면서 적극 대응해야 할 것이다.

4. 거대한 변화를 앞둔 중국과 일본 그리고 한 · 중 · 일 분업구조

1) 중국 : 비약적 발전 이후 예상되는 근본적 변화를 거칠 전망

중국은 1978년 개혁개방 이후 약 30년 동안 세계 경제사에서 유례를 찾아볼 수 없을 정도로 비약적인 발전을 거듭한 끝에 미국에 이어 세계 제2의 경제대국으로 부상했다. 그런데 최근 들어 임금이 크게 오르고 산업 전반에 걸쳐 인력공급에 애로가 발생하는 등 요소투입형 성장에 한계를 보이고 있다. 중국은 현재 '루이스 전환점'[13]을 통과 중인 것으로 평가된다. 루이스 전환점을 지나면 저임금에 바탕을 둔 산업은 경쟁력을 잃게 되고, 그 나라는 고비용-저효율 상태에 놓이게 된다. 즉, 새로운 성장동력이 필요하게 되는 것이다.

또한 중국은 대내외적으로 거대한 2가지 불균형을 해소해야 하는데, 그 중 하나가 대외적 불균형이다. 중국은 중간재(일본 · 한국 등)와 자원(호주 · 브라질 등)을 수입하는 국가 이외의 거의 모든 나라, 특히 미국 · 유럽연합(EU) 등으로부터 지난 20년간 막대한 무역수지 흑자를 거둬왔으며, 이러한 불균형이 2008년 경제위기의 원인을 제공했다는 점은 앞에서 지적했다. 중국의 무역흑자와 선진국의 무역수지 적자의 구도는 이제 조정되어야 하며, 현재 그 과정 중에 있다고 볼 수 있다. 미국과 유럽이 부채를 줄여나가는 과정이 수요 감축으로 이어지면 중국의 수출도 줄 수밖에 없다. 오히려 중국이 소비를 늘려야 하는 상황이다. 경제성장

13 노벨 경제학상 수상자인 아서 루이스(Arthur Lewis)가 제시한 용어로, 개발도상국이 농촌의 저임금 인력으로 급속한 산업발전을 이루지만 노동력이 고갈되는 시점에 임금이 급등하고 성장이 둔화되는 것을 말한다.

의 중요 축이 취약해지면서 다른 축을 키워야 하는 것이다.

다른 하나는 대내적인 불균형이다. 중국은 투자에 대해서는 세금감면 등 혜택이 많지만, 소비에 대해서는 이러한 혜택이 전무해 지나치게 투자 지향적이라는 평가를 받고 있다. 실제 전체 GDP 대비 투자비중이 절반에 근접하는 등 중국 경제의 투자 의존도가 지나치다. 이 수준은 어떤 시대, 어떤 나라에서도 찾아보기 힘들다. 반면, 소비는 GDP 대비 48% 수준(2011년 기준)으로 낮아도 너무 낮다. 참고로 미국이 86%, 일본 81%, 한국 68.3%이다. 이러한 대내적 불균형도 시정되어야 한다.

중국 정부가 소비진작을 위해 근로자 임금을 매년 20% 이상 인상해 수년 내 임금수준을 2배로 끌어올리고 서비스산업 육성정책을 펴는 것도 이런 배경 때문이다. 그러나 중국 같은 큰 나라가 20년 이상 수출-투자에 의존하여 성장을 추진해온 구조와 관성을 단번에 소비 중심으로 바꾸기는 대단히 어려우며, 그만큼 시간이 오래 걸릴 수밖에 없다. 이 과정에서 수출-투자는 감소하는데 소비는 생각만큼 늘지 않는다든가, 그 반동으로 오히려 투자가 더 늘어난다든가 하는 일이 생길 수 있다. 그럼에도 불구하고 중국의 수출-투자주도 성장에서 소비주도 성장으로의 전환은 선택의 문제가 아닌 필수사항이다. 대단히 큰 변화가 아닐 수 없다.

그리고 중국은 또 한 번의 커다란 체제변화를 추진해야 한다. 1978년 개혁개방 이후 중국 경제성장의 이면에는 사회주의 체제의 자본주의 체제 전환과정이 깔려 있다. 1978년 개혁개방 초기단계, 1989년 톈안먼(天安門) 사태 이후 일련의 조치들, 세계무역기구(WTO) 가입과 관련된 제도개선 및 시장개방 등이 그것이다. 중국은 이처럼 체제변화를 점진적이고 시의 적절하게 추진해왔고, 이는 사회주의 체제의 비효율을 제거하고 생산성을 증대시키는 결정적 계기가 됐다.

그런데 중국의 체제변화는 아직 미완성 단계다. 사실 중국이 어느 수준까지 자본주의 요소를 받아들일지, 어떠한 형태로 발전해 나갈지 아무도 예측할 수 없다. 지구상에서 누구도 경험하지 못한 거대한 실험을 하고 있다고 할 수 있으며, 중국이 가려는 곳은 누구도 가보지 못한 미지의 세계다.

확실한 것은 중국이 시장경제 체제의 요소를 더 많이 가미하지 못한다면 비효율이 누적되어 지속적인 발전에 결정적인 애로로 작용할 것이라는 점이다. 기득권자들은 여전히 체제의 전환을 방해하고 있지만, 중국의 새로운 지도층 사이에서는 개혁을 하지 않아 발생할 위험을 감수하느니 개혁에 따른 위험을 선택하겠다는 공감대가 형성되고 있다. 시진핑 주석을 포함한 지도자들은 시간은 걸리겠지만 기득권층의 저항을 잘 극복할 것으로 보인다. 따라서 향후 중국에서는 부문별로 필요한 개혁조치가 이루어져 결국 거대한 변화가 일어나고, 당연히 우리에게 큰 영향을 미칠 것이다. 우리가 중국의 변혁에 주목해야 하는 이유다.

2) 일본 : 경제 · 산업의 침체 가속화 및 재기의 몸부림

일본 경제는 1980년대 최고의 전성기를 누린 후 1990년대 들어 '잃어버린 10년'을 겪었다. 그 이후 일본 경제의 경쟁력은 추세적으로 계속 떨어졌고, 다만 그 기울기는 대단히 완만했다. 그런데 2008년 경제위기 이후 기울기의 각도가 커지기 시작했으며, 2011년 동일본 대지진(大地震)으로 결정타를 맞은 것으로 보인다.

이제 일본도 대단히 큰 변화를 겪겠지만, 중국과 달리 좋지 않은 소식이 많을 것 같다. 일본의 변화도 우리 경제 · 산업과 밀접히 연관되어 있음은 물론이다.

우선 일본은 제조기지로서의 역할을 급격히 잃어가고 있으며, 앞으로 이 같은 추세는 가속화될 것이다. 일본 기업의 약 2/3는 열도를 탈출하고 싶어한다. 인구가 줄어 내수가 지속적으로 위축되는 가운데 원래부터 일본 기업들은 이른바 '6중고'(六重苦)[14]로 사업장을 꾸준히 해외로 옮기고 있었다. 그런데 대지진 사태는 일본의 제조기지로서의 매력을 근본적으로 떨어뜨리는 결정적 계기가 됐다. 비싼 전력요금과 불안정한 공급은 제쳐두고라도 지진이 빈발하는 나라에 사업장을 두려는 기업은 많지 않을 것이다. 요즈음 일본 기업들 사이에 '장기 플랜'이란 용어가 사라졌다는데, 장기적으로 일본을 떠나고 싶다는 의미다.

세계 제조기지 역할을 하는 한국·중국·일본 중 일본이 흔들리면 두 나라에 커다란 영향을 주게 된다. 또한 일본 경제의 변화는 양국의 수출입, 무역수지, 환율, 부채규모 등에 직접적인 영향을 미치고, 결국 정책의 근본적인 수정을 불러올 수밖에 없다.

한편, 일본 기업들은 어려운 상황을 극복하고 살아남기 위해 몸부림치고 있다. 관행을 깨는 강력한 구조조정, 사업재편, 볼륨존(*volume zone*) 전략[15]의 적극 추진, 새로운 형태의 기업군(企業群) 대두, 외국 기업과의 적극적인 협력 및 M&A 추진 등이 그것이다. 이러한 과정을 겪으면서 일본 기업과 산업은 크게 재편될 것이고, 우리는 이런 변화를 예의 주시하면서 대응해야 한다.

---

14 일본 기업을 괴롭히는 고비용 원인 6가지를 지칭한다. 높은 법인세, 엔고, 전력부족과 높은 전력요금, 환경규제, 비싼 인건비, 지지부진한 자유무역협정(FTA) 체결 등이 그것이다. 일본 대지진 이전은 '5중고'이며, 대지진 이후 전력수급 불안이 추가되어 '6중고'가 됐다.

15 일본의 《통상백서》 2009년 판에서 처음 제시된 개념으로, 가계 가처분소득이 연간 5천 달러~3만 5천 달러인 소비시장, 특히 신흥국 시장에 집중하는 전략을 말한다.

3) 한 · 중 · 일 분업구조 : ‘협력보완 관계’에서 ‘생존을 건 경쟁관계’로

중국 · 일본의 큰 변화와 함께 한 · 중 · 일 분업구조(分業構造)도 근본적 변화를 앞두고 있다. 과거 세 나라는 상호보완적 분업구조를 유지했으나, 중국의 비약적인 발전, 일본의 추세적 침체 등에 따라 앞으로 협력보다는 경쟁이 격화되는 양상을 띨 전망이다. 특히 조립완성품 분야에서는 3국 기업 간에 조만간 생존을 건 전면전이 벌어질 것으로 보인다.

그런데 세계 주요 생산기지 역할을 하는 3국의 주력산업은 매우 유사하다. 이 말은 3국 간 경쟁에서 승리하면 세계 시장을 제패하고, 패배하면 밀려남을 의미한다. 수출의 경제성장 기여도가 상대적으로 높은 우리 입장에서 이 경쟁에서 밀리게 되면 큰 타격을 입을 수밖에 없다.

이처럼 중국 · 일본 경제와 산업은 매우 큰 변곡점(變曲點)을 지나고 있으며, 아울러 한 · 중 · 일 분업구조도 대단히 경쟁적인 구도로 바뀔 전망이다. 이런 상황은 우리에게 기회와 위협을 동시에 가져다주겠지만, 우리가 이에 적극적인 대응을 하지 못한다면 우리에게 큰 위협이 될 수 있다고 판단된다.

더욱이 우리나라는 일본처럼 조만간 고령화현상이 본격화되어 생산가능 인구가 급격히 감소하는 등 지속적 성장에 최대 애로로 작용할 가능성이 높다. 따라서 고령화현상이 본격화되기 전인 향후 10년 안에 선진국에 진입하지 못하면, 앞으로는 아예 기회조차 없을지 모른다. 이런 관점에서 보더라도 중국, 일본 그리고 한 · 중 · 일 분업구조의 변화가 대단히 중요하다. 이제부터 이런 문제들을 자세히 살펴보자.

2

중국 경제의 비약적인 발전과 중국 경제 · 산업의 미래

1. 중국 경제의 비약적 발전

1) 중국의 눈부신 성장

1978년 개혁개방 정책 이래 중국 자신은 물론 전 세계 누구도 이처럼 비약적인 발전을 할 것으로 전망하지 못했다. 하지만 이런 예상은 완전히 빗나갔다. 중국은 세계에서 가장 많은 인구를 비롯해 수출 세계 1위(2조 달러, 2011년 기준), 무역액 세계 2위(3조 6천억 달러, 2011년 기준), 외환보유고 세계 1위(3조 1,811억 달러, 2011년 기준), R&D 투자 세계 2위(2,518억 달러), 세계시장 점유율 세계 1위(2010년 기준 10.0%)에 오른, 미국에 이은 명실상부한 세계 2위의 경제대국이다.

중국은 미국이 지배하던 세계에서 미국과 겨룰 수 있는 G2로 자리매김했다. 특히 2008년 이후 중국의 위상은 더욱 강화됐으며, 이제 세계 경제 및 산업에 어느 나라보다 큰 영향을 미치고 있다. 세계 주요 연구기관들은 오는 2030년쯤이면 중국이 미국을 추월할 것으로 전망하고 있다. 이는 중국이 세계 경제에 편입된 지 불과 30년 만에 연 평균 약 10%씩 성장하면서 이룩한 성과다. 중국의 경제개혁을 통한 발전은 규모와 속도 면에서 인류 역사상 가장 획기적인, 실로 놀라운 일이 아닐 수 없다.

1인당 소득은 1990년의 339달러에서 2010년에는 4, 420달러로 약 13배 증가했고, 같은 기간 중 수출은 621억 달러에서 1조 8, 984억 달러로 약 31배, 무역액은 1, 154억 달러에서 3조 6, 419억 달러로 약 32배, 도시화율은 26. 4%에서 51. 3%로 2배가량 급성장했다. 또한 1978년에는 연간 소득이 100위안을 밑도는 빈곤인구가 2억 5천만 명이었으나, 2010년에는 소득 1, 274위안 미만의 인구가 2, 866만 명으로 급격히 감소해 빈곤 퇴치에도 성공하고 있다.

2) 중국, 세계적 제조기지로 우뚝 서다

중국은 단기간에 세계 제조업의 중심이 됐다. 중국은 전 세계 복사기, 신발, 전자레인지의 2/3, 디지털카메라 · 의류의 1/2, 휴대전화 · TV의 1/4을 생산하면서 지구촌 곳곳에 '메이드 인 차이나'(*made in China*)가 넘쳐나게 하고 있다.

〈표 2-1〉을 보면 중국 제조업이 경쟁국을 압도하면서 얼마나 비약적으로 발전했는지 단적으로 알 수 있다. 중국은 매우 빠른 속도로 세계 점유율 1등 품목 수를 늘렸고, 2000년 들어 이를 더욱 가속화한 결과 2003년에는 미국을 제치고 1등 품목을 가장 많이 보유한 나라가 됐다. 중국의 대도약기간 동안 다른 나라의 1등 품목 수는 1/2~1/3 수준으로 대폭 줄어들었다. 중국이 모든 나라의 제조업 부문을 빠르게 잠식하면서 성장해왔음을 알 수 있다.

또한 〈표 2-3〉을 통해서는 중국이 1980~2000년에는 노동집약적인 전통산업 위주로 성장했으며, 2001년 세계무역기구(WTO) 가입을 전후로 철강, 석유화학 같은 일관공정산업과 규모집약적 조립산업 등 자본집약적 산업이 급속도로 발전했음을 알 수 있다. 중국 정부는 WTO 가입 이후(제 10차 5개년 계획) 자본집약적 산업을 집중육성하기 시작했다.

〈표 2-1〉 세계 수출시장 1등 품목 수 추이

(단위: 개사)

년 도	중 국	미 국	독 일	한 국
1999	451	1,047	1,507	122
2005	923	596	631	65
2010	1,275	534	445	63

주: HS 6단위 기준
자료: UN Comtrade

〈표 2-2〉 중국의 세계시장 점유율 1등 품목 추이

년도	1등 품목
1996년 이전	종이, 의류, 금속제품(식기류), 목재, 비철금속 등
1996~2000년	철도차량, 완구, 무기화학품, 비금속 광물 등
2001~2005년	일반기계, 전기제품, 광물성 연료, 철강제품, 플라스틱 등
2006년 이후	광·정밀기기, 선박, 전기제품, 일반기계, 고무, 철강 등

자료: 한국무역협회

〈표 2-3〉 개혁개방 이후 중국의 산업정책

육성산업	시 기	내 용
농업, 경공업, 교통·운수 등	1978~90	· 농업 생산성 확대에 우선순위 · 소비재(가전, 의복, 섬유) 산업 육성
경공업, 기계, 전자, 석유화학, 자동차, 건축	1991~2000	· 철강, 에너지 등 기초원자재산업 육성 · 기술개발, 수입대체 강조, 고부가가치, 수출경쟁력 확보
중화학, 기계, 전자, 자동차 등 자본집약적 산업	2000~현재	· 자본집약적 산업의 고도화, 효율화. 과잉설비 해결을 위한 산업 구조조정

자료: 삼성경제연구소 (2010.11), "중국의 성장변화 변화: 투자-수출에서 소비 주도로".

〈표 2-4〉는 1996년 이래 약 15년간 중국의 산업발전 추이를 전체적으로 조망한 것으로, 전 제조업에 걸쳐 얼마나 극적인 발전을 했는지를 잘 보여준다. 첫째, 세계시장 점유율에서 컴퓨터 약 12배, 통신기기 8.3배, 소선 5.8배, 반도체 약 12배, 고무제품 약 6배, 석유화학 4.5배가 늘었다. 둘째, 전통산업에서부터 첨단산업에 이르기까지 골고루 발전했으나 특히 IT산업을 중심으로 눈부신 성장을 했다. 셋째, 영국 서섹스 대학의 패빗(K. Pavitt) 교수는 산업군을 과학기반형, 규모집약형 I (일관공정산업), 규모집약형 II(조립가공산업), 전문공급자형 그리고 전통산업으로 나눴는데, 중국은 과학기반형인 정밀화학산업, 전문공급자형인 기계, 특히 정밀기계산업이 상대적으로 부진한 반면, 규모의 경제가 작용하는 산업과 가격 경쟁력 우위의 산업 위주로 발전했다.

〈표 2-4〉 중국 산업별 세계시장 점유율 변화

(단위: %)

구 분	1996	2009	구 분	1996	2009
정밀화학	2.96	4.70	조선	2.95	17.3
철강	3.58	9.78	산업기계	1.40	8.69
가전	6.70	29.3	플라스틱	4.17	10.7
반도체	0.91	11.8	고무제품	1.94	12.5
통신기기	3.61	30.1	금속제품	7.17	27.7
자동차	0.36	2.98	섬유	14.5	36.6

자료: 한국산업기술진흥원 (2011), "동북아 분업구조 전환에 따른 발전전략".

3) 중국 기업의 약진

중국 정부의 강력한 산업 진흥책과 함께 숙련된 인적자원, 자본력 등이 종합적으로 작용하면서 글로벌 경쟁력을 갖춘 중국 기업이 두각을 나타내고 있다. 2005년 '포춘 500대 기업'에 16개가 오르더니, 2012년에는 73개로 4.5배가 늘었다. 또한 '글로벌 500대 기업'의 전체 매출에서 중국 기업이 차지하는 비중 역시 2006년 3.3%에서 2010년에는 8.4%로 대폭 증가했다.

〈표 2-6〉의 '포춘 500대 기업'에 이름이 오른 중국 기업의 면면을 보면, 국영기업이 많지만 순수 민간기업도 보인다. 업종에서는 에너지, 교통, 철도, 철강, 자동차, 은행 등 제조업과 서비스업 전 부분에 걸쳐 있다.

중국은 개혁개방 이후 전략산업과 국유기업 중심의 산업 육성전략을 수립하고 국유기업에 정책적 지원을 집중한 결과 공업(광업 포함), 서비스, 금융 등 모든 산업에 포진하게 되었다. 2010년 기준 연 매출 500만 위안 이상의 국유 제조업체 수는 2만 500여 개로, 주로 에너지(전력, 석유, 석탄), 원자재(철광석, 구리 등 유색금속), 장치산업(운수, 기계, 조선 등)에 집중되어 있다. 이들 국유기업은 국민경제의 기초를 담당하는 업종 및 영역에 포진하고 있으며, 2011년 기준으로 중국 GDP의 17%, 총생산의 14%, 고용의 10%를 차지하고 있다.

〈표 2-5〉 국가별 포춘 500대 기업 수

연 도	2005	2007	2009	2010	2012
미 국	176	162	140	139	132
일 본	81	67	68	71	68
한 국	11	14	14	10	13
중 국	16	24	37	46	73

자료: Global Fortune 500 (2012), 한국무역협회

〈표 2-6〉 포춘 500대 기업 중 중국의 주요기업

(단위: 백만 달러, 2011년 기준)

기업명	포춘 순위	매출액	순이익	형태	업종
중국석유화학공업집단공사 (Sinopec Group)	5	375,214	9,453	국영	에너지
중국공상은행 (Industrial & Commercial Bank of China)	54	109,040	11,703	국영	금융
중국이동통신집단공사 (China Mobile Communications)	81	87,544	431	국영	통신
중국건설공업총공사 (China State Construction Engineering)	100	76,024	1,035	국영	건설
중국철도주식유한공사 (China Railway Group)	112	71,263	1,035	국영	교통
상해자동차집단주식유한공사 (SAIC Motor)	130	67,255	3,128	국영	자동차
중국오광집단공사 (China Group)	169	154,509	754	국영	광산(물)
보강집단유한공사 (Baosteel Group)	197	48,916	1,867	국영	철강
중국항공공업집단공사 (Aviation Industry Corp. of China)	250	40,835	930	국영	항공공업
이화집단 (Jardine Matheson)	275	37,967	3,449	민간	무역
화웨이투자홀딩스 (Huawei Investment & Holding)	351	31,543	1,815	민간	전기
중국기계공업집단유한공사 (Sinomach)	367	29,846	631	국영	기계
렌샹집단 (Lenovo Group)	370	29,574	473	민간	전자
중국선박중공업집단공사 (China Shipbuilding Industry)	434	25,145	837	국영	선박

자료: Global Fortune 500 (2012), 한국무역협회

〈표 2-7〉 전통산업 분야에서 글로벌 경쟁력을 보유한 국유기업(예)

기업명	경쟁력
시노펙	중국내 매출 1위의 정유회사로 매출액 · 자산에서 삼성그룹을 추월 (2008년 말)
중국해양 석유총공사	2011년 말 현재 총자산 3,843억 위안의 중국 내 3위의 석유 및 천연가스 공급 국유기업으로 중국 내 최초로 액화천연가스(LNG)를 소개
차이나모바일	중국내 최대 통신기업, 중국내 시장점유율 66.5%(6억 5천만 명 가입)을 차지
바오산강철	중국 최대 철강회사로 2008년 바우타우, 닝보강철 등을 흡수통합하면서 단숨에 세계 3위의 철강회사로 부상

중국 국유기업들이 전 세계를 무대로 활동하고 있기 때문에 경영자 및 경영 시스템도 글로벌 다국적기업과 대등한 수준에 이르렀다는 평가가 지배적이고, 정부의 간접적인 영향을 받겠지만 경영은 상당히 자율적이다. 특히 국유기업 대부분이 홍콩, 뉴욕증시에 상장됐을 만큼 경영활동이 글로벌 스탠더드에 부합하고 있다.

최근 중국 내부에서 국유기업의 폐해를 지적하고 전반적인 제도개선이 시급하다는 의견이 제시됨에 따라 정부의 민영화 방침 등 제도개혁으로 국유기업의 숫자와 비중이 꾸준히 감소하고 있으나 여전히 중국 경제의 주도적 지위를 확보하고 있으며, 업종별 선도기업도 대부분 국유기업이다. 특히 글로벌 금융위기 이후 위기의 대응이 국유기업을 중심으로 전개됨에 따라 '국진민퇴(國進民退: 국유기업의 발전과 민간기업의 퇴출) 현상'이 가속화되어 이들을 빼놓고 중국 산업과 경제를 논하기가 더욱 어렵게 됐다.

한편, 국유기업과는 다른 발전패턴을 보이는 신흥 민영기업군이 등장하고 있어 주목된다. 이들 기업은 양적 · 질적 성장을 동시에 추구하며, 전 세계를 대상으로 경영활동을 펼치고 있다. 국유기업과 달리 사업 초기부터 R&D, 지적 재산권 확보 등 내부역량을 강화해 글로벌 플레이어로서 손색이 없는 경우가 대부분이다.

이제 중국 경제는 '루이스 전환점'을 통과하고 있어 중대한 전환점을 맞이하고 있다. 임금이 급상승하고 노동력 수급이 빠듯하며 투자 효율성이 급격히 저하되는 등 요소투입형 성장에 한계를 보이고 있다. 따라서 지속적인 성장을 위해서는 경제・산업 전반에 걸쳐 생산성이 추세적으로 높아지는 총요소 생산성의 꾸준한 향상이 필요하다. 손쉬운 요소투입을 통한 성장이 아니라 총요소 생산성을 선도하는 혁신적인 민영기업의 존재가 갈수록 중요해지고 있다.

향후 중국 경제의 발전은 이들 민영기업이 얼마나 빠른 속도로 전 산업으로 확산되는가에 달려 있다고 해도 과언이 아니다. 이들은 또 한・중・일 분업구조와 세계 경제의 분업구도에 지대한 영향을 미칠 게 분명하다.

세계도 중국 기업의 글로벌 경쟁력을 긍정적으로 평가하기 시작했다. 미국의 〈패스트 컴퍼니〉(*Fast Company*)가 선정하는 '글로벌 50대 혁신기업'의 경우 2009년에는 중국 기업이 2개였지만,[1] 2010년에는 4개로 증가했다. 즉, 2009년에는 우시 파마테크(尤錫葯明康德, WuXi PharmaTech, 제약, 8위)와 BYD(친환경, 45위) 2개에 불과했지만, 2010년에는 화웨이(전자, 5위), BYD(친환경, 16위) 외 알리바바(阿里巴巴, Alibaba, 인터넷, 29위), 화이브라더스(華誼兄弟, Huayi Brothers, 미디어, 42위)가 추가됐다.

반면, 일본 기업은 2009년(닌텐도, 21위)과 2010년(유니클로, 41위)에 각각 1개씩이고, 한국 기업은 2010년의 삼성전자(36위) 1개에 불과했다.

중국의 신흥 민영기업들은 전통산업뿐 아니라 첨단 분야에서도 대도약(*leap-frog*)의 모습을 보이고 있는데, 대표기업들을 살펴보자.

1 http://www.fastcompany.com/most-innovative-companies/2010

〈표 2-8〉 중국의 전통기업군

기업명	내 용
화웨이 (Huawei)	유 · 무선 네트워크 장비를 생산하는 하이테크 기업. 3세대 통신기술 특허의 7%를 보유하고 있으며, 2008년 국제특허 출원 세계 1위 기업에 등극
하이얼 (Haier)	TV, 냉장고, 세탁기 등을 생산하는 가전업체. 2011년 매출 233억 달러(약 27조 원) 기록, 매년 20% 내외의 성장세 달성, 세계시장 점유율 7.8%의 세계 1위 기업
싼이중공업 (Sany Heavy Industry Co. Ltd.)	중국 내 굴착기 시장 1위. 펌프카의 경우 중국 내 시장 점유율 50%를 기록하며 전 세계 판매량 1위 기업. '품질로 세계를 변화시킨다'는 경영이념에 따라 매출의 7%를 R&D에 투자, 보유 특허만 1,200개에 달함
거리전자 (Gree Electric Appliance Inc.)	에어컨업계 세계 1위. 1995년 이후 17년 연속 중국시장 점유율 1위. 2005년 이후 7년 연속 세계 1위 유지
장쑤 룽성중공업 (JiangSueng Sheng Heavy Industries Co. Ltd.)	창업 4년 만에 중국 민영조선소 1위, 세계 5위 기업으로 초고속 성장. '룽성 속도'라는 용어가 등장할 정도로 생산기간을 단축하면서 가격 경쟁력을 유지하여 단기간에 급성장. 최근 고부가 LNG선박 시장으로 진출, 10년 이상 시장 선두지위를 유지하는 한국 기업에 도전자로 급부상
지리자동차 (Geely Automobile Holdings Ltd.)	1986년 냉장고 부품기업에서 자동차 메이커로 변신, 2010년 볼보(Volvo) 인수. 볼보 인수를 계기로 브랜드, 원천기술, 해외 판매망 등을 일거에 획득하며 글로벌 자동차 메이커들과 경쟁 중

(1) 전통기업

전통산업에서 혁신을 선도하는 산업은 통신(通信)과 가전(家電) 분야인데, 그중에서 화웨이와 하이얼이 대표적이다.

① 화웨이(华为技術有限公司, Huawei Technologies Co. Ltd)[2]

화웨이는 2012년 7월 그해 상반기 매출이 세계 제1의 통신장비업체인 에릭슨의 155억 달러를 넘은 160억 달러를 기록함으로써 글로벌 종합 통신장비기업으로서의 지위를 확실히 했다. 1987년 인민해방군 통신장교 출신인 런정페이(任正非) 회장이 자본금 2만 1천 위안으로 설립해 1993년 전화교환기 개발에 성공함으로써 수입 통신장비 판매업체에서 네트워크 설비 및 단말기 제조기업으로 탈바꿈했다.

이후 1990년대 들어 중국의 통신 인프라 시장이 대대적으로 확대되면서 고속성장하기 시작했다. 2007년 이후 매출(계약 기준)의 70% 이상을 해외에서 거두는 등 글로벌 시장에 본격 뛰어들어 2010년 2분기에는 세계 통신장비 시장의 20.6%를 차지해 에릭슨(33%)과 노키아-지멘스(20.8%)에 이은 3위 기업으로 급부상했다.

화웨이 경쟁력의 이면에는 공격적인 R&D 활동이 있다. 경쟁사 대비

---

2 *Economist* (2012.8.4).

낮은 비용으로 우수인력을 확보함으로써 R&D 인력비용은 에릭슨, 노키아 등 선진기업의 1/5 수준인 1인당 4만 5천 달러에 불과하다. 미국, 인도, 러시아, 스웨덴 등 세계 14곳의 연구센터에서 약 6만 2천 명(14만 명의 직원 중 44%)이 R&D에 매진하고 있다. 연간 매출의 10% 이상을 R&D에 투자하는데,[3] 2009년 투자액이 19억 달러로 시스코, 알카텔-루슨스, 에릭슨에 이어 4위를 기록했다.

특히 1만 명의 엔지니어가 근무하는 중국 선전(深圳)의 화웨이 캠퍼스는 일본식 젠(*zen*, 禪) 스타일 정원과 에스프레소 바(*bar*) 등 중국 기업 특유의 폐쇄적 구조에서 탈피하면서 개방과 협력에 기반한 R&D 모델을 채택, 시장변화 및 고객수요에 능동적으로 대처하고 있다. 이 결과 2012년 현재 4만 7천 건의 지식재산권을 보유하고 있으며, 2010년에는 〈패스트 컴퍼니〉 선정 '글로벌 50대 혁신기업' 중 5위(시스코 17위, IBM 18위)를 차지하는 등 혁신기업의 면모를 과시하고 있다.

2003년 이후에는 관련 기술업체와 파트너십을 구축해 소프트웨어, 플랫폼, 휴대폰 단말기 등 다방면의 제품을 개발하고 있으며, 차세대 통신시장에 대한 선제적 투자를 바탕으로 글로벌 통신시장에서 선도자로 변신할 준비를 하고 있다. 3G 분야 진출은 경쟁기업에 뒤졌으나, 2004년부터 4세대 이동통신 기술인 LTE(*Long Term Evolution*)에 지속적으로 투자한 결과 LTE 관련 핵심 특허의 34%, 181개를 보유하고 있다.

특히 아이폰의 iOS, 구글 안드로이드, 마이크로소프트(MS)의 윈도폰 7 등 기존의 플랫폼이 폐쇄적 모바일 운영체제(OS) 정책을 강화할 경우에 대비해 중국 내 높은 시장 점유율을 등에 업고 독자 OS도 개발 중이다.[4]

화웨이는 차별화된 마케팅 전략으로도 유명한데, 농촌지역부터 공략

---

3 삼성경제연구소 (2010.8.25.), "주목해야 할 중국의 글로벌 신흥기업".

4 아이뉴스24 (2012.9.26), "중국 화웨이 독자 모바일 OS 만든다".

했던 마오쩌둥(毛澤東)의 전략을 본받아 저가제품으로 농촌시장을 파고들었다. 이 같은 마케팅 전략의 성공을 바탕으로 노키아, 에릭슨에 비해 5~10% 낮은 가격으로 아프리카 대륙에도 진출해 2006년까지 무려 20억 달러의 매출을 기록하기도 했다.

② 하이얼(海爾集團, Haier Group)

하이얼은 중국의 국민 가전(家電) 브랜드에서 글로벌 브랜드로 성장한 전자업체다. 1984년 정부가 세운 칭다오 냉장고공장이 하이얼의 전신인데, 1992년 세탁기와 TV를 생산하면서 '하이얼'로 개명함과 동시에 종합가전회사로 변신했다.

2008년 하이얼은 세계 최대의 냉장고 제조업체인 월풀(Whirlpool)을 제치고 세계시장 점유율 6.3%를 기록한 이래[5] 2011년 전 세계적으로 1,509억 위안의 매출,[6] 8만여 명의 근무인원, 61개 무역회사,[7] 24개 공장, 10개 R&D 센터, 21개 산업단지를 운영하면서 냉장고(13.7%), 세탁기(10.9%), 와인쿨러(16.1%) 등 1위 제품을 바탕으로 세계 백색가전 시

5 www.chinaknowledge.com (2009. 1. 20), "Haier tops Whirlpool in global refrigerator sales".

6 하이얼 홈페이지(http://www.haier.net/en/about_haier)

7 Euromonitor (2011.12.16), "Haier Ranked The #1 Global Major Appliances Brand For 3rd Consecutive Year". (http://www.prnewswire.com)

하이얼 본사 전경

장에서 7.8%로 수위에 올랐다. 특히 카사르테(*casarte*) 6문(門) 형 냉장고는 시장점유율 60%로 업계 선두제품인데, 매립·일체형 주방가전 포지셔닝과 예술적인 산업디자인을 접목시켜 독일 'iF 디자인 어워드', '레드닷 어워드' 등을 수상했다. 이를 바탕으로 최근 1년 사이에 하이얼의 중국 프리미엄 시장 점유율은 지멘스를 뛰어넘어 가장 높다.

하이얼은 글로벌 가전기업보다 한발 앞서 고객의 불편을 감지하고 개선하기로 유명한데, 중국 농촌에서 팔리는 세탁기의 주요 고장원인이 채소찌꺼기인 점을 발견하고 세탁기의 배수관을 넓히고 필터구멍을 크게 해 큰 호응을 얻기도 했다.

또한 7천 명의 엔지니어가 R&D 센터에 근무하면서 매년 매출의 5% 이상을 R&D에 투자하는 등 백색가전의 프리미엄화 및 제품디자인에 최신 트렌드를 접목시켜 경쟁력을 키우고 있다. 최근에는 미국 〈뉴스위크〉에 의해 '글로벌 TOP 10 혁신기업'으로 선정되기도 했다.

하이얼은 글로벌 지원을 통합해 이상적인 생산 프로세스를 실현하고 있는데, 제품 디자인 모듈화와 글로벌 구매 모듈화 전략을 추진해 글로벌 디자인 R&D는 물론 우수 공급업체의 자원을 통합함으로써 디자인-R&D-생산을 최적화하고 있다.

또한 외주업체를 통해 A/S(애프터서비스)를 지원하는 글로벌 가전업체와 달리 강력한 자체 전국 A/S망과 유통망을 통해 충성도 높은 고객을 확보하고 있다. 이 결과 아무리 산간벽지라도 하이얼 제품을 구매하는 고객은 A/S 네트워크를 믿고 고장을 걱정하지 않는 것으로 유명하다.

마지막으로 하이얼은 모든 제품이 글로벌 시장을 지향하도록 전략을 수립하고 있다. 글로벌 브랜드 육성을 위해 다수 수출품에 자체 브랜드를 사용한 결과, 하이얼은 2011년 1/4분기 중 국내 상장기업 중 가장 높은 수출 성장세를 실현했고, 평균 수출단가도 제일 높다. 카사르테 믹싱 드럼세탁기, 이탈리아식 3문형 냉장고 등은 모두 유럽에서 인기가 많은 하이얼의 대표제품이다.

(2) 첨단 분야

① 우시 파마테크(药明康德, WuXi PharmaTech)

아시아 최대의 의약품 R&D 아웃소싱 기업이자 의약 분야의 중국 대표기업으로, 세계 20대 제약회사 중 19개를 고객으로 확보하고 있다. 2010년 매출이 3억 3천만 달러를 기록, 지난 5년간 10배나 늘었다. 우시 파마테크의 연구인력은 3천 5백여 명에 달하는데, 이들의 평균 인건비는 한국의 1/5에 불과해 세계 최고의 가격 경쟁력을 보유하고 있다.

② BGI(華大基因, Beijing Genomics Institute)

1999년 설립된 신생기업이지만 세계 최고 수준의 설비와 인력을 보유한 중국 최대의 게놈 전문업체다. 국제 휴먼게놈 프로젝트에도 참여했으며, 아시아인과 팬더의 유전자 지도분석 등을 통해 국제적인 명성을 쌓아가고 있다. 특히 유전자 관련 연산을 초당 50조 회 수행할 수 있는 초고속 유전자 분석기 30대와 고성능 컴퓨터 시스템을 구축하고 있으며, 생물정보학 전문가를 200명 이상 보유하는 등 세계 최고 수준의 유전자 해석능력을 가졌다는 평가다. 최근 BGI는 미래 성장분야로 수확량이 많은 신품종 벼 및 사탕수수 개발, 동물복제를 통한 암 치료법 등을 선정하고 투자를 확대하고 있다.

③ 마이루이(Mindray Medical International Limited)

내수 중심의 중저가 의료기기업체에서 공격적인 해외 M&A를 통해 글로벌 의료기업으로 변신한 중국 최대 의료기업이다. 2006년 9월 뉴욕 증시에 상장했고, 2008년에는 미국의 데이터스코프 사를 2억 달러에 인수함으로써 미국, 유럽 내 판매망을 확보했다. 2006년과 2010년 컨설팅 업체인 프로스트 앤 설리컨(Frost & Sullican)의 '글로벌 마켓 리더십', '글로벌 환자 모니터링 기기 우수업체'로 선정된 바 있으며, 환자 모니터링기기 분야에서 제너럴일렉트릭(GE) 헬스케어, 필립스 헬스케어에 이어 3위를 달리고 있다.

1991년 해외 의료장비의 단순 판매대행 업체로 출발했지만, 중국에 적합한 제품개발의 필요성을 절감하고 직접 제조에 착수해 중국 정부의 의료개혁 입찰 프로젝트 중 중저가 의료장비 부분에서 입지를 다지는 한편, R&D와 신제품 개발로 해외 의료기업과의 경쟁에 대비했다. '가격 대비 최고의 품질과 성능을 제공한다'는 목표 아래 매출의 10%를 R&D에 투자하고 있는데, 전체 종업원의 26.5%가 R&D 인력이다.

④ BYD Co. LTD (比亚迪股份有限公司)

1995년 중난(中南) 대학에서 야금물리학을 전공한 왕촨푸(王傳福) 회장이 29세의 나이에 250만 위안을 들여 23명의 직원과 설립한 회사다. 창립 5년 후인 2000년에는 매출 58억 달러, 영업이익 6억 달러, 종업원 16만 명으로 급성장하는 등 10년 만에 전지 및 친환경전기차 업계의 선두기업으로 부상했다. 2008년에는 세계적인 투자가인 워렌 버핏(Warren Buffett)이 BYD의 지분 10%를 2억 3천만 달러에 인수했으며, 2010년에는 〈비즈니스위크〉가 선정한 '세계 100대 IT기업 순위'에서 애플을 제치고 1위에 등극한 바 있다.

모방을 통한 스피드 성장과 최근 5년간 R&D 투자를 매년 90%씩 늘려가면서 친환경 전기차 산업의 마켓리더로 떠올랐다. 2008년에는 친환경 전기차인 'F3DM'과 'F6DM'을 개발하는 등 일부 성과가 있었으나, 최근 성능과 신뢰성에서 문제가 드러나 'BYD 신화'가 허상이 아니냐는 비판도 제기되고 있다.

⑤ 잉리솔라(英利, YingLi Solar)

1987년 먀오롄성(苗連生)이 화장품 판매기업으로 창업한 잉리솔라는 1998년 태양에너지 기업으로 변신했다. 2007년 6월 뉴욕 증시에 상장됐는데, 175년의 뉴욕 증시 역사상 가장 높은 성장세를 나타내는 기업으로 각광받고 있다. 2009년 태양전지 셀 생산 세계 5위, 모듈 4위를 차지했으며, 폴리실리콘 생산에서부터 모듈 조립까지 수직 계열화를 조기에 달성했다. 2009년 1월에는 시장에서의 우위 선점을 위해 폴리실리콘 기업인 미국의 사이버파워그룹을 인수했다.

(3) 인터넷 및 미디어

① 알리바바그룹(阿里巴巴集團, Alibaba Group)

항저우(杭州) 전자기술대학 영어교사 출신으로 1995년 중국 옐로페이지(China Yellowpage)를 설립한 마윈(马云) 회장이 1999년 알리바바닷컴을 설립하면서 시작한 중국 전자상거래 시장점유율 1위 기업이다.

알리바바 본사 전경

알리바바그룹은 2011년 2분기 중국 전자상거래 C2C(*Consumer to Consumer*) 시장 점유율 70%로 1위인 타오바오와 B2B(*Business to Business*) 시장 점유율 54.8%로 역시 1위인 알리바바를 보유하는 등 세계적인 인터넷 기업으로 성장했다. 그룹 대표기업인 타오바오와 알리바바 외에도 티몰(Tmall, B2C), 알리페이(전자결제), 야후차이나(포털, 검색), 알리바바 클라우드컴퓨팅(DB 관리) 등이 자회사로 포진하면서 알리바바그룹의 기업가치는 250억 달러로 추정되며, 최근 16억 달러의 투자를 유치해 가치가 320억 달러까지 치솟았다.[8]

중국 기업의 현지화 전략과 정부정책에 힘입어 아마존 등 글로벌 기업이 맥을 못 추는 가운데 알리바바의 2010년 매출은 55억 위안(약 1조 원)으로 중국 IT업계 매출의 약 2%를 차지하고 있다.

한편, 알리바바닷컴은 34%인 중국 매출비율보다 글로벌 비율이 58%로 훨씬 높은데, 이는 글로벌 시장을 타깃으로 하는 CGS(*China Gold Supplier*)의 가입자에게 받는 연회비만으로도 4천 4백억 원의 매출을 내고 있기 때문이다.[9]

8 대한상공회의소 (2011.10.24), "중국 엔터테인먼트의 대표기업, 화이브라더스 미디어그룹".

② 화이브라더스(華誼兄弟傳媒集團, Huayi Brothers Media Corp)[10]

H.BROTHERS MEDIA
華誼兄弟

왕종쥔(王忠軍)과 왕종레이(王忠磊) 형제가 1994년에 설립한 화이브라더스 광고회사를 모기업으로 하는 중국의 대표적인 종합 엔터테인먼트 그룹이다. 화이브라더스 광고회사는 설립 10년 만에 영화, TV 드라마, 연예인 매니지먼트, 음반, 엔터테인먼트 마케팅 등의 사업을 통합해 2005년 화이브라더스 미디어그룹 홀딩스를 세웠고, 2009년 9월 중국 차스닥(한국의 코스닥에 해당)에 상장해 '중국 500대 기업'에 드는 민영 엔터테인먼트 회사로 성장했다. 특히 화이브라더스 영화 제작사는 극본, 기획, 연출, 제작에서 영업 마케팅, 극장 배급뿐만 아니라 최근에는 영화관 사업까지 진출해 제작에서 소비에 이르는 완벽한 서비스 체인을 형성하고 있다.

4) 중국 경제 · 산업 발전의 특징 및 원인

중국 경제의 비약적 발전은 어떻게 이루어졌으며 다른 나라의 발전과정과 어떤 차이점이 있는가? 도대체 중국의 어떤 장점이 비약적인 발전을 뒷받침했는가? 또한, 이런 고속발전이 앞으로도 지속되어 미국 등 선진국을 넘어설 수 있을까? 이런 문제들에 대한 분석과 통찰이 중요하다.

2008년 경제위기 이후 미국의 신자유주의 경제가 비판받으면서 정부

9 KT경영경제연구소(2011.10.11), "알리바바 그룹의 성공 사례 분석 및 Lessons".
10 대한상공회의소(2011.10.24), "중국 엔터테인먼트의 대표기업, 화이브라더스 미디어그룹".

관리 위주의 중국 성장 모델론에 대한 논쟁이 뜨거운데, 이에 대한 평가는 중국 경제발전의 특징과 요인분석을 전제로 해야 한다. 이제부터 중국 경제·산업 발전의 특징을 2가지 측면에서 살펴보자. 하나는 노동과 자본이라는 전형적인 요소투입형 성장이고, 또 다른 하나는 수출주도형 성장이란 측면이다.

(1) 전형적인 요소투입 주도 성장

중국의 경제발전은 다른 나라의 발전 초기와 같이 노동, 자본의 대대적인 투입으로 이루어진 전형적인 요소투입 주도형 성장이라고 요약할 수 있다. 1978년 개혁개방 정책을 시행할 당시 중국은 국민을 먹여 살려야 하는 절박한 상황이었다. 대부분의 중국인은 마오쩌둥의 문화대혁명 후유증에서 완전히 벗어나지 못하고, 계획경제의 굴레에 묶인 채 가난에 허덕이고 있었다. 다만, 당시에도 중국은 엄청난 잠재력을 가지고 있었으며 잠자고 있는 거대한 잠재력을 깨울 만한 어떤 조치가 필요했는데, 그것이 바로 덩샤오핑(鄧小平)의 개혁개방 정책이었다. 이후 중국 정부는 사회주의 계획경제를 조심스럽게 점진적으로 그리고 지속적으로 추진했음은 널리 알려진 사실이다.

농업, 제조업, 서비스업 등 대부분의 산업과 경제 영역에서 오랫동안

〈표 2-9〉 한·중·일 GDP 대비 투자비율과 경제성장률

(단위: %)

국가별 비교	투자비율 (GDP 대비)	경제성장률
중국(1991~2011)	40.4	10.4
중국 최근 3년(2009~2011)	48.2	9.6
일본(1961~2010)	32.6	10.2
한국(1981~1990)	29.6	9.2

자료: 노무라자본시장연구소·關志雄(2012.10.18), "중국경제의 현상과 과제".

중국 사회를 옭아매던 규제가 풀리기 시작했고, 중국인들은 보다 적극적으로 경제활동에 나서기 시작했다. 개혁 초기에는 농촌지역에서 역동적인 발전이 이루어졌으며 점차 도시지역, 제조, 서비스업으로 확산되었는데, 가난하지만 근면할 뿐 아니라 아주 적은 임금으로도 기꺼이 일하려는 13억의 노동인구가 경제활동에 참여하면서 중국 경제는 극적으로 발전하기 시작했다. 1960년대 초반 제 1차 경제개발 5개년 계획을 시행하기 직전의 우리 사회의 모습과 비슷했다.

세계 경제 역사상 유례가 없는 대규모의 인력투입이 중국 경제발전의 가장 핵심적인 성장동력이었는데, 이를 단적으로 보여주는 지표가 도시화율이다. 1978년 개혁개방 직후 중국의 도시화율은 18%였으나, 1996년 30%, 2003년 40%를 초과한 후 현재는 약 50%를 기록하고 있다. 1978년 이후 4억 명이 넘는 인구가 농촌에서 도시로 이동해 경제활동에 참여하게 된 셈이다. 비생산적인 농업 분야에서 훨씬 생산적인 제조·서비스 분야로의 인력이동을 통해 중국 경제의 생산성은 크게 향상됐다. 한편, 선진국의 도시화율이 미국 81%, 일본 66%, 한국 90.8%인 것을 감안하면, 중국은 농촌 노동인력의 도시유입 여지가 여전히 많은 편이다.

값싼 노동력 외에도 중국 경제는 대대적인 투자에 의해 성장했다. 중국의 GDP 대비 투자 비중은 1990년대의 30% 수준에서 2000년대에는 40%대, 최근에는 50% 가까이 높아지고 있다. 이는 한국과 일본이 고도성장 시기에 이룩한 30%를 훨씬 초과하는 것으로, 중국 경제의 비약이 투자에 크게 의존하고 있음을 보여준다.

중국의 국내 투자는 도시화에 따른 주택, 상하수도, 도로 등 도시 인프라 건설, 중국 전역의 도로, 항만, 공항 및 지역 활성화 구축, 산업발전 등으로 대변된다. 즉, 도시화 및 인프라 구축을 위한 건설투자와 대규모 장치가 수반되는 중화학공업 육성을 위한 설비투자가 대표적인데, 대규모 설비투자는 2000년대 이후 수출로 이어져 '투자 → 수출 → 투자'

의 선순환(善循環) 고리를 만들면서 성장을 뒷받침했다.

한편, 중국 경제성장의 주요 요인으로 외국인 투자를 빼놓을 수 없다. 개혁개방 이후 외국자본이 물밀듯 밀려왔는데 자금의 성격이 주식, 채권 등 단기 투자자금이 아니라 중국 공장에 투자하거나 자신이 직접 건물을 짓고 설비를 들이는 직접투자가 대부분이었다. 1983년 470여 개의 투자 프로젝트에 대한 17억 3천만 달러를 시작으로, 2006년 한 해에만 무려 27,514개 프로젝트에 1,930억 달러의 외국인 투자가 이루어졌다. 1993년부터 2006년까지 1조 3천 4백억 달러의 어마어마한 외국자본이 유입되면서 중국은 '외국인 투자의 블랙홀'로 불렸다. 1978년 이후 중국은 5천억 달러에 이르는 해외투자를 유치했는데 이는 1945~2000년 중 일본에 대한 외국인 투자액의 10배가 넘는 규모다.[11]

(2) 중상주의적 수출 주도의 경제성장

중국 경제를 이끈 또 다른 동력은 다름 아닌 수출이다. 중국의 수출 신장세는 세계 경제사에서 전례를 찾을 수 없을 정도라는 것은 앞에서 밝힌 바 있다. 1991년 수출 719억 달러, 수입 638억 달러, 무역액 1,357억 달러에서 2002년 무역규모 5,097억 달러(세계 무역비중 4.1%), 2004년 1조 1,546억 달러(6.2%). 2007년 2조 1,766억 달러(7.7%), 2012년 약 3조 8천 7백억 달러로 세계 2위의 무역대국으로 등극했다. 또한 전체 무역액이 GDP에서 차지하는 비중도 1960년대에는 8%에 불과했으나, 2011년에는 10.5%까지 늘었다. 이 같은 수출주도의 성장은 개혁개방 이후 중국 정부의 지속적이고도 적극적인 지원에 힘입은 바 크다.

---

11 김병섭 (2012.1.3), "중국의 WTO가입 10주년과 세계 경제에 대한 영향".

5) 중국 경제성장의 요인

지금까지 중국 경제・산업의 성장을 2가지 측면에서 살펴보았다면, 이제는 중국 경제의 성공요인에 관해 보다 미시적으로 분석해 보자.

(1) 13억 명의 거대 시장

우선, 13억 명의 인구 자체가 중국 경제발전의 가장 큰 원동력이다. 13억 명의 인구를 가진 나라는 세계 어디에도 없으며, 세계 경제 역사를 아무리 뒤져봐도 이런 거대 소비시장은 존재한 적이 없다. 따라서 그 힘(power)의 크기와 파급효과는 예측을 불허한다.

중국의 31개 성(省) 하나하나가 개별 국가급이며, 이 중에서 1억 명이 넘는 성은 다른 큰 나라에 해당될 정도다. 한마디로 30~50개 국가를 한 울타리에 모아놓은 게 중국이다. 그러다 보니 필자가 중국에 갈 때마다 느끼는 것도 '정말 큰 나라'라는 것과 '각 지역이 정말 서로 다르다'는 사실이다. 중국과 국가규모가 비슷한 미국도 '큰 나라'지만, 어느 지역에서나 맥도날드와 코카콜라로 대표되는 균질적인 소비패턴 때문인지 중국처럼 '정말 크다'는 느낌은 들지 않는다.

대국과 소국의 장단점이 각기 다르겠지만, 경제성장과 산업발전에는 대국이 절대적으로 유리하다. 규모의 경제가 작용하기 때문인데 성장요소 중 가장 중요한 것이 인구의 규모와 증가속도다. 인구가 많고 그 인구가 빠르게 늘어나는 국가일수록 성장하기 쉽다. 또한 발전을 결정하는 요인이 산업별로 다르기는 하지만, 일부 과학기반형 산업 또는 전문기업형 산업을 제외하면 규모의 경제가 비교우위를 결정지을 가능성이 높다. 중국 산업의 비약적인 발전에는 규모가 결정적이라 하겠다. 예를 들어 철강산업에서 중국은 전 세계 생산의 약 50%인 7억 톤을 차지하는 1위 국가인데, 십수 년 만에 이뤄낸 규모의 경제 덕택이라 할 수 있다.

(2) 실용적이고 효과적인 시장지향적 개혁

중국은 실용적이고 효과적인 체제전환에 의해 순탄하게 경제발전에만 몰두할 수 있었다. 러시아 및 동구권이 사회주의 경제체제에서 자본주의 체제로 급격하게 전환하는 과정에서 극심한 혼란을 겪었던 반면, 중국은 이를 대단히 신중하게 추진했다. 중국은 '돌다리를 두드리며 건넌다'와 쌍궤제(雙軌制)[12]로 대표되는 실사구시적 시장화 계획을 추진해왔다. 시범지역 또는 분야를 선정해 개혁조치를 실험한 뒤, 그 효과와 부작용을 살펴 전체로 확산시키는 지혜를 발휘했다.

중국이 체제전환 조치들을 시행할 당시 세계 대부분의 전문가들은 대단히 냉소적이었다. 지금도 적지 않은 서구의 학자들이 현재진행형인 중국의 체제전환을 부정적으로 보고 있기도 하다. 중국은 이런 부정적인 전망을 비웃으면서 지금까지 대단히 효과적으로 체제전환을 추진하고 있으며, 이것이 중국 경제발전에 결정적인 요인으로 작용하고 있다.

(3) 인위적 · 동원적 배분이 가능한 집행 시스템

중국은 5개년 계획(현재 12차 계획)을 통해 경제발전을 대단히 체계적이고 전략적으로 추진했으며 이 과정에서 정부의 인해전술적인, 어떻게 보면 무모하다고까지 할 정도의 집중적인 자원배분이 있었다. 어느 나라나 경제발전의 초기단계에는 효율적인 정부의 전략분야 또는 산업에 대한 인위적인 자원배분이 효과를 발휘하게 마련이다. 우리나라도 1960~70년대 초기 경제발전 단계에서 정부의 손길이 오늘날의 대기업집단을 만들어냈다. 이것이 중국 경제성장 모델의 아주 두드러진 특징이며, 중국의 무서운 힘이자 단점일 수 있다.

---

12 개혁개방 이후 1980년대 후반 중국 정부가 계획경제와 시장경제 궤도를 병론시킨다는 뜻으로 사용한 어휘이다. 서로 간섭하지 않고 새롭게 생겨난 부분이 경제성장을 이끌고 낙후된 부분은 서서히 변화시키겠다는 뜻이다.

13억 인구를 배경으로 규모의 경제가 작용하는 산업에 자원을 집중 배분한 결과, 중국은 실로 놀라운 성과를 내고 있다. 섬유, 석유화학, 철강, 자동차 등 규모의 경제가 작용하는 모든 산업이 이런 배경하에 세계 1위로 도약할 수 있었다. 경제발전 초기에는 노동집약적인 전통산업, 1990년대 후반 이후에는 자본집약적인 중화학공업이 비약적으로 성장했는데, 정부의 지원이 오늘날 중국 경제를 있게 한 근본요인 중 하나이자 이제부터는 그 힘을 자제해야 하는 과제가 되고 있다.

나중에 이야기하겠지만 이 같은 인위적인 자원배분은 불균형 성장으로 이어져 부문 간 불평등을 낳을 수밖에 없는데 이 또한 숙제다. 다만, 인위적 자원배분 자체를 부정하면 중국의 근본적인 장점 내지 힘을 부인하는 것이므로 보다 정치하고 세련된 조치가 필요하다고 하겠다.

(4) 지방정부 간 경쟁을 통한 발전[13]

중국 시장경제 체제의 특징 중 가장 돋보이는 것은 지방경쟁인데, 성(省)과 성, 시(市)와 시, 현(縣)과 현 또는 더 낮은 단위의 지방정부가 투자와 경제발전에 필요한 외부자원을 놓고 서로 유치경쟁을 벌임으로써 산업과 경제를 발전시키는 시스템이다. 지방정부가 경쟁의 주체가 된 것인데, 이런 독특한 구조는 중국의 전통적인 정부 관리구조와 시장경제가 결합해 탄생했다. 의견조율을 전제로 계획수립은 중앙정부가 주도하고 집행은 지방정부가 하면서 지방 간 경쟁을 통해 발전을 촉진하는 발전모델은 독특하면서 매우 유효한 시스템임에 틀림없다. 물론 이런 시스템의 부작용 또한 무시할 수 없는데, 장점을 유지하면서 부작용을 최소화하는 일 또한 큰 과제다.

---

13 조영삼 (2012), "중국 성장모델을 어떻게 평가, 이해할 것인가".

(5) 세계화 및 정보화 추세에 의한 국제 분업구조의 심화와 중국의 활용

세계 경제의 도움 없이 중국이 스스로 발전할 수는 없다. 선진국 경기의 호황, 특히 미국의 과도한 소비—물론 2008년 경제위기의 빌미가 되기는 했지만—가 중국 경제성장에 크게 기여했음은 부인할 수 없다.

또 세계화 및 정보화의 확산에 따른 국제 분업구조의 근본적인 변화가 중국의 개혁개방 정책과 이해가 맞아 떨어지면서 경제·산업 발전에 결정적 역할을 했다. 즉, 정보화와 디지털화는 다국적기업의 생산방식을 근본적으로 변화시켰는데,[14] 복잡한 제조공정에 필요한 설계도면 같은 정보를 디지털화하면서 이를 언제 어디서나 쉽게 저장하고 불러내는 것은 물론 세계 구석구석에 매우 싼 비용으로 즉각 전송할 수 있게 됐다.

이러한 디지털화가 생산혁명을 가져왔다. 이른바 생산공정의 디지털화는 모든 산업의 생산을 세부공정으로 나누고 각 공정별로 가장 효율적인 기업이 생산하고 조립하는 생산의 글로벌화를 가능케 했다. 애플의 아이폰에서 보는 것처럼, 설계는 미국 실리콘밸리의 애플 본사에서 담당하고 필요부품을 미국, 한국, 일본, 독일 회사들이 조달하면 최종조립은 대만 기업의 중국 공장에서 하는 식이다.

이처럼 국제 분업구조의 변화가 중국을 순식간에 세계적인 제조기지로 탈바꿈시켰다. 저임금의 풍부한 노동력, 서방기업에 우호적인 정부의 개혁개방 정책과 세계 다국적기업의 글로벌 생산시스템이 결합해 다국적기업의 조립공장이 중국으로 밀려들어온 것이다. 개혁개방 초기만 해도 중국은 다국적기업의 하청기지에 지나지 않았으나, 2000년대 이후에는 첨단제품을 독자적으로 조립하는 단계까지 나아갔다. 물론 중국 토종기업의 수준은 다국적기업에 여전히 뒤지지만, 조립완성품 분야를 중심으로 중국 기업의 경쟁력은 지속적으로 강화될 것이다.

---

14 Edward S. Steinfeld (2010), 《왜 중국은 서구를 위협할 수 없나》.

(6) 중국의 잠재력

중국의 고도성장에는 중국 내부의 잠재력도 크게 작용했다. 역사적으로 가장 오래 선진국의 지위를 누린 나라가 다름 아닌 중국이다. 산업혁명을 일으키기 전까지 유럽은 경제나 문화 그 어느 것에서도 중국을 따라가지 못했다. 세계 경제역사를 되돌아보면, 중국은 장기적인 추세선으로 회귀하는 과정인지도 모른다. 중국의 역사는 장구하고 문화는 심오하다. 그리고 이런 사회는 잠재력이 클 수밖에 없다. 서구에서 폄하하는 것처럼 경제·산업의 단기발전 정도만 놓고 그 사회를 단순하게 평가할 수 없다. 중국의 비약적인 발전을 도운 높은 교육열과 여기서 배출된 우수한 인력도 오랜 역사와 깊이 있는 문화에 바탕을 두고 있다.

중국 정부의 역량도 단순히 중국 공산당이라는 현재 모습으로 평가하는 우(愚)를 범해서는 안 된다. 수천 년 동안 거대 중국을 하나의 국가로 유지해온 능력은 대단히 높이 평가받아야 마땅하다.

(7) 대만·홍콩 그리고 화교의 지원

중국의 경제·산업 발전에서 대만, 홍콩 그리고 선진국에 거주하는 세계 최고 수준의 화교도 빼놓을 수 없다. "워낙 크다 보니 중국에는 5단계의 중국이 존재한다"라고 말하는 전문가들이 있다. 소득과 생활 등의 수준에서 ① 세계 최고 수준의 화교, ② 대만과 홍콩, ③ 동부 연안의 경제수준이 가장 높은 상하이(上海)·광둥성(廣東省) 등의 지역, ④ 소득 5천 달러 수준의 중·서부 지역, ⑤ 가장 낙후한 서부 등이 바로 그것이다.

중국의 경제성장에서는 1~2단계에 있는 세계 최고 수준의 화교와 대만, 홍콩의 역할이 컸고, 특히 IT산업 발전에 대만이 큰 몫을 했다는 게 중론이다. 우리가 중국의 산업발전을 모니터링할 때 대만의 역할을 항상 주목해야 하는 이유가 바로 여기에 있다. 그래서 일반적으로 대만에 없는 산업 또는 대만의 발전이 더딘 분야는 중국에서도 발전이 미진하다.

6) 중국 경제가 세계 경제와 우리나라 경제에 미치는 영향

중국이 단기간에 경제 2위, 수출규모 1위 국가로 도약하면서 세계 경제에 미치는 영향력도 그만큼 커졌지만, 중국내 일개 산업이 특정 글로벌 산업에 미치는 영향력은 더욱 극적이면서 심각하다.

최근 중국 경제가 8%를 밑도는 성장률을 기록하면서 호주, 브라질 경제가 직격탄을 맞고 있다. 이는 철광석, 구리 등 두 나라 천연자원의 주요 고객이 중국인데, 중국 수요가 줄고 가격이 하락하면서 발생하는 현상이다. 특히 국제 구리시장은 중국 도매업자들의 구매동향에 일희일비하고 있다.

약 10년 전 국제 유가(油價)의 극적인 상승은 중국의 국제경제 및 산업에 미치는 영향을 단적으로 보여주는 좋은 예다. 당시 국제유가는 배럴당 30달러를 밑돌다가 갑자기 치솟았고, 60달러를 목전에 두고 있었다. 이때 대부분의 전문가들은 유가가 60달러를 돌파하지 못할 것으로 예상했고, 골드만삭스의 한 전문가만이 유일하게 100달러 이상을 내다봤다. 이후 국제유가는 대부분의 예상을 무참하게 깨고 100달러를 돌파한 후 150달러까지 상승했는데, 이런 급등세는 석유 전문가들이 중국의 영향을 과소평가하다 빚어진 것이다.

만약 중국의 자동차 보유대수가 지속적으로 늘어나 휘발유 소비량이 지금의 연간 약 7천만 톤(2010)[15]에서 2~3배로 늘어난다면 국제 석유가격은 어떻게 될까? 아마도 배럴당 2백 달러는 쉽게 돌파할 것이다. 하지만 본격적으로 자동차를 구매하는 '모터라이제이션'(*motorization*)은 아직 시동도 걸지 않았다. 이런 추세라면 중국의 석유 수요를 세계가 감당하지 못하는 상황이 오게 될 것이다.

---

15 중국통계국 · CEIC · Global Insight.

그래서인지 지금 세계는 화석연료(化石燃料)를 대체할 에너지에 주목하고 있다. 이처럼 석유 등 모든 원자재 가격은 중국이 세계 경제에 편입되면서 3~5배 올랐으며, 이런 추세는 앞으로도 지속되리란 관측이 지배적이다. 식량부문에서도 유사한 현상이 벌어질 것으로 전망된다. 13억 인구의 소득증가로 돼지고기 등 육류를 비롯한 식료품 소비가 급증하면 전 세계 식료품 가격은 물론, 사료(飼料) 가격까지 장기적으로 폭등할 것이다.

중국이 세계 경제에 미치는 영향은 너무나 크고 광범위해 일일이 열거하기 힘들 정도다. 그렇다면 중국 경제가 우리나라 경제에 미치는 영향은 얼마나 될까? 중국 경제 · 산업은 우리나라 경제성장 및 산업발전에 결정적 영향을 미치며 앞으로의 영향력이 더욱 커질 것이라는 견해가 일반적이다. 앞으로 우리 경제성장에 결정적인 2가지 요소를 꼽으라면 중국과 저출산, 고령화라고 할 만큼 좋든 싫든 중국은 우리에게 지대한 영향을 미치며 앞으로도 그럴 것이다.

우리의 대중국(對中國) 수출은 전체 수출의 25%로 비중 면에서 다른 나라와 비교가 되지 않는다. 참고로 미국은 10% 수준이다. 우리 대기업은 물론 중소기업까지 중국과 직간접적인 관계에 놓여 있는데, 단적으로 모든 대기업이 중국 사업본부를 운영하며 대중국 전략을 가장 중요한 경영전략으로 생각하고 있다.

제조, 마케팅 등 대부분의 우리나라 기업활동이 중국에서 이루어지며 R&D, 제조공정 등도 한국 본사와의 긴밀한 협조하에 마치 한 국가 안에서 이루어지는 것처럼 유기적으로 연결되어 있다. 예를 들어 현대 · 기아자동차 그룹은 국내와 거의 같은 수준의 생산규모를 중국에 구축하고 있으며, 조만간 국내 생산분을 크게 초과하게 될 것이다.

중소기업 또한 거의 모두 중국과 연관되어 있다. 단순수출을 하거나 공장 또는 판매법인을 두거나 혹은 이 모든 활동을 중국에서 하는 일이 이제는 낯설지 않다. 우리나라 대부분 의류업체 제조공장은 칭다오(靑島)에 있으며, 판매법인은 상하이에 두는 경우가 많다. 한국 본사에는 디자인, R&D 관련 소수인력만이 남아 있다. 이처럼 우리 기업들은 경영의 가치사슬에서 중국을 한국의 일부로 간주한다. 국내 산업정책의 범주에 중국을 포함시켜야 하는 이유도 이 때문이다.

이제 중국이 우리에게 미치는 영향을 산업별로 살펴보자.

우리나라와 중국의 주력산업은 거의 유사하다. 향후 중국과 조립완성품 분야에서 생존을 건 전쟁이 벌어질 것으로 보인다. 우리가 이 전쟁에서 진다는 것은 세계시장에서 우리 상품이 중국 제품에 의해 쫓겨난다는 것을 의미한다.

이런 결과는 경제성장을 주로 수출에 의지하는 우리에게 치명적이다. 이런 우울한 시나리오에 대해서는 나중에 자세하게 설명하겠지만, 과거 신발, 의류, 금속제품(식기류) 등 우리 경공업 제품의 운명을 보면 무서운 결과를 쉽게 유추할 수 있다. 중국이 1980년대 경공업 분야에서 세계 최고의 경쟁력을 가지고 질주할 때 우리나라 신발, 의류(봉제), 금속제품은 단기간에 산업 자체가 거의 없어질 정도로 쪼그라들었다. 신발 클러스터인 부산의 사상공단, 대구 섬유공단이 거의 황폐화되어 지역경제에도 심대한 타격을 주었으며, 아직도 그 후유증을 극복하지 못하고 있다. 신발, 의류산업과 같은 운명이 현재 우리의 주력산업인 IT, 자동차 등에서 재현된다면 어떻게 될까?

다른 예를 하나 더 들어보자. 철강은 내수 위주의 산업으로 세계시장에서의 경쟁은 제한적이다. 하지만 지리상 가까운 한국과 중국은 같은 시장처럼 움직인다. 그런데 과잉설비와 경기침체로 몸살을 앓는 중국 철강업계가 연간 7억 톤의 생산량 중 10%만을 한국으로 밀어낸다면 철강 생산량이 고작 5천만 톤인 우리에게 어떤 영향을 미칠까? 생각만 해도 끔찍하다.

여러 사례를 통해 중국 경제와 산업이 우리에게 미치는 영향이 지대하다는 사실을 살펴보았다. 그렇다면 중국의 경제발전 추세가 지속되어 세계 일부 전문가들이 예상하는 것처럼 조만간 미국을 제치고 세계 1위로 올라설 것인가? 중국의 경제발전을 둘러싸고 논란이 일고 있는 '중국모델론'은 과연 존재하는가? 나아가 서구 전문가들의 주장대로 중국은 미국 등 서구를 결코 이길 수 없으며, 지금까지의 경제발전은 다국적기업의 주도하에 이루어진 것인가?

중국의 경제발전에 관한 평가와 전망은 우리 경제와 산업에 끼치는 영향을 감안할 때 대단히 중요한 작업임에 틀림없다. 따라서 사안의 진중함을 의식하면서 경제・산업현황과 문제점 그리고 발전전망에 관해 알아보자.

2. 중국 경제·산업의 현황과 문제점

중국 경제는 과거 30년 동안 비약적으로 발전했다. 그렇다면 과연 중국은 앞으로도 세계가 놀랄 정도의 성장과 발전을 지속할 것인가? 필자의 답은 '결코 그렇지 못할 것'이다. 왜냐하면 풀어야 할 많은 문제점을 안고 있는 반면 기존의 성장동력은 점차 소진되고 있기 때문이다. 현재 중국 경제의 성장, 발전은 다음과 같이 뚜렷한 한계와 애로에 봉착해 있다고 평가된다.

- 요소투입형 성장의 한계
- 투자·수출주도 성장의 한계
- 체제개혁(사회주의 체제 → 자본주의 체제) 의 미완성으로 인한 시스템의 한계
- 환경·자원 소모적 성장의 한계

1) 요소투입형 성장의 한계

현재 중국 경제는 이른바 '루이스 전환점'을 지났거나 지나고 있으며 혹은 '중진국 함정'에 이미 빠졌거나 빠져들고 있다고 판단되는 많은 조짐이 관측된다. 이러한 관점에서 보면 우리나라의 1980년대 후반~1990년대 초반과 너무나 흡사하다.

'루이스 전환점' 또는 '중진국 함정'은 개발도상국이 경제성장 초기에는 순조로운 모습을 보이다가 중진국에 이르러 성장이 장기간 정체되는 현상을 말한다. 값싸고 풍부한 인력공급에 애로가 발생하면서 급격한 임금상승이 일어나고, 이 결과 초기에 요소투입 성장모델이 가졌던 저

임금 노동력에 의한 가격 경쟁력이 상실되는 것을 중요한 특징으로 한다. 아울러 투입자본(투자)의 효율도 현저히 떨어져 투자해 이익이 발생하는 분야가 드물어지기 시작하며, 토지공급에서도 애로가 발생한다. 중국의 현황을 자세히 살펴보기 전에 우리나라의 1980년대 말~1990년대 초를 회상해 보면 이해가 빠르다.

우리나라는 1980년대 말 '중진국 함정'에 빠졌다. 다시 말하면 요소투입형 성장에 뚜렷한 한계를 보이기 시작했다. 산업화시대 때 억눌렸던 근로자들의 불만은 1980년대 들어 표출되다가 제 6공화국에 접어들면서 폭발하기 시작했는데, 연간 100건이 되지 않던 노사분규가 1987년에는 무려 3,749건, 1988년 1,873건, 1989년 1,616건 등 전국의 사업장에서 거의 매일 과격한 시위가 벌어졌다. 당시 신문 사회면 톱기사를 보면 아무개 사장이 직원들에게 끌려 나와 모욕을 당했다는 내용이 있는가 하면, 심지어 심한 구타로 목숨을 잃기까지 했다. 우리나라 노동운동이 조직화되고 세력화된 것도 바로 이 시점이었다.

임금도 〈표 2-10〉에서 보는 바와 같이 세계에서 사례를 찾을 수 없을 정도로 급상승했다. 1988년 이전에는 월 평균 임금이 연간 3만 원 이하로 인상됐으나, 1989년 이후에는 매년 10만 원씩 올랐다. 이 결과, 우리나라의 임금수준은 1985년에서 4년 후인 1989년에는 약 2배의 급격한 상승세를 보였는데 이런 흐름은 IMF 사태 직전까지 계속됐다.

1990년 당시 우리나라의 도시화율은 이미 선진국 수준인 81.9%로, 농촌인구의 도시유입이 뚜렷한 한계를 보이면서 값싼 노동력의 공급이 어려워지기 시작했다. 중국에서도 비슷한 현상이 나타나고 있다. 즉, 우선 노동력 부족이 산업 전반에 걸쳐 일어나고 있으며, 도시의 구인배율(구직/구인)은 성장률이 떨어져도 아직 1 이상의 높은 수준을 유지하고 있다.[16]

〈표 2-10〉 1980년대 후반 및 90년 초반 임금상승

(단위: 원, %)

연도	전 산업	증가율	제조업	증가율
1985	324,283		269,652	-
1987	386,536	10.1	328,696	11.6
1989	540,611	21.1	491,632	25.1
1991	754,673	17.5	690,310	16.9
1992	869,284	15.2	798,548	15.7

자료: 한국무역협회

또한, 생산가능 인구(15~59세)가 감소하면서 노동력 과잉시대에서 부족시대로 접어들었다. 이는 1980년대 초 중국 정부가 실시한 강력한 '한가구 한자녀' 정책으로 저출산, 고령화가 급격히 진전된 결과다. 이런 추세라면 중국은 선진국에 진입하기 훨씬 전에 고령화가 시작될 텐데, 경제성장에 매우 큰 애로로 작용할 것이 분명하다. 그런데 중국의 도시화율이 50% 정도밖에 되지 않기 때문에 농촌의 노동력 공급 여지는 아직 많은 게 아닌가 하는 의문이 생길 수 있다. 이는 2가지 이유 때문에 쉽지 않은데 가장 중요한 요인은 독특한 호구제도다.

우리나라는 어디든 새로운 곳으로 이사를 가면 해당지역으로 주민등록을 변경할 수 있으며, 동시에 기존 주민등록지에서 받았던 의료보험, 교육 등 모든 혜택을 새로운 이사지에서도 똑같이 받을 수 있다. 물론 도시와 농촌의 교육수준 등 지역에 따라 서비스 수준이 다를 수 있으나 법적으로는 그 지역주민과 동일한 대우를 받는다.

중국은 그렇지 않다. 중국은 어디로나 이사를 갈 수 있지만 이사 간 지역에서 보건, 교육 등의 혜택을 전혀 받을 수 없다. 이것이 중국 노동력의 활발한 이동을 저해하는 결정적인 요인이다. 또한 중국 정부의 균

16 노무라자본시장연구소 · 關志雄 (2012.10.18), "중국경제의 현상과 과제".

형발전 노력으로 각 지방의 거점을 중심으로 개발이 활기를 띠고 있는데 서부 대개발이 대표적이다. 낙후된 지역이 활발하게 개발됨으로써 중·서부 농촌지역 주민들이 동부 연안도시로 이동하던 패턴이 뚜렷하게 줄어들기 시작했다.

노동력의 도시유입을 저해하는 또 다른 중요한 요인은 지체되는 각종 인프라 구축이다. 사람이 도시로 몰려들기 위해서는 주택, 상하수도, 교통 시스템 등 하드웨어적인 인프라와 함께 교육, 의료, 보건 같은 공공서비스 인프라도 함께 갖추어져야 하는데, 이 같은 인프라 구축이 미흡하다 보니 노동인력의 도시유입에 한계가 발생하는 것이다.

중국이 전체적으로 인력공급에 애로를 겪고 있지만, 지역별로 큰 차이를 보이는 것도 눈여겨봐야 할 대목이다. 동부지역이 가장 심각하며, 개발이 덜 된 지역일수록 애로가 별로 없다. 중국을 크게 3개 그룹으로 나눌 수 있는데, 주로 동부 연안(톈진, 베이징, 상하이, 광둥성, 장쑤성, 저장성 등)의 고소득 지역과 중부(후베이성, 후난성, 장시성, 안후이성 등)의 중소득 지역, 서부(티베트, 신장, 간쑤성, 구이저우성, 윈난성 등)의 저소득 지역이 그것이다. 고소득 지역일수록 요소투입형 성장에 한계를 보이면서 성장률 저하가 두드러지는 반면, 중부 및 서부는 고성장을 보이고 있으며 인력공급에도 별 어려움이 없다.

일본의 패스트패션 업체인 유니클로가 중국의 생산거점을 미얀마, 베트남으로 이전하는가 하면 하루가 멀다 하고 다국적기업들이 중국을 탈출하고 있다는 뉴스가 전해진다. 아울러 많은 중소기업들이 폐업하는 등 지역경제가 피폐해지고 있다는 말이 들리는 곳이 바로 고소득 지역인 동부 연안지방이다. 그러나 서부 대개발이 활발한 충칭(重慶)을 중심으로 한 중서부 지방은 양상이 전혀 다르다. 양강 신도시가 빠른 속도로 건설되고 있으며 동부 연안에 있던 공장들이 속속 이곳으로 이전하고 있다. 또한 삼성전자 등 다국적기업의 투자가 발표되는 등 상하이의 푸둥

〈표 2-11〉 최근의 중국 임금상승 추이

(단위: 달러)

연도	전 산업 평균임금(월 평균)	제조업 평균임금
2005	185	162
2007	271	232
2009	393	327
2011	539	473

자료: 한국무역협회

(浦東) 신도시가 한창 건설되던 때와 유사한 모습을 보이고 있다.

한편, 인력공급의 애로현상과는 달리 중국의 임금상승과 과격한 노사분규는 전국적으로, 특히 동부지역에서 집중적, 동시다발적으로 발생하고 있다. 대만 IT 업체로 애플의 아이폰을 제조하는 폭스콘 근로자의 자살을 비롯해 동부 연안지역에서 과격한 노사분규가 줄을 잇고 있다. 중국 정부가 정확한 통계를 발표하지 않아 알 수 없지만 마치 1980년대 말 우리나라의 노사분규 양상을 보는 듯하다. 그간 중국 근로자들은 저렴한 임금, 장시간 근로 등 열악한 근무환경에서 열심히 일해 왔으나 이제는 쌓였던 불만을 고스란히 드러내고 있다. 여기에 더해 중국 정부가 주민들의 불만해소와 소비진작을 위해 매년 20% 이상의 임금인상을 법제화하면서 한국의 1980년대 말처럼 임금이 급속도로 오르고 있다. 4~5년 만에 임금이 곱절로 뛰었고 외국계 회사는 중국 기업보다 훨씬 강한 임금인상 압력에 시달리고 있다.

이제 투자효율 측면을 보기 위해 1980년대 말 혹은 1990년대의 초 한국으로 돌아가 보자. 당시 한국의 재벌은 급격한 임금상승과 함께 인력공급 애로상황에 직면해 있었다. 아울러 환율, 이자율 등도 불리하게 움직이면서 국제 경쟁력이 급격히 떨어지기 시작했다. 당시 섬유, 의류, 신발 등 경공업에서부터 석유화학, 가전, 자동차 등 중화학공업에 이르기까지 모든 산업은 장비와 부품, 소재를 수입해 값싼 노동력을 이용해 조립한 후 수출하고 있었다. 필요한 자금은 차입으로 조달했다. 제품생산에 필요한 기술 또한 수입했는데 대부분 도입된 장비에 체화된 형태였다. 그런데 임금이 급상승하자 가격 경쟁력이 빠르게 떨어지면서 이익도 급감했고 결과적으로 투하된 자본, 즉 투자에 대한 수익률이 빠르게 감소하기 시작했다. 특별한 기술과 노하우 없이 자본을 단순투자하는 형태로는 더 이상 수익을 거둘 수 없는 전형적인 요소투입형 성장의 한계가 자본 측면에서도 나타났던 것이다. 이렇게 되면 새로운 성장동력을 찾아야 한다. 즉, 기술을 혁신하든지 생산성을 획기적으로 높이든지 해서 약화된 가격 경쟁력을 보완하고도 남을 정도의 총요소 생산성을 제고해야만 한다.

그러나 당시 우리나라 대기업들은 어렵고 시간이 오래 걸리는 R&D, 생산성 혁신 등의 정공법을 취하지 않고 그동안 하던 쉬운 방법에 계속 매달렸다. 자본의 효율성을 높이기 위해 기존 방식—필요한 자본, 장비, 부품, 소재를 수입해 단순 조립하는—에다 사업 다각화를 동시다발적으로 추진했다. 전자제품을 생산하던 기업이 석유화학, 조선으로 사업영역을 넓히고, 자동차, 조선, 기계를 주력으로 하던 업체는 다른 분야로 경쟁적으로 진출하기 시작했는데, 그 결과는 참담한 IMF 경제위기였다.

GDP의 35%에 이를 만큼 비효율적이고 과도한 투자가 중복적으로 이루어졌는데, 어떻게 이런 일이 가능했던 것일까? 정부-은행-대기업의 3각 유착관계 속에서 가능했다. 오너의 독단에 의해 투자를 결정하는 대기업은 정부에 대출을 로비하고, 권위주의적인 정부는 은행을 통제하며 관치금융에 익숙해져 대출심사 기능이 필요 없는 은행은 대기업이 하는 사업에 거의 무조건적으로 돈을 빌려주었다.

당시 금융권은 '대기업은 대마불사(大馬不死)'라면서 이들의 문어발식 사업 다각화에 아무런 견제기능, 즉 대출심사도 없이 돈줄 역할을 했다. 이 결과 대기업의 부채비율은 천정부지로 높아졌으며 적자는 눈덩이처럼 불어났다. 경쟁력이 없는 분야에 과도하게 돈을 빌려준 결과 은행 부실이 대기업의 적자규모 이상으로 커져만 갔던 것이다.

시장경제에서 효율성을 확보하기 위해서는 1단계로 수익성이 확실한 분야에 우선적으로 투자하는 기업 의사결정 구조와 함께 2단계로 기업의 대출요청을 심사하는 금융권의 시스템이 확립되어야 한다. 그러나 1980년대 말과 1990년대 우리나라는 이 같은 지극히 상식적인 시스템을 갖추지 못하고 있었다.

그렇다면 지금의 중국은 어떤가? 1980~90년대의 우리와는 상황이 다르지만 투자가 비효율적으로 이루어지는 점은 매우 흡사하다. 앞에서 중국 경제의 비약적 발전요인 중 하나로 정부 주도의 인위적, 동원적 자원배분 시스템을 지적한 바 있다. 그런데 정부의 이 같은 과도하고도 잘못된 개입이 한계를 보이면서 효율성에 악영향을 미치고 있다.

중국은 정부가 강하게 개입하는 국유기업 중심의 국유경제－주로 기초산업 위주의 비무역부문과 일부 전략산업의 무역부문－와 경쟁이 치열한 수출주도형 산업으로 대표되는 무역부문－주로 외자계 기업과 민영기업－이 병존하는 이원화 구조다. 그런데 현재 중국 산업의 경쟁력은 외자계기업과 일부 민영기업이 주도하는 무역부문에서 주로 나온다. 국유기업의 비중이 점차 감소하고는 있으나 이 부문의 비효율이 워낙 심각해 그간 정부 주도로 지원한 금융권의 위험이 날이 갈수록 커지고 있다.

이는 우리나라와 형태는 다르지만 본질은 유사하다. 즉, 정부-국영은행-국유기업의 유착으로 인한 투자 및 자원 배분의 비효율이 그것이다. 중국의 자원배분은 정부의 장기계획에 따라 주로 기초산업, 전략산업에 속한 국유기업에 집중되어 왔다. 경제발전과 산업화 초기에는 이 시스템이 큰 힘을 발휘했지만 발전수준이 어느 정도 되면 오히려 해가 되는 것이다. 왜냐하면 국유기업이 담당하는 산업은 대부분 독점 또는 소수 과점의 형태로 경쟁이 허용되지 않는다. 또한 정부의 투자계획과 경쟁체제의 부재로 대단히 느슨한 계획서를 제출하더라도 정부가 국영은행에 명령해 자금을 지원한다. 이런 시스템에서 돈을 못 벌면 바보일 정도로 국유기업은 이익을 내고 있으나 이들의 투자는 대체로 효율성이 낮다.

자본주의 체제의 효율성은 주로 경쟁에 의해 확보된다. 그런데 중국의 국유경제 부문은 기본적으로 경쟁이 존재하지 않으며 투자 대비 수익을 보다 많이 거두려는 인센티브조차 작동되지 않는 비효율이 누적될 수밖에 없는 시스템이다. 따라서 여기에 자원이 집중적으로 흘러들고 민영부문에 경색이 발생하면 아무리 크고 강한 중국 경제라도 위험이 커질 수밖에 없다.

2008년 리먼브라더스 파산 이후 세계 경제위기의 여파로 중국은 4조 위안 규모의 대대적인 투자를 감행했다. 주로 국유기업이 주도한 2009~2011년 동안 GDP 대비 투자가 48%－중국 경제가 더 이상 지탱할 수 없을 것이란 말이 나올 정도로－까지 치솟았다. 1990년대 이후 이루어진 GDP 대비 40% 이상의 투자도 이미 세계적인 수준이었으며 투자의 비효율이 지속적으로 누적된 상태였는데도 말이다.

중국의 투자는 크게 서부 대개발과 지방의 도시화 개발 같은 건설부문 그리고 중화학공업으로 나뉜다. 중화학공업 부문은 산업별로 투자가 지나쳐 이미 과잉상태이며, 부동산 개발도 각 지방정부가 경쟁적으로 몰두하는 바람에 거품이 커지고 있다. 일부 인프라 구축을 위한 것을 제외한다면 그동안 성장의 약(藥)이었던 투자가 이제는 독(毒)이 될 조짐마저 보이고 있는 것이다.

2) 새로운 성장동력이 필요한 중국

필자는 중국 경제가 노동, 자본의 단순투입으로는 더 이상 8%를 넘는 고성장을 유지하기 어렵기 때문에 새로운 성장동력을 창출하지 못하면 시간이 지날수록 성장률의 질과 수준이 급격히 떨어질 것으로 보고 있다. 다만, 중국 경제 및 산업을 평가하는 데 있어서 극단적인 낙관론부터 극단적인 비관론까지 그 스펙트럼이 매우 넓다보니 보다 객관적인 시각이 필요하다. 중국이라는 나라가 워낙 크기 때문에 장님 코끼리 더듬듯 일부만 보고 평가하는 잘못을 범하기도 쉽다. 하지만 중국의 산업이 전형적인 요소투입에 의한 양적 성장에 치중해왔다는 점에는 이견이 없는 것 같다.

13억 명이라는 방대한 수요와 중국 정부의 집중적인 지원이 규모의 경제효과와 맞물려 이룩한 양적 성장이란 산업별로 모습을 달리할지 모르지만 본질은 같다. 즉 전통산업인 섬유, 신발에서부터 자본집약적인 자동차, 철강은 물론 첨단요소를 지닌 태양광산업까지 개별 산업발전의 본질은 모두 유사하다. 중국 산업의 궁극적인 경쟁력은 저임금과 규모의 경제에 의한 가격 경쟁력이며, 국제 분업구조상 저기술-저부가가치 제품에 특화되어 있었다. 필요한 기술은 대부분 외국기업으로부터 이전받은 장비에 체화되어 있었고, 자체적인 상품개발도 독자적인 R&D에 바탕을 두기보다 대부분 외국제품을 역설계(*reverse-engineering*) 한 것이다. 독자적 개발에 나서기 전까지 우리나라도 대부분의 상품이 외국제품을 분해해 그대로 복제하는 '역설계' 기법에 의지했다.

중국의 산업 경쟁력은 이제 한계를 보이고 있다. 임금이 지속적으로 가파르게 상승하며 노동력 공급에 애로가 발생하는데, 특히 동부 연안 지역이 심각하다. 기술도 장비에 체화된 정도로는 더 이상 생산성을 향상시킬 수 없는 한계에 와 있다. 산업별 양태를 구체적으로 살펴보자.

중국의 한계를 단적으로 보여주는 분야가 자동차산업이다. 중국에서 가장 실패한 분야가 자동차 관련정책이라고 할 만큼 현재 자동차산업은 진퇴양난에 처해 있다. 화석연료 자동차는 토종기업들이 다국적기업을 단기간에 따라잡을 수 없고, 어쩌면 추월은 영원히 불가능할지도 모른다. 더욱이 전기, 수소자동차처럼 새로운 에너지자동차의 개발과 상용화도 생각대로 되지 않고 있다.

중국 정부는 자동차산업도 다른 산업처럼 자원을 집중투입해 공장을 짓고 기술을 도입한 뒤 규모의 경제에 의해 단기간에 산업화하면 국제경쟁력을 확보할 수 있다는 전형적인 '중국식 개발전략'이 통할 것으로 판단했다. 하지만 이러한 전략은 잘못된 생각이었다. 중국은 산업별로 경쟁력을 결정하는 요인이 다르고 산업과 기업의 혁신이 어떻게 이루어지며 얼마나 어려운지에 대한 이해가 매우 부족했다.

자동차산업 역시 규모의 경제가 경쟁력 결정의 한 요인이지만, 이보다도 조립업체와 2만여 개의 부품을 공급하는 업체 사이에 아주 미세한 부분까지 협력과 조율이 이루어져야 일정한 품질이 보장되는 분야다. 그러다 보니 단기간에 혁신을 이루기가 어렵고 산업화는 물론 경쟁력을 확보하기도 쉽지 않다. 이 때문에 선진국만 할 수 있는 산업 중 하나가 바로 자동차산업이고, 그래서 독일, 미국, 일본, 프랑스, 이탈리아, 한국—여기에 영국과 스웨덴을 집어넣을 수도 있겠다—에서만 자동차산업이 가동된다. 이 중 영국과 스웨덴에는 자국 브랜드의 자동차 기업이 없다. 선진국이 아닌 개도국에서 자동차 산업화에 성공한 나라는 우리나라가 유일하다. 이처럼 자동차산업은 산업화와 경쟁력 확보가 가장 어려운 분야인데도 중국 정부는 이를 간과하고 여러 가지 실수를 범하고 말았다.

첫째, 중국은 한국 등 후발 산업국과 달리 자동차산업을 개발 초기부터 거의 완전히 개방했다. 물론, 자국기업과의 합작형태였지만 세계 유수의 자동차 기업들이 중국에 와서 R&D, 생산, 판매를 하는 데 별다른 제한을 두지 않았다. 중국 정부는 당초 자동차산업도 설비를 들여와 공장을 짓고 선진 기업과의 합작을 통해 기술을 전수받으면 섬유, 신발 등 전통산업과 같이 단기간에 산업화가 가능할 것으로 보았지만, 큰 오산이었다.

현재 전 세계 자동차 기업들은 중국을 가장 유망한 시장으로 보고 멋진 차종들을 경쟁력으로 선보이며, 중국 소비자들의 눈높이도 세계 최고 수준까지 올라갔다. 이에 반해 중국 토종기업들은 아직도 독자적으로 개발한 차종을 내놓지 못하고 있으며, 출시 중인 자동차도 선진 기업의 모델을 모방한 수준에 머무른다. 중국 자동차 기업들은 시장에 적합한 모델을 기획하고 설계하는 능력과 각종 안정성, 환경성, 신뢰성 기준을 충족하는 시험을 독자적으로 수행할 수 있는 능력 그리고 파일럿 단계에서 생산한 다음 양산단계에서 일정한 품질의 자동차를 생산할 수 있는 능력 등을 아직 확보하지 못한 것으로 평가된다.

이런 능력을 보유하려면 조립 대기업뿐 아니라 부품회사들도 차종에 맞는 부품을 독자적으로 설계할 수 있거나 그렇지 못하면 모기업이 제공하는 상세한 설계대로 생산해 일정수준 이상의 품질을 유지할 수 있어야 한다. 조립 대기업 역시 전속 부품회사를 포함해 전체 부품을 관리할 수 있는 혁신역량을 갖추어야 한다. 더욱이 중국의 후발 자동차 기업은 기획-개발-시험-시험생산-양산으로 이어지는 전 과정을 경쟁사보다 짧게 하면서도 경쟁력을 갖춘 차종을 개발해낼 수 있어야 한다. 그런데 이들 토종 대기업은 독자모델을 개발해본 경험이 없다. 특히 부품기업들의 수준은 더욱 열악해 1차 협력업체가 거의 전무하다.

이러한 공급사슬(*supply chain*) 전체를 아우르는 혁신역량은 중국 정부의 바람만큼 단기간에 생기지 않는다. 생산요소의 단순투입만으로는 불가능하며 R&D, 생산, 마케팅 등 부문별 역량과 함께 전체를 하나의 과정으로 보고 종합적으로 혁신할 수 있는 역량이 필요하다. 그런데 중국 정부는 자국기업들이 이런 역량을 갖추기도 전에 문호를 개방했고, 다국적기업들은 즉각 시장을 장악해버렸다. 중국 기업들은 이들을 따라잡기가 대단히 어렵고, 어쩌면 불가능할지도 모른다.

둘째, 중국 정부는 자국 자동차산업의 문제점과 화석연료 공급의 한계 등을 인식하고,[17] 화석연료 자동차에서 전기자동차로의 점프를 의욕적으로 추진했다. 정부 출연 연구소와 BYD 같은 민영기업에게 엄청난 자금을 지원하면서 전기자동차 개발 및 상용화를 서두르고 있으나, 가시적인 성과는 아직 보이지 않는다.

이에 대해서는 여러 원인분석이 가능하겠지만, 분명한 것은 건물이나 공장을 짓듯이 자원만 집중하는 기존의 방식으로는 한계가 드러날 수밖에 없다는 사실이다. 즉, 전기자동차 개발 및 상용화도 다국적기업의 동향 등 국제적인 추세, 자국의 역량 등을 종합적으로 고려하지 않고 정부가 기존 방식대로 밀어붙이다가 애로에 봉착한 것으로 추정된다. 현재 중국은 하이브리드 자동차로 방향을 전환했으나, 지금 같은 방식으로는 실패를 반복할 공산이 크다. 생산요소 투입 위주에서 R&D 혁신 등 총요소 생산성 제고 쪽으로 방향을 크게 전환하는 동시에 원천기술 확보, 인력양성, 시험 인프라 구축 등 새로운 시스템을 적용해야 할 것이다.

이제 자동차산업에서 초점을 옮겨 대표적인 전통산업인 섬유・패션산업의 현황을 분석하고 평가해보자. 일전에 중국의 섬유・패션산업을 둘러보면서 기업인, 전문가와 토론할 기회를 가진 적이 있다. 이때 느낀 것이 '중국의 섬유・패션산업 역시 전형적인 양적 성장의 단계에 있다'는 점이었다. 보통 사람들이 인식하는 것처럼 섬유・패션산업이 단지 전통산업이나 경공업 분야로만 구성되는 것은 아니다. 가치사슬상 저부

---

17 중국의 화석연료에 기반을 둔 에너지 수요가 현 추세대로 간다면 전 세계 에너지 공급량을 초과하게 되며, 현재 중국 주요도시는 자동차 번호판을 추점제로 배급할 만큼 자동차 보유에 한계를 보이고 있다.

가가치 제품부터 첨단 R&D, 디자인이 필요한 고부가제품에 이르기까지 다양한 영역이 존재한다.

그런데 중국의 섬유·패션산업은 R&D, 디자인 등 혁신이 일어날 수 없는 구조이고 이런 사실은 겨울용 방한복을 만드는 중국 기업을 방문한 데서도 여실히 드러났다. 이 회사는 수출은 주문자상표부착(OEM) 방식으로 하고 내수는 자사 브랜드로 하고 있었는데, 만드는 대로 정신없이 팔려나간다고 했다. 소비자의 까다로운 기호를 맞추기 위해 R&D 등의 노력을 할 필요가 없는 것이다. 대다수 다른 중국 기업인의 사고도 가장 중요한 것은 유통을 장악하는 것이며, 혁신에 필요한 인력 등 인프라는 그때그때 돈 주고 사면 된다는 식이었다.

이런 시장구조와 사고로는 혁신이 일어날 수 없다. 혁신이 일어나지 못하면 양적 성장에서 질적 성장으로 도약할 수 없다. 현재 섬유·패션에서 중국이 잘하고 경쟁력도 가진 곳은 대규모 제조설비가 필요한 화섬 등 방직산업과 가격 경쟁력을 갖춘 저부가 의류산업뿐이다.

그런데 중국도 저부가 의류산업은 이미 인도네시아, 베트남 등 동남아 국가에게 밀리고 있다. 그러나 대규모 제조장비가 필요한 분야는 규모의 경제가 작용해 당분간 중국을 대체할 나라가 없을 전망이다. 앞으로 중국의 섬유·패션산업이 나갈 방향은 고부가가치 제품 분야에서 경쟁력을 확보하는 것인데, 이렇게 되기 위해서는 이에 맞는 시스템을 새롭게 구축해야 한다.

다음으로 중국이 앞으로 가장 잘할 수 있는 IT산업을 보자. 이 산업 역시 전형적인 양적 성장단계에 있다. 다만 가전과 통신 분야는 민영기업을 중심으로 초기단계의 혁신이 일어나고 있다. 중국의 IT산업은 국제 분업구조상 가장 저부가가치 분야인 단순 조립단계에 있다. 이를 전형적으로 보여주는 사례가 애플의 아이팟(iPod)인데, 대부분 외국에서 들여온 부품을 대만 기업인 폭스콘이 중국에서 만든다. 아무런 혁신이 필요 없는 저임금에 의한 단순조립 공정만 이루어지고 있다. 중국의 IT 산업도 방직산업처럼 대규모 제조설비를 수입해 선진 다국적기업의 설계와 매뉴얼대로 조립만 하는 형태가 대부분이다.

그런데 2000년대 중반 이후 IT의 일부 산업에서 변화의 조짐이 보이고 있다. IT산업 중 ① 조립부품 수가 적은 분야, ② 표준화된 부품이 많은 분야, ③ 블랙박스(*black box*) 식의 독자기술이 없는 분야, ④ 현장의 암묵지가 크게 필요하지 않은 분야, ⑤ 대만의 협력을 받을 수 있는 분야 등을 중심으로 초기단계의 혁신을 일으키면서 경쟁력을 확보해 나가고 있다.

이런 조건에 가장 부합되는 분야가 바로 컴퓨터산업이다. 컴퓨터, 특히 데스크톱 컴퓨터는 부품 수가 적고 성능을 좌우하는 핵심부품은 인텔 칩처럼 특정 기업의 제품으로 표준화되어 있어 누구도 쉽게 조립할 수 있다. 그러니까 경쟁력을 결정하는 요소가 가격밖에는 없다.

신발처럼 철저하게 노동집약적 산업이 되어버린 컴퓨터산업은 중국이 이미 2000년대 초반 세계 최고의 경쟁력을 확보했다. 이에 따라 주요 시장에서 한국과 일본의 점유율이 급감했고, 결국 대부분의 우리나라 컴퓨터 조립기업은 문을 닫아야 했다. 중국의 컴퓨터산업은 초반만 해도 다국적기업의 조립 하청기지 역할에 불과했지만, 이제는 대표기업인 레노버(Lenovo)가 1위 업체인 휴렛팩커드(HP)를 꺾고 정상에 오를 정도로 성장했다. 한마디로 '컴퓨터 강국'이 된 것이다.

컴퓨터보다 공용부품 수가 적지만 유사한 분야가 TV, 냉장고, 에어컨 등을 생산하는 생활가전산업이며 여기서는 중국의 민간기업들이 두각을 나타내고 있다. 현재 중국 내수시장에서 상위 10개사 가운데 토종기업이 6~8개를 차지할 만큼 강세를 보이고 있는데,[18] 중국 제품에 들

18 중국 컬러TV 내수판매 상위 10개 사(2011.12 기준)
① Hisense(중), ② Skyworth(중), ③ Changhong(중), ④ TCL(중), ⑤ Konka(중), ⑥ Sharp(일), ⑦ Sony(일), ⑧ Samsung(한), ⑨ Haier(중), ⑩ Panasonic(일)

어가는 부품 중 핵심 반도체 및 패널을 제외하고는 70% 이상이 자국산으로 채워진다고 한다. 삼성이나 LG전자 제품과 똑같은 기능을 갖춘 중국산이 최대 40%까지 싼 가격에 팔리고 있으며, 중국 부품업체에도 우리나라의 실력 있고 경험 많은 인력이 상당수 포진하면서 한국산과 비슷한 수준의 제품을 만들어내고 있다.

2011년 매출 233억 달러(약 27조 원), 점유율 7.8%로 세계 1위를 달성한 하이얼을 비롯해 중국의 전자업체들은 세계 곳곳에서 R&D센터를 운영하고 있으며, 제품의 기획, 생산 및 마케팅 등 모든 혁신역량 측면에서 다국적기업과 큰 차이가 없을 정도로 성장하고 있다. 이들을 보면, 중국의 IT산업이 이제는 양적 성장에서 탈피해 질적 성장단계로 본격 진입 중인 것으로 판단된다.

기계산업도 사정은 다르지 않다. 전형적인 양적 성장단계인 것이다. 기계산업의 대표분야인 공작기계의 지난 10년간 성장 추이를 분석해보면, 생산, 내수, 수출입 모든 면에서 급격한 양적 증가세를 나타내고 있음을 알 수 있다. 급속한 중공업화로 중국의 기계산업은 연평균 생산 증가율 약 30%, 내수 증가율 약 20%를 기록하면서 불과 20년 사이에 세계 공작기계 시장에서 생산, 소비, 수입 각 1위, 수출 6위로 급부상했다.

반면, 기술수준 등 혁신역량은 선진국에 크게 뒤진다. 기계산업은 특성상 대규모 생산이 어렵고 주문제작이 많아 설계능력이 가장 중요하다. 부품도 자체 제작하거나 주문에 따라 사양을 변경해야 하는 등 독자기술이 확보되어야 한다. 제작과정에서 현장 노하우가 많이 필요한 분야이기도 하다. 그런데 현재 중국 기계산업은 주문자 사양에 따라 제작하는 분야가 아직 산업화되지 못했다. 대신 제조설비에 의해 대량생산이 가능한 공작기계, 특히 수동식의 저가형 범용기계를 중심으로 성장하고 있다.

기계산업에도 아직 혁신 인센티브가 보이지 않는다. 중국 기업들은 군이 고부가가치 제품을 생산하지 않아도 연간 20~30%씩 커지는 시장에서 저가제품으로도 충분히 수익을 낼 수 있다. '돈만 주면 다 살 수 있다'는 생각에 필요한 기술을 자체 개발하기보다는 외부에서 도입하거나 외국기업의 M&A에 의존하고 있다. 여전히 양적 성장단계에 어울리는 전략을 고수하는 것이다.

지금까지 중국의 경제·산업이 생산요소의 투입에 의한 전형적인 양적 성장단계이며, R&D와 생산성 혁신 등에 의한 총요소 생산성 향상을 통한 성장으로 전환해야 할 시점임을 살펴보았다. 물론 경제발전 단계가 낮은 중·서부 지역은 아직도 낮은 임금으로 가격 경쟁력을 확보하면서 성장할 여지가 많아 당분간 새로운 동력을 확보하지 않아도 될 것 같다. 하지만 중국이 전체적으로 경제성장률이 하락할 가능성은 높아 보인다.

3) 중국 경제의 혁신수준과 혁신가능성

이제는 중국 경제·산업의 혁신수준과 가능성을 분석·평가해 보기로 하자. 이 작업은 대단히 중요하다. 왜냐하면 중국 경제가 지금까지의 추세대로 비약적인 성장을 할지 아니면 정체할지 가장 중요한 판단의 준거가 되기 때문이다.

중국 경제 및 산업의 혁신수준과 가능성을 평가하는 것은 대단히 어렵다. 우선 나라가 워낙 커서 일률적이고 단적으로 어떤 수준이라고 평가하기가 쉽지 않거니와 산업·지역별 편차도 크고 더욱이 혁신관련 통계나 분석자료도 너무 부실하다. 그러다 보면 혁신 정도를 평가하는 일에 주관과 직관이 많이 개입될 수밖에 없다. 그럼에도 불구하고 중국 산업현장 조사, 중국 기업인과 전문가 토론을 통해 느낀 점을 정리해보기로 한다.

대부분의 개도국이 '루이스 전환점'을 넘어 '중진국 함정'에 빠진 까닭은 양적 성장단계인 생산요소 투입형 성장에서 질적 성장단계인 총요소 생산성 성장으로의 전환이 그만큼 어렵기 때문이다. 한 나라 경제·산업에서 혁신이 작동하려면 여러 가지 여건이 갖추어져야 하는데, 가장 중요한 몇 가지를 지적하면 다음과 같다.

첫째, 시장에서 혁신이 작동할 정도로 충분히 경쟁적인가 하는 점이다. 시장이 경쟁적이기 위해서는 진입 문턱이 낮아서 충분히 많은 기업이 존재하는 가운데 서로 이기기 위해 치열하게 경쟁해야 한다. 이 과정에서 기업은 경쟁업체를 꺾기 위해 신제품을 개발하거나 생산과정을 효율화하는 등 여러 가지 형태의 혁신을 하기 마련이다. 이런 과정이 누적적이고 입체적일 때 그 나라의 경제·산업은 생산성 향상을 경험하는 것이다. 경쟁의 중요성을 정확하게 언급한 기업인이 삼성의 고(故) 이병철 회장인데, 이 회장은 "메기와 함께 사는 미꾸라지가 그렇지 못한 미꾸라지보다 훨씬 맛있다"라고 설파한 바 있다.

둘째, 혁신을 이끌어낼 일정 수준 이상의 과학, 기술 인프라를 갖추는가 하는 점이다. R&D의 혁신이 등장하려면 아무리 조잡하더라도 경제규모에 어울리는 일정 수준 혹은 규모 이상의 교육 시스템과 인적 역량, 연구기반이 있어야 한다. R&D 혁신의 기반이 없거나 미약한 나라는 시장이 경쟁적이더라도 질적 성장단계로 도약할 수 없다. 바꿔 말하면 산업계의 혁신역량이 없더라도 기초기술 기반이 어느 정도 구축되어 있으면 시간이 걸려도 가능성이 있다고 평가할 수 있다

셋째, 혁신역량 중에서도 특히 사람, 즉 혁신능력을 갖춘 인재가 충분히 존재하는가 하는 점이다. 앞에서 R&D 혁신역량 중에서 교육 시스템을 가장 먼저 꼽는 이유도 결국 과학자, 엔지니어, 경영자, 마케팅 전문가 등의 인재가 혁신을 주도하기 때문이다.

마지막으로 혁신을 할 수 있는 기업 혹은 기업군이 얼마나 있는지, 그리고 얼마나 빨리 확산될 수 있는 생태계를 가졌는지를 잣대로 삼을 수

있다. 양적 성장에서 벗어나 혁신에 의한 질적 성장을 할 수 있는 토종 기업군의 존재 유무는 결정적이다. 앞서 언급한 조건을 갖춘 혁신을 일으킬 만한 선도기업이 존재한다는 것은 제 2, 제 3의 혁신 토종기업 혹은 토종산업군이 나타날 수 있다는 것을 의미하기 때문이다.

이런 4가지 요소와 관련해 중국의 현실은 어떠한가?

① 시장이 충분히 경쟁적인가?

중국 경제는 독점적인 비무역부문(국유경제)과 경쟁이 느슨한 내수 민영 및 경쟁이 치열한 무역부문(수출주도형 산업, 다만 중국 기업보다 외자기업이 주도하는 부문)이 병존하는 구조다. 따라서 혁신이 일어날 만큼 경쟁이 충분히 발생하지 않고 있다.

중국 정부는 기초산업, 전략산업 등으로 산업을 구분해 해당산업에 대한 진입을 엄격히 제한하는 한편 기초, 전략산업에 속한 토종기업에 대해서는 엄청난 자원을 집중적으로 몰아주고 있다. 그런데 중요한 산업 대부분이 여기에 해당되어 산업 전체의 경쟁 정도는 낮다고 볼 수밖에 없다. 오랜 기간 여기에 속한 기업, 특히 국유기업들은 혁신을 할 동기가 전혀 없는 것이다. 내수시장에 주력하는 민영부문, 예를 들어 앞서의 방한복 업체처럼 매년 30% 이상 성장하는 시장에서 활동하면 치열하게 경쟁할 필요 없이 적당히 시장을 나누어 가지면 된다. 그래서 국유경제와 내수 민영부문에서는 경쟁의 정도가 낮고, 따라서 혁신의 동기도 미흡하다고 보는 것이다.

혁신이 작동할 정도의 경쟁이 일어나는 부문은 수출주도형 무역부문이 유일하다. 그런데 이 부문의 혁신도 대부분 외자계 기업의 몫이다. 물론 중국 기업 중에서도 상당한 혁신역량을 갖춘 곳이 있기는 하지만, 전체에서 차지하는 비중은 극히 미미하다.

② R&D 역량을 갖추고 있는가?

중국의 R&D 역량의 잠재력에 대해서는 아주 높이 평가하는 사람과 폄하하는 사람이 팽팽하게 대립할 정도로 논란이 많다. 특히 과학분야에서 더욱 그런데 '인공위성을 쏘아 올릴 정도의 국가이니 중국의 기초 과학기술 수준은 이미 상당한 수준'이라고 평가하는 사람이 있는가 하면, '우주, 군수 등 특정 부문에 한해 발전했을 뿐 전반적 수준은 낮다'고 주장하는 사람도 많다. 이와 같이 중국의 R&D 역량에 대한 평가의 스펙트럼이 극단적으로 넓은 것은 신뢰성 있는 관련통계와 자료가 많지 않기 때문인데, 우선 양적 지표를 통해 R&D 역량을 살펴보자.

중국의 R&D 규모와 투자의 증가속도를 보면 놀라울 정도다. 2000년 중국의 R&D 투자액은 272억 달러였으나, 2011년에는 1,537억 달러(구매력 평가 기준)로 6배 이상 증가해 미국에 이어 세계 2위다. 중국의 R&D 투자는 2009년부터 일본을 추월해 현재 일본의 1,441억 달러보다 약 100억 달러 많다. 다만 〈표 2-12〉에서 보듯이 GDP 대비 R&D 비율은 2010년 1.8%로 다른 선진국은 물론 아시아 경쟁국에 비해서도 낮은 수준이다.

중국의 R&D 투자 증가속도를 보면 2000~2009년에는 연평균 25%가 증가했는데, 이런 속도를 유지하면 2018년에 유럽을, 2022년경에는 미국을 추월해 세계 1위의 R&D 투자국으로 올라설 전망이다.[19] 글로벌 R&D 인력의 20%(세계 1위)를 중국이 차지하고 있으며, 박사급 고급인력은 115만 명으로 미국의 140만 명에 이어 2위다.[20]

중국의 R&D 지출을 활동단계별로 보면, 실험개발(82.7%), 응용연구(12.6%), 기초연구(4.7%) 순으로, 독자기술 개발과는 다소 거리가 있다.[21] 지역별로는 동부 70.7%, 중부 18.5%, 서부 10.8%인데, 장쑤

19 삼성경제연구소 (2011.12), "중국의 시장, 기술 · 산업의 잠재력 평가 및 발전 전망".

20 미국 Battelle 연구소.

성·베이징·광둥성·산둥성·상하이 등 동부 상위 5개 지역이 전체의 51%를 차지하며 하위 10개 성, 시는 4.3%에 불과하다.[22]

전체 R&D에서 산업계의 비중은 2000년 57.6%에서 2010년 71.7%로 선진국처럼 산업계가 주도하는 것으로 나타났다. 다만 외자계 기업의 R&D 비중이 꾸준히 증가해 2010년 기준 중국 전체 R&D 투자에서 26%를 차지했다. 한편 산업계의 R&D 내역 중 약 3/4을 중·대형 기업이 차지하고 소형기업은 1/4에 불과하며, 그 격차도 점차 커지는 추세다.[23]

〈표 2-12〉 한·중·일·대만의 GDP 대비 R&D 비중

(단위: %)

	한국	중국	일본	대만
GDP 대비 R&D 비중(2010년 기준)	3.7	1.8	3.3	3.9

〈표 2-13〉 중·대형 기업의 과학기술 현황('01~'10년)

(단위: 개/만 명/억 위안/%)

구분	2001	2003	2005	2007	2010
R&D 활동 기업 수	6,747	6,651	6,874	8,954	12,889
전일제 R&D 인력	38	48	61	86	137
R&D 투자	442	721	1,250	2,113	4,015
(매출액 대비 비중)*	0.76	0.75	0.76	0.81	0.93
연구소 수	7,419	6,871	9,352	11,847	16,717
(기업 수 대비 비중)**	1.1	1.0	1.4	1.3	1.3

* 중국의 중·대형 기업의 총 매출액 대비 총 R&D 투자액 비중

** 중국의 중·대형 기업 수 대비 연구소 수의 비중

자료: 《중국과학기술통계연감》(2011).

21 삼성경제연구소(2011.12), "중국의 시장, 기술·산업의 잠재력 평가 및 발전 전망".

22 위의 글.

23 중·대형 기업의 R&D 비중 변화: 2001년(70.2%) → 2010년(77.4%).

〈표 2-14〉 2009년 중국 중·대형 기업의 유형별 비중

	유형별 비중
국유기업	331억 위안(9%), 외자기업: 997억 위안(26%)
순수 민영기업	582.9억 위안(15.4%), 혼합기업: 1865.1억 위안(49.6%)

중·대형 기업의 R&D 투자 현황을 보면, 2001년을 기준으로 6,747개로 전체 중·대형 기업의 29.5%였으며, 2010년 이 숫자는 12,889개로 크게 증가했으나, 오히려 비중은 28.3%로 감소했다. R&D에 투자하는 업체도 늘었지만 이를 수행하지 않는 중·대형 기업이 더 많이 증가한 것으로 보인다.

중·대형 기업의 부설 연구소도 2001년 7,419개에서 2010년에는 16,717개로 2배가 되었으나 기업 수의 증가에 비해 연구소의 증가 정도는 낮았으며, 이들 기업의 매출 대비 R&D 투자 비중은 2001년 0.76%에서 2010년 0.93%로 거의 변동이 없었다.

한편, 중국 중·대형 기업의 R&D 투자를 주요 산업별로 보면 통신장비, 컴퓨터, 기타 전자장비 제조업의 비중이 20.1%로 높고, 교통운수장비 제조업(13.9%), 전기기계 및 기자재 제조업(10.1%), 제철제련 가공업(9.9%), 화학제품 제조업(6.5%)의 순이다. 통신, 전자 분야의 R&D 투자액이 압도적인 이유는 혁신을 선도하는 기업이 이 분야에 많이 포진해 있을 뿐 아니라, 대만 등의 전자회사와 M&A 및 공동 R&D 활동이 증가하기 때문이다.

그러나 특허와 논문 수의 양적 증가는 괄목할 만하지만 질적 수준이 아직 미흡한 것으로 평가된다.[24] 2000~2009년 중국의 PCT(*Patent Co-operation Treaty*)를 통한 국제 특허출원 건수는 세계에서 가장 빠른 연 평균 29.3%를 기록하면서 2009년에는 전체 출원의 5%를 차지할 만큼 성

24 삼성경제연구소(2011.12), "중국의 시장, 기술·산업의 잠재력 평가 및 발전 전망".

장했고, 디지털 통신 분야가 압도적으로 많은 특징을 보인다. 논문 수는 1990년대 이후 급격히 증가해 2006년 이후 영국, 독일, 일본을 추월해 세계 2위로 부상했고, 화학 및 재료과학 분야 논문은 미국마저 앞질러 세계 1위로 떠올랐다. 그런데 R&D 혁신의 양적 성공에도 불구하고 2011년 스위스 국제경영개발원(IMD)의 국가경쟁력 지수에서 중국의 과학연구 항목은 5.13으로 미국(8.19), 독일(8.11), 일본(7.79), 한국(6.19) 등과 여전히 격차가 컸는데, 역시 질적 수준이 미흡함을 시사하는 것이다.

그렇다면 이제 중국의 R&D 혁신역량을 질적인 측면에서 분석 및 평가하기로 하고 우선 주체별 혁신역량 및 기여도를 보자. 중국 산업의 R&D는 대부분 외자계 기업이 주도한다. 특히 수출지향적인 분야는 비정상적일 정도로 외국인 투자기업의 비중이 높은데, 이들이 IT 등 첨단제품을 비롯해 수출의 절반 이상을 차지한다. 이 비중은 지난 10년 동안 거의 변하지 않았는데, 2000년대 이후 '메이드 인 차이나'가 찍힌 첨단제품의 수출급증은 사실상 외자기업에 의한 것이다.

중국이 수출하는 첨단기술 제품은 다국적기업의 국제 분업구조상 가장 부가가치가 낮은 단계인 단순가공 및 조립품이다. 따라서 외자계 기업의 중국 R&D이라는 것도 본사에서 개발한 제품을 현지에 맞게 변형(*localization*)하는 응용연구가 대부분이다. 많은 외자기업이 중국에 연구소를 설립하고 있는데, 대부분 기본제품을 현지에 맞게 수정하고 출시 전 시험, 평가하기 위한 것이라는 게 현지 연구소 종사자들의 중론이다. 예를 들어 S사가 새로운 개념의 스마트폰을 본사에서 개발했는데 이를 중국의 현실에 맞추려면 자판을 바꾸고 내장된 소프트웨어 등도 수정해야 하며 정부의 제품인증을 획득하기 위해 연구소가 필요하다. 중국에서 활동 중인 연구소는 그런 역할에 필요한 R&D 활동을 한다고 보면 된다.

외자기업의 R&D 역량과 기술이 중국 정부의 바람처럼 자국기업에게 전파, 확산(*spillover*)되지 않는 이유가 바로 여기에 있다. 물론 중국 기업의 흡수능력도 문제이긴 하지만, 외자기업의 '변두리 R&D' 정도로는 한계가 있다. 물론 최근 몇몇 외자기업이 연구본부를 이전하는 등 핵심 R&D 활동을 중국에서 하기는 하지만, 전체에서 차지하는 비중은 극히 미미하다.

중국 기업의 첨단산업 R&D 현황을 분석해도 결과는 비슷하다. 중국에서 첨단산업을 영위하는 기업 중 부설 연구소를 보유한 비중은 2005년과 2010년에 각각 0.09와 0.11을 기록했으며, 6년간 평균 0.1로 10개 중 1개꼴이었다. 이는 첨단산업에서도 중국 기업의 R&D 기반이 매우 취약하다는 것을 의미한다. 첨단산업의 매출액 대비 R&D 비중도 2005년의 1.1%에서 2010년의 1.3%로 거의 변동이 없어 R&D 투자에 대한 인식부족과 소홀함이 감지된다. 앞에서 지적한 바와 같이 R&D 투자를 수행한 중·대형 기업이 전체의 28.3%이고 매출액 대비 R&D 투자가 채 1%도 안 되는 0.93%인 것은 선진국은 물론 우리나라보다도 훨씬 뒤지는 것이다. 우리 중견 제조업체들은 거의 대부분 부설 연구소를 통해 R&D 투자를 하는데, 매출액 대비 비중이 평균 1.5%이며 첨단 분야는 3%가 넘는다.

한편, 중국 토종기업 가운데 R&D 투자를 주도하는 그룹은 범 국유기업 그룹이다.[25] 중국의 기업 분류가 복잡하고 지분구조가 다양해 정확히 구분할 수 없지만, 정부의 지분이 없거나 영향을 받지 않는 순수 민영기업의 비중은 15% 내외에 불과하다.[26]

중국 범 국유기업 그룹(국유부문)의 R&D를 포함한 혁신활동은 매우 비효율적인 것으로 알려지고 있다. 1978~2007년의 30년 동안 국유부문의 총요소 생산성 증가율이 민영부문의 1/3 수준이며, 특허권의 65%,

25 순수 국유기업 + 혼합기업 등을 포함하는 것으로, 혼합기업은 《중국과학기술통계연감》으로 정부 영향력하에 있다고 판단되는 기업을 통칭한 것이다.

26 조영삼 (2012.10), "해외 현지 리포터 중국 산업 브리핑".

기술혁신의 75%가 비국유부문 기업(외자기업+순수 민영기업)에서 창출된다.

국유부문 기업의 R&D 투자가 비효율적인 이유는 첫째, 이들은 자체자금으로 R&D를 수행하는데 투자동기가 뚜렷하지 않은 상태에서 정부지침에 따르다 보니 소비자 및 시장 수요와 유리된 경우가 대부분이다. 즉, 마케팅 부서나 제품개발 부서의 의견과 무관하게 연구자가 하고 싶은 연구를 하는 경향이 많다.

둘째, 국유부문 기업이 신고한 R&D 투자에 대부분 시설자금과 일반인건비가 부풀려져 계상되어 순수 R&D 자금이 거의 없다는 것인데, 이는 우리나라의 1980년대 일부 기업의 모습과 유사하다. 순수 민간기업의 기술혁신도 대부분 공정개선이나 역설계에 의한 응용제품 개발에 초점을 맞추어, 대학 혹은 연구소와의 산학연 협력은 꿈도 꿀 수 없는 상황이다. 기술혁신 비용도 대부분 기계설비와 이를 운용하는 소프트웨어 매뉴얼 구입에 사용되며, 주로 외부기술을 도입해 혁신을 하는 등 아직까지 R&D 혁신역량이 낮은 수준에 머무르고 있다. 기업 R&D 투자의 80% 이상이 실험 및 개발에 쓰인다는 사실이 이를 입증한다.

한편, 중국 정부 연구기관의 R&D 투자비중은 19%, 대학 9%이며 이들은 주로 기초과학 R&D를 수행하는데, 중앙 및 지방정부의 대대적인 지원을 통해 이들 기관도 연 평균 16.2%와 22.3%의 양적 성장을 하고 있다. 특허출원 및 논문 수에서 보았듯이, 대학을 중심으로 중국의 기초 과학기술은 괄목할 만하지만 상업화 능력이 떨어지고 산업계와의 협력도 미흡하다. 기초 과학기술 수준이 높다고 해서 산업기술이 저절로 발전하는 것은 결코 아니며 상업화 능력은 별개의 혁신역량이다. 이는 미국과 독일이 과학기술 역량을 상업화로 연결시켜 세계 최고의 산업국이 된 반면, 러시아는 그렇지 못해 산업화에 뒤처졌다는 사실에서도 나타난다. 과학기술 역량은 분명 큰 잠재력이지만 잠재력은 잠재력으로 끝날 수도 있다는 점을 중국 정부가 간과해서는 안 된다.

이제 정부의 R&D 시스템을 문제점 위주로 간략히 살펴보자. 중국 정부의 12·5 계획을 보면 경제를 요소투입형에서 총요소 생산성 제고 위주로 전환하는 것을 가장 중요한 목표로 설정하고, 이를 위한 핵심으로 R&D 혁신을 지목하면서 관련 투자에 예산 배정 최우선순위를 부여했다. 그러나 투자 효율성을 확보하기 위한 시스템 정비와 보완에 나서지 않으면 정책의지에 비례하는 성과를 내기는 사실상 불가능하다.

중국은 사회주의적 요소가 아직 많이 남은 R&D 시스템을 시장경제 체제에 맞게 제로베이스에서 다시 정비할 필요가 있다. 시장경제 체제와 사회주의 체제 간 R&D 시스템의 근본적인 차이는 정부와 R&D 주체, 특히 민간기업과의 역할분담이며 이에 근거한 제도도 크게 다를 수밖에 없다. 시장경제에서 산업 R&D는 민간기업이 주도하고, 정부는 보완적으로 공공재 성격의 인력양성 시스템, 시험장비 등 인프라 구축에 주력하는 게 효과적이다.

R&D에 있어서도 주로 민간기업이 자체 자금을 동원하지만, 장기개발 리스크 혹은 시장 불확실성 리스크 등 민간이 투자를 주저하는 분야는 정부가 앞장서되 실제 진행은 산업계가 주도하는 산학연 컨소시엄 형태가 보편적이다. 이 과정에서 R&D 주체의 선정과 자금집행, 중간 및 최종평가 등 관련제도가 투명하면서도 정교하게 마련되어야 함은 물론이다.

그런데 중국 정부의 R&D 관련제도는 이 같은 일련의 절차가 없는 것 같다. 일단 산업기술 분야를 정부가 주도한다. 정부가 중장기 계획, 당해 연도 기획, 예산배분 등을 주관하며, 특히 자금배분은 시장경제 체제와 달리 과학기술부, 중국과학원, 국가자연과학기금위원회 등 특정 부처 또는 기관의 소수인력이 결정하는 것으로 보인다. 투자 효율성이란 측면에서 이런 구조는 바람직하지 않다.

기본적으로 투자의 효율성은 관련기관, 연구자, 정부관계자 등이 모두 관여해 아래에서 위로, 또 위에서 아래로 상호소통하면서 최선의 사업구조를 위한 일정의 절차를 거쳐 확보된다. 그런데 중국에는 R&D 수행자의 선정절차 및 연구결과를 체크할 수 있는 단계별 평가제도가 거의 존재하지 않는 것 같다. 평가 시스템이 없으면 투자 효율성을 담보할 수 없으며, 연구 수행기관과 연구자의 도덕적 해이도 방지할 수 없다.

중국 정부의 기업에 대한 R&D 지원이 어떤 형태로 이루어지는지는 관련자료가 없어 알 수 없으나, 중국 관계자들의 발언에서 유추해보면 이 또한 대단히 불투명하다. 지원의 명확한 기준, 즉 리스크가 큰 프로젝트로 정부-기업 간 역할분담이나 산업발전에 필요한 핵심기술 개발 프로젝트의 우선수행처럼 특정한 기준이 없는 것 같다. 대외적으로 공개된 정부 R&D 프로그램도 없다.

따라서 기업은 특별한 경우를 제외하고 자체 자금으로 기술개발에 나서는데, 국유기업은 자금사정이 좋아 그나마 R&D 투자를 진행하지만, 대다수 민영기업은 여력이 없는 것으로 추정된다. 결과적으로 돈이 많은 국유기업은 비효율적이고, 생산성이 높은 민영기업은 시도조차 하지 못하다 보니 산업 전체의 R&D 성과가 낮을 수밖에 없다.

기초과학 연구를 수행하는 연구소와 대학에 대한 자금배분과 평가 역시 앞의 지적과 크게 다르지 않을 것이다. 국가출연 연구소는 주로 국방분야 연구를 수행하는데, 시장과의 연계성이나 산업계로의 확산은 거의 전무한 것으로 추측된다. 대학은 일부 학교를 중심으로 필요한 인재를 양성, 공급하는 과정에서 산업계, 특히 선진 외국계 기업과 협력해 혁신역량이 괄목할 만한 수준이지만, 아직까지 활발한 산학협력에 의한 R&D 혹은 인력양성 등에서의 기여도는 낮다고 볼 수 있다.

중국의 R&D 혁신역량을 종합적으로 평가하면 투자와 양적인 성장은 엄청나다. 현재의 절대규모나 앞으로의 투자 확대속도만 놓고 보면 중국의 R&D 혁신 잠재력과 그 잠재력이 미칠 파급효과는 두려울 정도다. 다만, 혁신의 성과, 투자 대비 효율 등 질적인 면에서는 여전히 갈 길이 멀다.

③ 혁신 추진능력을 갖춘 인재가 충분히 존재하는가?

양적 성장에서 질적 성장으로 전환할 수 있을지 혹은 없을지 판단할 때, 그리고 무엇보다 한 나라의 미래 성장 잠재력을 가늠할 때 인재의 양과 질이 가장 핵심적인 요소다. 결국은 사람이 제일 중요하다는 말인데, 특히 지식기반 경제 패러다임에서는 더욱 그렇다.

독일이 제 2차 세계대전에서 패하고도 '라인 강의 기적'을 통해 유럽 최강국이 된 것도 독일 국민들이 우수했기 때문이다. 일본이 세계 자동차 시장을 주름잡는 이유도 제 2차 세계대전 당시 제로 전투기를 만들던 엔지니어들이 있었기에 가능했다. 전쟁이 끝난 후 일자리를 잃은 항공산업 엔지니어들이 자동차, 오토바이 회사에 들어가 오늘날 일본을 있게 한 핵심인력으로 활약했다.

그렇다면 중국의 인재 경쟁력과 잠재력은 어떤가?[27] 결론적으로 양적으로 세계 최고 수준이며, 질적으로도 빠르게 발전 중이라고 평가된다. 2009년 중국의 이공계 석·박사 졸업생은 17만 2천 명이며, 지난 10년간 배출된 이공계 석·박사 인력은 94만 명으로 우리나라의 5배다. 중국의 R&D 인력(*full-time employee* 기준)은 229만 명이고, 최근 3년간 관련 인력 증가율은 연 평균 15.1%로 세계 최고 수준이다.

질적인 측면에서 중국에는 세계 100위권 대학이 5개(한국 2개)이며, 특히 공학기술 분야에서 세계 100위권 대학은 9개(한국 2개)나 된다. 대학의 글로벌 연구역량을 나타내는 기초과학 순위평가(*Essential Science Indi-*

27 삼성경제연구소 (2011.6.29), "두뇌공장 중국, 한국을 추월하다".

중국과학원은 중국을 대표하는 최고의 학술기구 및 국책연구소로 과학원 학부와 12개 분원, 100여 개 이상의 부속기구와 국가중점실험실 등으로 구성된다. 중국과학원에는 2009년 현재 714명의 원사, 5만 명 이상의 과학기술 인력이 기초과학 · 생명과학 및 첨단기술 분야에서 핵심역할을 담당한다. 양탄일성(兩彈一星 : 원자탄, 수소폭탄, 인공위성 개발), 중국 최초 슈퍼컴퓨터 개발, 세계 최초 생명체 단백질 인공합성(인공 소 인슐린 결정체) 등의 성과를 달성했다. 그리고 최근에는 환경 · 에너지 분야의 세계 3대 연구기관으로 발전해 미국, 캐나다 등 선진국과 공동연구를 추진 중이다.[28]

cators, ESI)에서도 중국에서 상위 1% 수준의 학과가 대폭 증가했는데, 특히 베이징대 · 칭화대 · 푸단대 등 7개 대학의 상위 1% 수준 학과는 2001년 24개에서 2010년 74개로 크게 늘었다.

중국은 대학뿐 아니라 출연 연구소도 세계적인 수준의 인력을 보유하고 있다. 중국 최고의 연구기관인 중국과학원은 과학기술 발전 외에도 우수인력을 산업현장에 공급하고 R&D를 통해 산업기술을 제공하는 데 중추적 역할을 담당하고 있다.

한편, 중국은 1990년대 후반부터 해외인력 유치에 나서 연간 22만 명의 우수인력을 유치하는데, 2008년 수립한 '천인계획'(千人計劃)도 범정부 차원에서 전개하고 있다. 2011년 1월 현재 1,143명의 해외인재를 영입했는데, 이중 혁신인재가 880명(77%), 창업인재가 263명(23%)이었다. 이런 정책을 통해 유치한 스타급 인재가 세계수준의 R&D를 수행하거나 유망기업을 창업한 사례가 많은데, 스이궁(施一公, 새클러 국제생물물리학상 수상), 야우싱퉁(丘成桐, 필즈상 수상), 황샤오칭(黃小慶, 벨 연구소 수석부사장) 등이 대표적인 학술인재이며, 실리콘밸리에서 근무하다가 1999년 귀국해 인터넷 포털사이트인 바이두를 설립한 리옌훙(李

28 중국과학원 홈페이지(http://www.cas.cn/jzzky/jbjs)

彦宏)은 대표적인 귀국 창업자로 꼽힌다.

중국의 인재 경쟁력과 잠재력이 큰 이유는 교육열 때문이다. 중국은 오랜 기간 유교의 영향을 받아 자녀에 대한 교육열이 대단한데, 이런 현상은 같은 유교권인 한국, 일본, 베트남 등 아시아 국가에서 공통적으로 나타나고 있다. 우리는 언론을 통해 중국 부모들이 자식교육을 위해 자신을 희생하는 모습을 자주 볼 수 있으며, 정부도 정책적으로 교육을 중시한다.

중국 정부의 교육 투자는 정부정책 중 가장 최상위에 위치한다. 중국은 개혁개방 이후 1980년대부터 세계 수준의 대학을 육성하기 위해 1995년에 '211 공정',[29] 1998년에는 '985공정'[30] 등의 중장기계획에 따른 지속적인 투자를 했다. 특히 '985 공정'은 39개 대학을 세계 초일류 대학으로 육성하기 위한 집중 투자계획으로 유명하다. 또한 고등교육기관의 난립으로 인한 부실과 이에 따른 대학교육 재정의 비효율을 타개하고 선택과 집중의 지원원칙을 적용하기 위해 1990년대부터 2006년까지 총 1천 여 개 대학을 대상으로 구조조정을 단행했다. 이 결과 428개 대학으로 통폐합되는 과정에서 저장대·항저우대·저장의대·저장농대 등을 통합한 저장대는 중국 4위권의 명문대학으로 급부상했다.

최근 중국은 정부, 대학, 기업이 협력해 인재를 양성하고 혁신적인 창업을 뒷받침하는 메카를 만들어내기 위한 인재특구를 중점적으로 건설하고 있는데, 대표적인 곳이 베이징의 중관춘(中關村)으로 '중국의 실리콘밸리'를 지향한다. 인재특구는 중국이 양적 성장단계에 질적 성장단계로 도약하려는 시도에서 가장 역점을 둔 정책 가운데 하나다.

현재 상하이, 톈진, 광동성, 장쑤성, 저장성, 후베이성, 푸젠성 등 주

29 과학연구 분야에서 세계적 수준의 대학을 육성하기 위해 1995년 덩사오핑이 추진했다.

30 세계 일류 대학 및 국제 지명도가 있는 연구중심 대학을 건설하기 위한 중장기 프로젝트로 1998년 장쩌민이 주도했다.

요 성·시가 인재특구 건설을 위한 전략목표를 설정하고 인재양성, 첨단 R&D, 산업화를 동시에 달성하기 위해 노력 중이다. 그러나 하드웨어 건설과 달리 R&D 혁신과 상업화 등의 성과는 다소 미흡한 것으로 파악된다. 우리는 앞으로 중관춘 등 인재특구의 성과여부를 잘 살펴보아야 한다.

현재 중국의 인재 경쟁력은 양적으로는 세계 최고 수준이나 질적으로는 아직 미국, 일본, 독일 등 선진국에 비해 격차를 보이는 게 사실이다. 하지만 중국의 인재양성 시스템의 잠재력은 실로 엄청나 두려움마저 느끼게 한다. 중국의 이공계 대학에는 13억 인구 중에서도 가장 빼어난 인재가 진학하며, 세계 최고 수준의 대학에서 교육받은 석·박사 인력이 매년 20만 명씩 쏟아져 나오고 있다.

이렇게 해서 10년, 20년이 지나면 중국 산업은 어떻게 될까? 우리나라도 1970~80년대에 이공계 우대정책을 실시해 최고의 인재들이 공과대학에 진학했다. 당시 공과대 중 전자공학과, 화공학과, 기계공학과 등의 커트라인은 의과대학보다 높았다. 당시 우리나라 공대의 수준이 지금의 중국 이공계 대학보다 훨씬 낮았음에도 최고의 인재들이 오늘날 우리나라를 세계 최고 수준으로 만든 것이다. 사람이 부자인 중국의 인재 잠재력은 정말 무서울 수밖에 없다.

④ 혁신을 할 수 있는 기업 혹은 기업군이 얼마나 있는가?

중국의 민영기업군, 특히 통신 및 전기·전자 분야에서 혁신역량을 갖춘 하이얼, 화웨이, ZTE 같은 선두기업이 생겨나고 있는데, 물론 아직까지 극소수이지만 자생적이라는 사실이 중요하다. 중국이 선진 다국적 기업의 연구역량과 격차가 있고, 혁신을 유발할 수 있는 인센티브와 인프라가 턱없이 부족한 점을 감안하면 더욱 그렇다.

향후 제도개선 및 관련 인프라 구축에 걸리는 시간에 따라, 또 나라가 큰 만큼 산업·지역별 편차가 매우 크겠지만, 혁신역량을 갖춘 기업군은 궁극적으로 산업 내, 나아가 전 산업에 걸쳐 확산될 것이다. 혁신이 확산되는 시간이 다른 나라보다 더 걸리고, 경우에 따라서는 확산되지 못하는 지역과 부문이 있을 수도 있다. 혁신이 어떤 산업, 어떤 기업군, 산업의 가치사슬상 어떤 분야부터 시작해 어떻게 확산될 것인지는 "중국 산업의 발전전망" 부분에서 살펴보기로 한다.

필자는 지금까지 중국 경제와 산업의 요소투입형 성장이 한계에 이르렀다는 점을 지적하면서 질적 성장, 즉 총요소 생산성에 의한 성장 가능성을 살펴보았다. 극복해야 할 많은 과제와 함께 중국의 잠재력 또한 알 수 있었다. 이제는 중국 경제의 두 번째 한계인 투자·수출주도 성장의 한계를 살펴보자.

4) 투자, 수출주도 성장의 한계

제 1장에서 본 것처럼 중국은 대내외적으로 매우 정도가 심한 2가지 불균형을 해소해야 한다. 대외적으로는 교역상대국에 대한 과도한 수출과 무역수지 흑자이며, 대내적으로 과도한 투자를 조정하는 것이 그것이다. 그런데 이 같은 불균형은 중국 정부의 투자-수출 위주의 성장정책에 기인한다. 중국은 투자보조금을 주는 반면, 임금소득에는 세금을 부과함으로써 투자를 촉진하고 소비는 억제하는 정책을 장기간 추진해왔다. 또한 지방정부가 경쟁을 통해 건설 등의 투자를 독려하는 한편, 외국인 투자도 각종 인센티브를 통해 적극 유치해왔다. 그리고 중국은 자본집약적 산업을 주력산업으로 육성해 이들 상품을 수출하는 데 집중적인 지원을 해왔다.

이 결과 '자본집약적 산업 경쟁력 제고 → 수출증대 → 재투자 → 수출증대'의 선순환, 즉 투자확대가 수출급증으로 연결되는 현상이 2000년 이후 가속화됐고, 무역수지 흑자는 2000년 전후의 400억 달러 수준에서 2005년 1,248억 달러, 2008년 3,489억 달러로 급증했다. GDP 대비 투자와 수출비중 또한 2000년대 후반 들어 50% 가까이 급증한 가운데 중국 정부는 임금을 가능한 한 억제하고 환율을 높이는 등 수출 경쟁력 제고를 위한 지속적인 노력을 추진했다.

그런데 한편으로 치우친 노력이 지나치게 오랜 기간 지속되면 불균형이 쌓이고 쌓여 반드시 부작용을 낳기 마련이다. 우선 대외적 불균형으로, 미국 등 선진국의 무역적자가 과도하게 쌓여 경제위기의 한 요인이 되면서 채무 조정기간 중 이들의 저성장은 불가피하다. 또한 중국의 과도한 수출을 견제하려는 보호주의 등의 움직임은 물론 위안화 평가절상도 추세적으로 이루어질 수밖에 없다. 어쨌든 중국의 수출은 예전과 같이 늘어나기 힘들고, 증가율도 대폭 감소할 수밖에 없다. 그런데 대내적인 부작용은 상황이 더욱 좋지 않다.

(1) 도시-농촌 간 소득격차

중국에서 소득격차가 용인할 수 없는 수준까지 벌어지면서 사회불안, 나아가 중국 정부가 가장 중시하는 체제 안정성을 해칠 가능성마저 있다. 개혁개방 이후 빠른 산업화와 경제성장에도 불구하고 도시화율은 약 50%에 머무르고, 전체 취업인구의 약 60%가 농촌에 거주한다. 그런데 도시 위주의 경제성장으로 도시와 농촌 간 소득과 소비의 격차가 지속적으로 확대되고 있다. 1인당 가처분 소득 기준으로 도농격차는 1990년에 2.2배였으나, 2008년에는 3.3배로 확대됐다.[31] 이는 고정자산 투자가 주로 도시지역(약 75%)에서 이루어졌기 때문이다.

중국 통계국 발표에 따르면, 2012년의 지니계수는 0.474로, 2008년의 0.491을 정점으로 하락세를 보이고 있다. 이는 최근 중서부 내륙개

31 삼성경제연구소 (2010.11), "중국 성장전략의 변화: 투자-수출에서 소비주도로".

발, 소득분배의 개선 노력 등으로 도-농 간 격차구조가 확대기조에서 벗어나기 시작했다는 의미다. 하지만 아직도 갈 길이 먼데, 0.474도 일반적으로 사회불안을 유발하는 범위에 들어 있기 때문이다.

(2) 근로자의 불만 폭발과 임금 상승

애플의 아이폰 제조회사로 유명한 대만 폭스콘 종업원의 연쇄자살로 대표되는 저임금 근로자의 억눌린 불만이 전국적으로 확산되고 있다. 중국 정부가 실상을 발표하지 않아 정확한 통계는 알 수 없으나, 우리나라의 1980년 말 근로자들의 불만 폭발과 유사한 상황이 지금 중국에서 벌어지는 것으로 보인다. 중국이 그동안 수출과 투자에 과도한 인센티브를 준 결과, 노동 분배율이 40%로 다른 나라의 60~70%보다 크게 낮아지면서 문제가 되고 있다.

이러한 요인들 때문에 1990년대 중반 이후 중국의 민간소비 증가율이 경제성장률을 밑돈 반면에 투자·수출 증가율은 성장률을 크게 웃도는 결과를 초래했다. 1978년 개혁개방 이후 경제성장률보다 빠르게 증가하던 민간소비는 1998년 이후 2007년까지 연 평균 6.5%로 둔화되어 같은 기간의 R&D 증가율 8.8%, 투자 증가율 10.4%, 수출 증가율 21%에 못 미쳤다. 1980년대 GDP 대비 50%를 넘던 민간소비의 비중이 점진적으로 하락해 2009년 34.7%를 기록했는데,[32] 수출, 투자 중심의 정부정책으로 인해 고령화에도 불구하고 의료보험 등 사회보장제도가 미비해 저축을 해야 하는 점도 소비진작을 가로막는 요인이다.

정부도 이를 개선하기 위해서인지 일정 수준의 노사갈등을 용인하며, 2010년 이후 매년 20% 안팎의 임금인상을 제도화하면서 소득향상을 통한 빈부격차 축소와 소비촉진 정책 등 12·5 계획을 마련해 추진하고 있다. 그런데 투자와 수출에 지나치게 경도된 시스템을 소비촉진으로 전

32 앞의 글.

환하는 작업은 말처럼 쉬운 게 아니다. 수출지향적인 한국, 일본도 내수 진작을 위해 오랜 기간 다양한 시도를 해왔으나, 이렇다 할 성과가 없었다. 특히 유교적 전통이 강한 아시아인들은 절약을 미덕으로 삼는 경향이 있어 단기적으로 수출, 투자가 감소하더라도 소비가 증가하지 않을 가능성이 매우 높다.

이러한 단기적인 어려움에도 불구하고 중국은 궁극적으로 미국을 대체하는 세계 최대 소비국이 될 것이다. 그래서 지금까지 중국은 세계 경제에서 생산기지의 역할만 담당했으나, 앞으로는 세계 최대 제조기지뿐 아니라 세계 최대의 소비시장으로 부상할 전망이다.

우리는 이러한 거대한 변화에 적극적이고 슬기롭게 대처해 중국을 우리나라의 성장동력으로 삼아야 한다. 만약 우리가 중국의 변화에 제대로 대응한다면 선진국의 대열에 성큼 들어서게 될 것이다.

5) 체제개혁의 미완성으로 인한 시스템의 한계

(1) 체제이행의 덫[33]에 빠진 중국 경제의 폐해

중국은 1978년 개혁개방 이전까지만 해도 계획경제와 사유재산을 인정하지 않는 국유제(國有制)를 특징으로 하는 사회주의 체제였다. 이후 점진적 개혁으로 계획경제는 시장경제로, 국유제는 사유제로 전환되고 있다. 이 가운데 가장 핵심적인 부분은 국영・국유기업의 지속적인 민영화 과정이다. 여기서 이 과정을 구체적으로 설명할 필요는 없지만 국유기업의 민영화가 꾸준히 그리고 차질 없이 진행되어 왔다고 보면 된다.

그런데 1990년대 후반부터 이 과정에 문제가 생기기 시작했다. 1999

33 중국의 대표적인 사회학자 쑨리핑(孫立平) 교수가 주도하는 칭화대학 개풍발전연구원 사회진보연구소의 〈사회진보연구보고〉에서 제시된 개념으로, 계획경제에서 시장경제로의 이행과정에서 창출된 국유기업 등의 기득권 집단이 개혁을 저지함으로써 경제사회의 발전이 왜곡되어 격차의 확대, 환경파괴 등의 문제가 발생하는 현상을 지칭한다.

년 9월 중국 정부는 국유경제의 전략적 재편이라는 방침을 발표한 바 있다. 국유기업이 주도하는 사업을 ① 국가의 안전에 관련된 산업, ② 자연독점과 과점산업, ③ 중요한 공공재를 제공하는 산업, ④ 기간산업과 첨단산업의 핵심기업으로 한정하고 그 이외의 분야는 민영화한다는 내용이었는데, 이해 관계자들의 반대로 국유기업은 더 이상 민영화되지 못하고 있다.

(2) 정부 역할의 재정립 필요

체제전환 과정에서 가장 중요한 요소 중 하나가 정부와 민간의 역할분담인데 정부로부터 민간으로의 역할 이전, 즉 국유기업의 개혁 이행시간이 길어지면서 경제에 부작용이 나타나고 있다.[34]

- 경제발전이 왜곡되어 비효율이 누적되고 있다. 기득권 집단이 단기간에 이익을 올리기 위해 자원의 대량낭비도 불사하고 고성장을 추구하고 있다.
- 기득권자들은 체제개혁을 자기들에게 유리한 방향으로 왜곡시키는 한편, 자신의 이익을 최대화하기 위해 노력하고 있다. 국유기업의 시장독점의 유지가 전형적이다. 또한 기득권자들이 주요 분야의 개혁을 연기시키면서 개혁에 대한 대중의 열망이 식고 있다.
- 사회계층이 고착화되면서 사회 전체의 활력이 떨어지고 계층 간 갈등이 현저해지고 있다.
- 사회붕괴의 징조가 갈수록 심각해지고 있다. 관료의 부패가 심각하고 일부 지방정부의 권력남용이 눈에 띄고 있다. 권력이 충분히 제약되지 않는 상황에서 사회의 공평과 정의의 유지가 곤란해지고 있다.

34 노무라자본시장연구소 · 關志雄 (2012.10.18), "중국경제의 현상과 과제".

그렇다면 개혁이 필요한 핵심 분야를 개략적으로 살펴보자.

중국 경제가 비약적인 성장을 하게 된 주요 요인 중 하나는 인위적, 동원적 자원배분 등 경제성장을 위한 정부의 주도적 역할이었다. 그런데 경제규모가 커지고 복잡해질수록 정부의 역할은 변해야 한다. 시장경제로 이행할수록 정부의 개입을 가급적 줄이면서 주도권은 민간에게 넘겨주고, 정부는 시장을 보완하는 역할에 머물러야 한다.

한편 시장의 실패가 발생하는 분야는 정부가 과감히 개입하되 집행이 효율적으로 이루어지도록 하는 세심한 배려가 필요하다. 이렇듯 정부와 민간은 역할을 바꾸고 분담해야 한다. 하지만 현재 중국 경제에서는 정부의 개입이 여전히 광범위하고도 과도하다. 반면, 시장의 실패가 드러나는 분야에 대한 정부의 조치는 턱없이 부족한 실정이다.

중국은 정부 역할의 재정립이 대단히 중요한 시기에 접어들었다. 이것은 '중국 모델론'의 핵심 문제로 논란이 많은 분야 중 하나다. 시장경제 체제가 나라와 시대마다 다양한 형태와 특징을 보여 왔지만, 어떤 체제이건 정도의 차이는 있을지언정 공통적인 요소가 있다. 시장경제 도입 초기단계에서 정부의 주도적인 역할이 대단히 효과적일 수 있지만, 경제규모가 일정 수준 이상 커지면 주도권은 창의성과 유연성을 바탕으로 하는 민간으로 넘어가야 하며 정부는 시장의 실패를 시정하는 보완적 역할에 그쳐야 한다는 뜻이다.

중국 경제에 관한 정부의 역할조정과 관련된 주요 문제를 살펴보자.

(3) 기업부문 개혁 : 국유기업 대폭 축소, 진입장벽 대폭 완화를 통한 경쟁 촉진, 민영부문 활성화

중국 체제개혁의 가장 중요한 분야는 국유기업의 개혁이다. 만약 국유기업 개혁에 실패한다면 중국은 중장기적으로 일정 수준 이상의 지속 가능한 성장을 보장받을 수 없다. 나아가 체제마저 불안정해질 수 있다.

국유기업의 병폐를 다시 요약하면, ① 독점유지에 따른 창의력 있는 민영기업의 발전 저해, ② 자금 등 자원의 국유기업 집중으로 인한 자원배분의 왜곡 심화, ③ 독과점을 통해 벌어들인 이윤이 국유기업에게 유보되고 국민경제를 위해 쓰이지 못하는 문제, ④ 독과점인 국유기업이 내수시장에서 너무 쉽게 돈을 벌어 오히려 국제 경쟁력을 거의 상실하는 문제 등이다.

이 결과 비효율이 눈덩이처럼 커지고 있으며, 국제 경쟁력이 없는 국유부문이 이들보다 약 3배의 경쟁력을 갖춘 민간부문을 구축해 경제 전반의 활력을 결정적으로 떨어뜨리고 있다. 현재는 산업별로 진입과 퇴출이 자유롭지 못하게 정부가 강력히 통제하지만, 앞으로는 진입규제를 대폭 철폐 또는 완화해 경쟁을 촉진해야 한다. 중국이 총요소 생산성 주도의 성장체제로 전환하기 위해 반드시 실시해야 할 것이 바로 시장을 경쟁적으로 만드는 것이다.

이와 함께 민영부문을 대폭 활성화시켜야 한다. 민간기업이 자유롭게 창업하고 경쟁을 통해 성장함으로써 토종 대기업이 글로벌 기업이 될 수 있도록 생태계를 조성해야 한다. 이를 위해서는 규제의 철폐와 함께 국유부문에 집중된 자금, 인력 등의 자원이 효율성에 입각해 민간기업에 원활하게 공급될 수 있도록 관련제도가 정비되어야 한다. 아울러 중앙 및 지방정부에 의해 광범위하게 이루어지는 경영활동에 대한 직간접적인 간섭 또한 없어져야 할 것이다.

(4) 금융부문 개혁: 자원배분의 효율성 제고

앞서 정부-국영은행-국유기업의 연결고리로 인한 투자의 비효율성을 살펴보았다. 중국은 투자의 전반적인 효율성을 확보하기 위해 금융부문을 반드시 개혁해야 한다. 금융개혁의 핵심은 정부와의 관계 재정립이다. 자원배분의 왜곡을 개선하려면 은행은 본연의 업무에 충실해야 한다. 시장경제 체제에서 은행의 역할 중 하나는 산업부문이 필요로 하는 자금을 공급하되, 가장 이익이 나는 곳에 돈이 가게 함으로써 나라 전반에 걸쳐 투자의 효율성을 높이는 것이다.

그런데 대부분의 중국 은행은 국영의 형태로 자금공급이 정부의 입김에 크게 좌우된다. 이 결과 자금은 정부가 중요하다고 생각되는 분야, 즉 국유기업이 제시하는 프로젝트에 별다른 점검과정 없이 집중적으로 지원되어 왔다. 이렇다 보니 국유부문이나 정부가 중시하는 전략산업에는 돈이 넘쳐나고, 민영부문에는 항상 돈이 부족하다. 은행 대출금의 90% 이상이 중·대형 기업을 대상으로 하며, 이 중 대부분은 국유기업이다. 반면 민영기업은 제도권 금융기관으로부터는 대출을 받기 어려워 대부분 사금융을 이용한다.

제도권 금융의 문턱이 높았던 1970~80년대의 우리나라에서도 명동 사채시장이 크게 번성한 적이 있다. 이른바 지하경제가 광범위하게 존재했던 것이다. 당시 우리나라도 정부-대기업-은행의 유착으로 부족한 자금의 대부분이 대기업으로 갔다. 중국에서도 유사한 현상이 벌어지는데, 다만 사금융의 형태가 우리와 다를 뿐이다. 중국 사금융에서 돈줄(錢主) 역할을 하는 주체는 대부분 중·대형 기업이라고 한다.

창의력 있는 민간부문에 돈이 흘러가도록 하려면 정부의 영향력에 좌우되지 않는 독립된 상업은행이 독자적으로 판단해 대출할 수 있는 시스템이 마련되어야 한다.

(5) 생산요소 시장의 개혁: 노동시장과 토지시장

중국 체제개혁의 2가지 핵심요소는 국유기업 개혁과 생산요소 시장의 개혁이다. 생산요소 중 금융시장 개혁은 앞에서 다루었으므로 여기서는 노동, 토지시장의 개혁만 살펴보기로 한다.

① 노동시장 개혁

중국 경제는 지역별로 차이는 있지만 전반적으로 인력공급에 애로를 겪고 있다. 중국의 도시화율은 선진국 수준에 비해 턱없이 낮은 약 50%로, 겉으로는 농촌인구의 도시유입 여지가 아직 많다고 할 수 있다. 하지만 이를 결정적으로 방해하는 중요한 요인 중 하나가 후커우(戶口, *hukou*) 제도다.

후커우 제도는 전 국민을 농촌호구와 도시호구로 양분하고, 복지혜택을 호구 등록지에서만 받을 수 있도록 제한하는 제도다. 따라서 농촌호구를 가진 사람이 도시로 이주할 경우 해당 도시에서는 호구등록을 해주지 않는다. 호구 등록수가 많으면 그만큼 복지비용이 더 들기 때문인데, 이를 감당할 재정적 능력이 부족하고 또 해당 도시주민들도 이를 강력히 반대한다. 사정이 이렇다 보니 도시로 이사 온 농촌호구를 가진 사람은 주택, 의료, 교육, 보험 등 사회서비스 혜택을 전혀 받을 수 없다.

우리는 중국 TV를 통해 참으로 어려운 생활을 하는 이른바 '민공'(民工)의 실상을 심심치 않게 본다. 이들의 불만은 대단해서 '농촌호구를 가진 사람은 2등 국민이냐', '똑같은 중국 국민이 왜 차별대우를 받아야 하는가' 하는 생각을 가진다.

후커우 제도 등 때문에 중국의 경제성장 과정에서 인구이동 비율은 19.5%에 지나지 않았다.[35] 참고로 한국은 45% 수준이었다. 중국 정부가 후커우 제도를 개혁하려는 시도를 여러 번 했지만, 이를 위해서는 재정제도를 대폭 손질해야 하고 이해관계가 다른 도시, 농촌주민들의 동의를 얻어야 하기 때문에 진전을 보지 못하고 있다. 만약 후커우 제도가 그대로 존속한다면, 중국은 요소투입형 성장 여지를 그만큼 없애는 결과를 초래해 성장 잠재력을 해칠 것이다. 결국, 중국 정부는 후커우 제도를 단

35 The World Bank (2012), "China 2030".

계적으로 개혁해 노동자의 자유로운 이동을 보장해야 한다.

한편, 도시로의 인력이주를 원활히 하기 위한 또 다른 요소는 순조로운 도시건설 및 관련 인프라 구축이다. 현재 중국의 도시화율은 약 50%이며, 2030년 즈음이면 이 비율이 거의 전체 인구의 2/3 수준까지 급증할 것으로 전망된다.

이는 도시 거주자들이 매년 1천 3백만 명씩 늘어난다는 것으로 도쿄 또는 부에노스아이레스 급의 도시가 매년 하나씩 생겨난다는 뜻이다.[36] 중국의 순조로운 도시건설은 농촌인구를 수용할 수 있는 공간을 확보하는 차원에서도 필요하지만 경제성장, 산업발전, 국민생활의 질 향상을 위해서도 무척 중요하다. 물론 이를 위해서는 하드웨어적인 건설뿐 아니라 보건, 교육, 에너지, 통신 및 지식기반 생산 집적지, 연구센터 등 인프라가 복합적으로 갖추어져야 한다.

② 토지시장 개혁

토지시장 개혁은 근본적으로 토지 소유권에 대한 개인의 권리를 얼마나 인정해줄 것인가 하는 문제로 귀결된다. 토지 소유권에 영향을 주는 정책 가운데 특히 3가지 핵심과제를 꼽을 수 있다.[37]

첫째는 농촌 토지 소유권에 대한 불충분한 보장이다. 농촌가구들은 계속해서 약한 형태의 토지 권리를 보유하고 있으며, 종종 몰수의 위험에 직면한다. 또한 지방정부 차원에서의 통제, 토지권의 문서화 그리고 점점 증가하는 시민들의 권리에 대한 관심이란 측면에서 난제들이 산적해 있다.

둘째는 농촌 토지를 도시의 이용을 위해 전환하는 과정에서 발생하는 문제다. 중국 지방정부의 주요 재원은 도시개발 등 토지개발 프로젝트

36 앞의 글.

37 위의 글.

에서 나왔다. 즉, 정부는 도시 이용목적의 농경지 수용권을 독점으로 보유하고 있고, 토지 취득가격은 현재의 농지가치다. 이 가격으로 매입해 개발이익을 포함한 시장가격으로 되팔아 그 차익으로 공공 인프라를 제공하고 있다. 그런데 이 과정에서 정부의 권리 또는 권한은 대단히 포괄적이고 강력하나 집행과정이 매우 불투명하다. 그러다보니 농촌주민들의 불만은 쌓일 수밖에 없다. 전국적으로 지방정부와 농촌주민 사이에 갈등이 빈번한 이유도 주로 토지개발 때문이다.

셋째는 토지가 수익원으로 사용되는 것은 물론 지방정부 대출의 제약을 피하기 위해 설립된 특수목적 회사의 대출물로 사용되는 것이다. 중국국가심계서(National Audit Office)는 이러한 지방정부의 관련 부채가 2010년 말을 기준으로 10조 위안을 넘어선 것으로 추산하는데, 문제는 부채의 상당 부분이 회수 불가능하다는 점이다.

이런 과제들은 체제개혁을 위해 반드시 필요한 사항인 동시에 농촌-도시 간 불균형 해소를 위해 매우 절실한 과제라고 할 것이다.

③ R&D 시스템 개혁[38]

〈그림 2-1〉에서 보는 것처럼 국가혁신 시스템의 핵심주체는 기업이다. 기업 이외의 주체로는 대학, 공공 및 민간 연구기관, 정부를 비롯한 기타 공공기관과 산업별 단체 같은 지원기관 등이 있다. 기업을 중심으로 한 이들 기관은 지식을 창출, 확산 및 사용하는 과정에서 서로 상호작용하면서 혁신을 창출한다.

이러한 혁신 시스템은 각국의 특수성을 반영하는 경제 시스템에 의해 직간접적인 영향을 받는데 거시경제 정책, 상품시장 및 생산요소 시장의 여건, 교육 및 훈련체계 및 통신 인프라 등이 그것이다. 한편, 혁신

38 R&D 시스템 개혁은 체제개혁과는 다소 무관하나, 총요소 생산성 위주 성장을 위해서는 필수 불가결한 과정이므로 여기서 다루기로 한다.

〈그림 2-1〉 국가혁신 시스템과 혁신 주체들의 연계

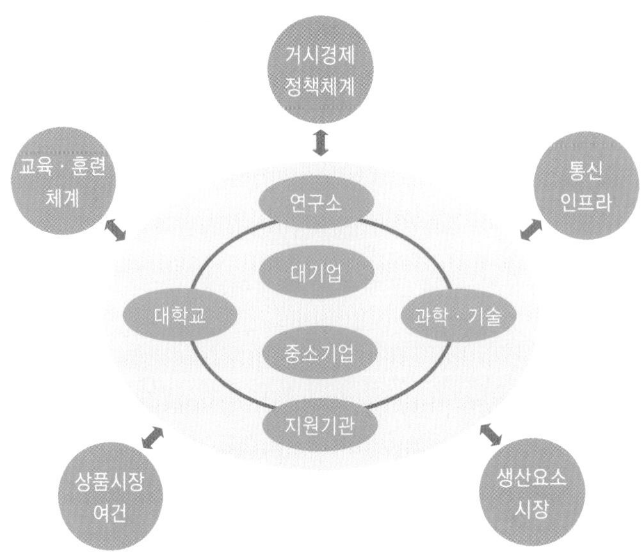

시스템은 기본적으로 국가단위로 존재하지만, 지역단위 혹은 더 좁게는 집적지(클러스터) 단위로도 존재한다.

거시경제 정책, 상품시장 등이 유리한 환경을 조성하고, 혁신주체 간 상호작용과 공동학습이 원활하게 이루어져 혁신의 원천인 각종 지식이 선순환적으로 누적되면 해당 집적지, 지역 또는 국가의 노동 생산성과 경쟁력은 장기적으로 향상되어 고용창출 및 경제성장에 기여하게 되는 것이다. 그런데 이런 혁신의 성과를 거두기 위해서는 〈그림 2-1〉과 같은 형태로 R&D 시스템을 다시 짜야 한다. 중국은 R&D 시스템 곳곳에 아직 사회주의 체제의 요소가 많기 때문이다.

첫째, 국가혁신 시스템에서 가장 중요한 주체는 정부 또는 정부 연구소가 아닌 기업이다. 향후 중국 정부는 R&D 시스템 개선 시 이 점을 항상 염두에 두어야 한다. 기업이 시장의 니즈(*needs*)를 파악해 반영함으로써 지속적으로 혁신에 임할 수 있도록 해야 한다. 현재 중국은 혁신을 할 수 있는 역량과 혁신하려는 의지를 가진 기업이 극소수에 불과하다. 혁신 시스템에서 가장 간과되는 부분 중 하나이다. 기본적으로 시장 자체가 경쟁적이지 않기 때문이며 대부분의 기업들은 혁신역량을 갖추고 있지 못하다. 중국 정부는 혁신할 수 있는 여건을 조성하는 한편 기업들이 혁신역량을 갖출 수 있도록 도와야 한다.

형식적으로 R&D를 하면서도 성과는 거의 없는 국유기업을 대폭 민영화하는 한편, 민영기업이 R&D 활동을 통해 혁신에 나설 수 있도록 해야 한다. 특히 창의력 있는 중소기업을 육성해야 하는데 신흥산업에서 중소기업의 역할은 특히 중요하다. 이를 위해서는 2가지 요소가 필요한데, 하나는 돈과 인력이 이들에게 흘러가도록 제도를 개선하고, 또 다른 하나는 지역별로 이들 기업의 혁신역량을 돕는 지원 시스템을 구축하는 것이다.

이와 함께 국가혁신 시스템에서 중국에 없는 것이 기술확산 시스템이다. 새로운 기술을 개발하는 것도 중요하지만, 개발된 기술이 확산되거나 상업화되지 않으면 그 효과가 매우 한정적이라는 사실은 이미 여러 나라의 실증연구에 의해 밝혀진 바 있다. 특히 중국은 나라가 크고 산업 간 편차가 심하기 때문에 선도그룹에서 창출한 혁신성과가 여타 부문으로 확산되기까지는 많은 시간과 복잡한 경로가 필요하다. 이 점은 곧 다른 나라보다 왜 중국에 더욱 정교한 기술확산 시스템이 필요한지를 설명해주는 대목이기도 하다. 참고로 기술확산 정책의 유형을 보면 ① 특정 기술의 채택 및 이전의 개선, ② 기업 자체의 흡수, 혁신능력의 제고, ③ 기업 간 상호협력 및 교류강화, ④ 기업과 대학, 연구기관 간 상호협력 및 교류강화 등으로 나눌 수 있다.

둘째, 대학은 고급인력 양성, 기초기술의 축적 및 체계화, 산업기술 개발 기여 등을 수행하는 가장 중요한 혁신주체 중 하나다. 중국 대학은 인력양성의 질적 측면에서 선진국과 격차를 보이는 만큼 이에 대한 노력을 강화해야 한다. 또한 대학 간 격차가 대단히 큰 만큼 산업계에 대한 기여 측면에서 인식개선 및 산학협력 등 관련제도를 서둘러 정비해야 한다. 우리나라도 마찬가지지만 중국의 지방대학은 자신을 혁신의 허브로 삼고 지역특성을 반영해 산업을 발전시켜 나가는 전략을 강구해야 한다.

셋째, 정부 연구소는 기초연구를 담당하는 연구소와 산업계, 특히 중소기업을 지원하는 연구소로 나뉘는데, 중국은 거의 대부분 전자에 해당된다. 그나마도 산업계와의 교류 없이 연구를 위한 연구를 수행하는 경우가 많다. R&D 효율성 제고를 위해서는 정부출연 연구소의 대대적인 개혁이 필요하다.

넷째, 기업-기업, 기업-대학, 기업-연구소 또는 기업-대학-연구소 간 상호교류 및 학습에 의해 혁신을 만들어가는 시스템을 구축해야 한다. 여러 나라의 실증연구에 따르면, 기업과 기업 간 상호교류 및 학습에 의한 혁신효과가 가장 크다. 조립기업과 부품기업, 완성품 기업과 장비기업, 소재기업과 부품기업 등 기업 간 상호교류와 학습이 자연스럽게 이루어지도록 제도적 정비가 필요한데, 중국은 특히 외국계 기업과 토종기업 간 교류를 촉진해야 한다.

다섯째, 혁신에 필요한 다양한 과학, 기술 인프라가 구축되어야 한다. 과학, 기술 인프라에는 인력, 정보, 연구장비 및 시험·평가 설비, 표준화 관련제도, 컨소시엄, 테크노파크 등 기술연구의 집단화, 기술지도 및 창업보육, 기술협력 기반 등이 포함된다. 현재 중국에는 이러한 과학, 기술 인프라가 턱없이 부족한 실정이다.

마지막으로 정부의 R&D 시스템을 정비해야 한다. 여러 가지 문제가 있지만 3가지만 지적하고자 한다.

첫째, R&D 관련정책과 다른 정책과의 연계 및 조화가 부족하다. R&D 정책 및 예산은 경제성장과 국민생활의 질을 향상시키는 국가목표와 깊은 연관성 아래 추진되어야 하는데, 중국 정부의 정책은 다른 정책과의 긴밀한 사전협의와 조정과정을 거쳤다고 보기 힘들다.

둘째, 중국은 R&D 정책과 제도, 관련 프로그램이나 프로젝트의 성과와 결과를 심사, 평가하고 이를 피드백하는 시스템이 부재하다. 이러한 심사, 평가 및 피드백 시스템이 없으면 투자를 아무리 많이 하더라도 밑 빠진 독에 물 붓기 식으로 효율성을 담보할 수 없다. 중국 정부는 R&D 심사 및 평가 시스템을 반드시 구축해야 한다.

〈그림 2-2〉 국가혁신 시스템 구축을 위한 과제

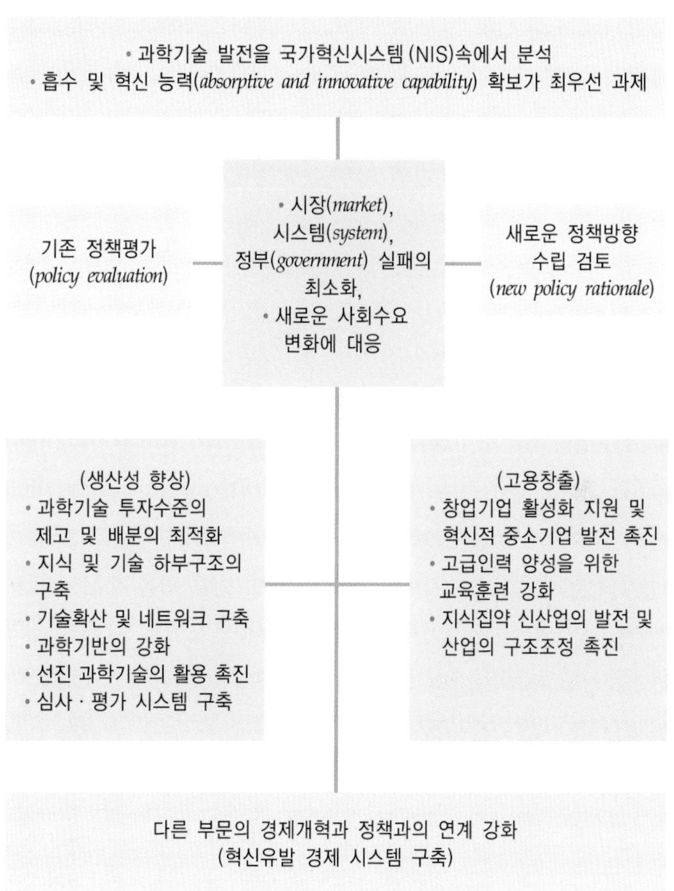

셋째, R&D 관련 정부부처 및 기관의 정비다. R&D 정책 및 예산집행이 여러 부처와 기관으로 분산되어 있는데, 이들 간 깊은 조율이 부족해 보인다.

이상의 것들을 도표로 정리하면 〈그림 2-2〉와 같다.

6) 환경, 자원 소모적 성장의 한계

마지막으로 환경과 자원 측면에서 중국 경제성장의 한계를 간략히 살펴보기로 한다. 밝은 면이 있으면 바로 그 뒤에는 어두운 면이 있고, 화려한 도심의 이면에는 그 도시가 배출하는 쓰레기를 치우는 곳이 있기 마련이다. 중국에게 30년에 이르는 비약적인 성장의 시간이 있었다면, 그 시간만큼 엄청난 환경의 파괴와 자원소모가 있었다. 자원문제가 심각하고 세계 경제에도 결정적인 영향을 미치고 있다. 중국은 구리, 철광석, 알루미늄의 세계 최대 수입국이다. 에너지 소비에서도 미국에 이어 세계 2위인데, 에너지의 70%를 석탄을 사용하는 화력발전으로 감당하고 있다.

가장 큰 우려는 중국인의 소득증가로 미국 수준의 1인당 자동차 보유수준이 된다면 중국의 자동차 보유대수는 11억 대가 되는데, 이는 현재 세계 전체의 8억 대를 훌쩍 넘어서는 수치다. 이런 시나리오라면 중국은 매일 9천 9백만 배럴의 석유를 소비해 전 세계 하루 석유 생산량인 8천 4백만 배럴(2006년 기준)을 초과하게 된다.[39] 국제유가는 현재보다 2~3배 뛸 것이고, 석유뿐만 아니라 모든 자원이 중국의 수요를 감당할 수 없다. 따라서 중국의 자원소모적 성장전략은 얼마 가지 않아 한계에 봉착할 것으로 보인다.

---

39 Martin Jacques (2009), *When China Rules the World*.

중국의 환경문제도 더 이상 경제성장의 뒷전으로 치워둘 수만 없는 상황이 된 지 오래다. 지난 30년 동안 자원소모적이며 집약적인 경제성장을 하는 동안 환경도 그만큼 빠른 속도로 파괴된 것이다. 이 결과 수자원 부족현상이 점차 심화됐으며, 전체 강물의 3/4 정도가 이미 식수로 사용할 수 없고 낚시도 할 수 없게 됐다. 마구잡이식 벌목이 성행하고, 세계에서 가장 오염된 20개 도시에 중국이 무려 16개가 포함될 정도다.[40] 전 국토의 1/3에 해당되는 지역에 산성비가 내리고, 1/4이 사막화됐으며, 절반 이상의 국토가 메마른 땅이다.

다행히 중국 정부가 자원과 환경문제를 깊이 인식하고 이를 극복하기 위한 노력을 하고 있고, 다양한 정책들이 12·5 계획에 반영되어 있다. 이런 노력이 착실히 진행된다면 중국은 오히려 차세대 에너지 분야에서 선두로 나설 가능성마저 있는데, 이는 차세대 에너지에 대한 거의 모든 실험이 중국 내에서 이루어지기 때문이다.

---

40 앞의 책.

3. 중국 경제의 미래

1) 중국의 목표

중국의 목표는 명확하면서도 매우 높다. 신중국 건국 100주년인 2050년에 초강대국으로 부상하는 것이다. 과거 세계 최고 선진국이던 '중화'(中華)의 영광을 재현하고자 하는 것이다. 즉, 청나라 말기부터 서구 선진국과 일본으로부터 겪었던 굴욕감을 완전 씻어내고 과거의 영광과 자존심을 되찾고 싶어한다.

2008년 경제위기 이후 중국은 미국식 발전모델을 추종하던 것에서 독자모델을 추구하는 등 세계 경제에서 차지하는 위상의 대폭적인 강화와 함께 자신감도 상당해졌다. 중국은 현재 경제대국에서 경제 강대국을 거쳐 경제뿐 아니라 정치·군사적으로도 초강대국으로 도약하려는 의도를 만천하에 드러내고 있다.

과연 중국은 목표와 기대대로 세계 초강대국이 될 수 있을까? 여기에는 극단적인 낙관론, 온건한 낙관론, 온건한 비관론 그리고 극단적인 비관론 등 매우 다양한 의견이 있다. 낙관론과 비관론의 근거를 살펴보면 다음과 같다.

낙관론

- 13억의 인구를 바탕으로 한 성장 잠재력
- 미국·유럽 등 서구 자본주의의 쇠퇴와 중국 등 신흥국의 발전
- 중국식 체제의 효율성
- 5천 년 중화문명에 체화된 세계 경영역량

비관론

- 요소투입형 성장 등 지속성장의 구조적 한계
- 체제전환의 미흡으로 인한 혁신 유인의 구조적 미작동 및 만성적 · 구조적 부패 등 경제 역동성 약화
- 경제발전에 따른 국민들의 정치 · 사회적 체제개편 요구의 폭발 가능성
- 미국 등 선진국들의 견제

미래를 예측하는 것은 대단히 어렵다. 어쩌면 불가능한지도 모르겠다. 특히 현재 시점에서 중국의 앞날을 전망한다는 것은 사실상 불가능하다. 워낙 큰 나라인데다 미래에 영향을 미칠 변수도 많기 때문이다. 더욱이 이 변수들 하나하나가 전망하기 힘들고, 변수들 간의 상호작용까지 분석하기란 더더욱 어렵다. 중국 경제에 변수가 많기 때문에 극단적인 낙관론과 극단적인 비관론처럼 정반대의 의견이 공존하는지도 모른다. 그럼에도 불구하고 중국의 미래를 현재의 지식과 현지 전문가들의 직관력 등을 총동원해 전망해보기로 한다.

우선 중국에서 가장 영향력이 큰 정부의 고민을 알아보는 것이 중요한데, 고민의 대부분이 12 · 5 계획에 담겨 있다. 지금부터 12 · 5 계획의 관련부문을 살펴보자.

2) 12차 5개년 계획의 목표와 주요 내용[41]

제 12차 5개년 계획은 전체 16편의 주요 방침으로 구성된 가운데, 제 1편에는 5개의 정책기조를 비롯하여 24개의 수치목표, 유효한 소비수요 확대 메커니즘 구축 등 10개 정책목표 등이 언급되어 있다. 제 2편에는 농업, 서비스업 및 국방 현대화 등에 이르기까지 비교적 구체적인 내용이 언급되어 있다. 여기서는 12 · 5 계획의 기본방향에 대해서 간략히 살

41 김화섭 (2011.11), "중국 제 12차 5개년 계획 방향과 우리의 대응".

펴보기로 한다(부문별 계획은 '부록 1' 참조).

한편, 5대 정책기조는 내수시장 확대, 녹색경제, 고부가가치 경제구조, 조화로운 사회 건설 그리고 개혁개방 심화 등으로 나누어진다.

(1) 내수시장 확대

제 12차 5개년 계획의 주요 발전목표는 '경제성장 모델의 전환'을 가속화하는 데 중점을 둔다. 경제성장 모델의 전환이란 성장중시형에서 내수주도형으로 발전 모델을 전환하겠다는 것을 의미한다. 구체적으로는 중국 내수시장의 거대한 잠재력을 끌어올려 국민생활을 개선하는 데 중점을 두겠다는 입장이다.

중국은 2008년부터 각종 소비자극 정책(가전하향 운동 등)을 실시해 왔지만 모두 재정지출에 의한 한시적인 소비 진작책이었다. 제 12차 5개년 계획기간 동안에는 보다 장기적으로 소비확대를 실현하기 위해 도시 및 농촌주민의 소득향상에 초점을 두었다. 이에 따라 중국 정부는 이미 최저임금 인상, 개인소득세 면세점 제고 등 가처분소득 증대에 힘을 기울이고 있다. 서비스업의 발전에도 11·5계획에 이어 지속적으로 중점을 두고 있다.

특히 서비스산업은 고용 흡수율이 높기 때문에 서비스산업의 발전은 고용인구의 증대로 인한 소비증대를 가져올 수 있으며, 나아가 내수시장 확대에도 기여할 것으로 기대된다. 한편, 2008년 국제 금융위기 이후 수출환경이 악화되면서 대외의존적인 경제발전 전환의 필요성을 절감하기도 했다.

(2) 고부가가치 경제구조

고부가가치 경제구조로의 이행에서는 11·5계획과 마찬가지로 과학기술의 발전과 인재육성에 중점을 둔다. 구체적 수치 목표에서도 11·5 계획과 마찬가지로 GDP 대비 R&D 비중 그리고 교육 관련내용이 주를 이룬다.

뿐만 아니라 11·5 계획에서는 볼 수 없었던 '고등교육 진학률'과 '인구 1만 명당 발명특허 취득 수'가 새롭게 추가되었다. 또한 11·5 계획에서의 '평균 교육연수'라는 비강제성 항목이 12·5 계획에서는 9년 의무교육이라는 강제성 항목으로 변경되기도 했다. 한편 11·5 계획에서 'GDP 대비 R&D 비중 2%' 목표는 달성하지 못한 항목이다. 그럼에도 불구하고 12·5 계획에서는 2.2%라는 더 높은 목표치를 정해두었다. 이는 과학기술의 중요성을 반영하여 매년 그 비중을 높여가겠다는 의도로 보인다.

또한 과학기술 및 R&D의 성과물을 산업현장에 적용하겠다는 내용도 포함한다. 전략적 신흥산업의 육성전략이 바로 그것이다. 전략적 신흥산업 육성전략은 바이오 및 신에너지 자동차 등 7개 산업으로 구성되어

〈표 2-15〉 7대 전략적 신흥산업의 주요 내용

신흥산업	주요 내용
에너지 절약 및 환경보호	· 효율적인 에너지 절약 · 환경보호 및 자원순환을 활용한 산업화 추진
차세대 정보기술	· 차세대 이동통신망 및 인터넷 핵심장비 R&D 강화 · 집적회로, 평판 디스플레이 정보 서비스 등 산업기지 건설 등
바이오	· 기술개발 및 상용화 확대를 통한 바이오제약 및 의료설비 산업 육성 등
첨단장비 제조	· 각종 항공기 제조설비 경쟁력 강화 · 위성기술 장비 R&D 강화 · 지능화 통제 시스템을 통한 고속열차 및 도시철도교통 장비 발전 등
신에너지	· 태양, 풍력, 해양, 지열 등 친환경에너지 기술 개발 · 생물에너지 시범 운영
신소재	· 탄소섬유 등 고성능 복합소재 상용화 확대 등
신에너지 자동차	· 하이브리드카, 수소 및 태양 등 연료전지 자동차 R&D 및 상용화

자료: 김화섭 (2011.11), "중국 제12차 5개년 계획 방향과 우리의 대응".

있다. 중국 당국은 전략적 신흥산업 육성전략을 통해 향후 새로운 산업구조 및 경제성장 단계로 진입할 것이라고 기대한다. 동 산업의 GDP에 대한 비중을 현재의 2%에서 2015년 8%까지 높인다는 계획도 수립했다. 즉, 고부가가치로의 이행을 위해서는 전통 산업구조의 고도화뿐만 아니라 차세대 산업의 육성 또한 필요하다는 것이다.

(3) 조화로운 사회 건설

조화로운 사회 건설에서 중요한 목표는 각종 격차해소 및 민생안정이다.[42] 지금까지의 고도성장은 소득격차 및 지역 간 발전격차를 더욱 확대하는 결과를 초래했다. 국가통계국 발표에 의하면, 소득의 상위 10%와 하위 10% 간 1인당 연간 가처분소득 격차는 1991년 약 3배에서 2009년에는 9배로 확대된 것으로 나타나 이러한 상황을 극명하게 드러내고 있다. 도시와 농촌 간 소득격차를 보면, 2010년 기준 도시 1인당 가처분소득은 19, 109위안으로 농촌 1인당 순소득 5, 915위안의 약 3. 2배에 달한다. 이러한 격차는 주민들의 불만을 더욱 고조시킬 수 있는 요인이 될 수 있다.

이에 따라 12 · 5 계획에서는 소득 재분배와 관련된 사항이 중요 의제로 대두되었다. 12 · 5 계획에 농촌발전, 연금, 의료, 취업, 주택 및 소득증대 등과 관련된 내용이 다수 포함된 것이 이를 반영한다. 특히 주택과 관련해서는 도시 보장성 주택건설 목표를 명기했으며 이를 예측성이 아닌 강제성 조항에 포함시키고 있다.

한편 12 · 5 계획에서는 차세대 서부 대개발 추진, 동북지역 노후공업지역의 전면적인 진흥, 중부지역 굴기의 대대적 촉진으로 대표되는 지역발전 전략을 11 · 5 계획 때보다 적극적으로 실시하며, 옛 혁명 근거지,

---

42 이는 '11 · 5 계획'과 다르지 않다.

소수민족 지역, 국경지역 및 빈곤지역에 대한 지원도 강화하기로 했다. 합리적인 도시화 정책을 지속해서 추진한다는 내용도 포함되어 있다.

특히 이 내용에는 농업(농촌) 인구의 도시로의 안정적 전환을 촉구한다는 내용도 담겨 있어 농촌과 도시를 구분하는 호구제도의 변화를 기대하게 만들고 있다.

(4) 녹색경제

성장모델 전환의 일환으로서 에너지 절약과 환경보호는 중요한 항목가운데 하나로 자리 잡고 있다. 향후 5년 동안 GDP 단위당 에너지 소비량을 16% 감축한다는 내용이 가장 큰 관심을 끈다.

중국 정부는 이미 제 11차 5개년 계획에서 고성장에 수반된 대량의 자원소비 및 환경파괴를 반성하고 경제성장의 패턴을 자원절약형과 환경친화형으로 전환한다는 방침을 제시한 바 있다. 이번 제 12차 5개년 계획에서는 이를 실현하기 위한 구체적 정책을 제시했다. 이번 계획의 수치목표에는 종전 11·5 계획에서는 볼 수 없었던 '비화석 에너지가 제 1차 에너지 소비에서 차지하는 비중', 'GDP 단위당 이산화탄소 배출량' 항목이 새롭게 추가되었으며 '주요 오염물질 배출총량 감소'의 규제 범위가 확대되었다.

특히 이들 항목은 모두 강제성 항목으로 지정되었다. 제 12차 5개년 계획은 자원, 환경보호와 관련하여 중요한 광물자원의 보호 및 채굴관리를 강화한다는 방침도 표명하고 있는 등(제 23장) 12·5계획의 전체 60개 장 가운데 7개 장이 녹색성장과 관련되어 있다. 이는 녹색성장에 대한 중국 당국의 강한 의지를 엿볼 수 있는 대목이다.

(5) 개혁개방의 심화

중국은 개혁을 시작한 지 30년이 지났지만 아직도 경제・사회 전반에 걸쳐 미진한 부분이 많다고 보고 12・5 계획 기간 동안에도 지속적인 개혁을 실시할 것임을 천명하고 있다.

분야별로는 국유기업 개혁을 비롯하여 행정체제 개혁, 재정체제 개혁, 금융체제 개혁 그리고 자원성 상품가격 형성과 환경보호 요금체제 개혁 등을 강조하고 있다. 국유기업 체제개혁에서는 '신 36조'[43]보다 적극적인 추진이 예상된다. 이처럼 다방면에서 개혁을 추진할 것임을 천

〈표 2-16〉 12 · 5 계획 5대 정책기조와 주요정책

	내수시장 확대	녹색 경제	고부가가치 경제	조화로운 사회	개혁 · 개방 심화
목적	· 내수의존 가속화 (균형성장)	· 자원, 환경친화적 에너지 절약 성장 모델	· 혁신 및 R&D에 의한 성장	· 각종 격차 해소 및 민생안정	· 시장기능 강화 · 호혜공영적 대외개방
주요 목표		· 경제성장 잠재력 극대화	· 과학기술 진흥 · 인재강국	· 농촌소득 증대 · 합리적 소득 재분배 · 낙후지역 개발	· 국유기업 개혁 · 수출구조 고도화 · 글로벌 생산체제 구축
주요 정책	· 서비스 산업 발전	· 에너지 절약 · 정책적 업적 평가에 참조	· 발명특허 확대 · R&D 투자 지출구조의 합리화 · 7대 신흥전략 산업 육성	· 사회보험 확충 · 세제개혁 · 보장성 주택 · 3농정책 지속 · 호구제도 개혁 · 도시화	· 재정개혁 · 해외투자 (업종) 다변화

주: 주요 정책에 나타나는 주요 내용은 해당 기조에만 국한되는 것은 아님. 예를 들어 사회보험 확충과 관련된 정책은 조화로운 사회건설에만 국한되지 않고 내수시장 확대와도 연계되며, 도시화 정책 역시 내수시장 확대와 연계되어 있다는 의미임.

자료: 김화섭 (2011.11), "중국 제12차 5개년 계획 방향과 우리의 대응".

43 민간투자를 유도하기 위해 국유기업의 독점이었던 석유, 광산자원, 철도, 통신 및 금융 등의 업종을 민간기업에 개방한다는 내용을 포함한 것으로 일종의 국유기업 개혁이다.

명하지만 해외에서 특히 관심을 가지고 있는 정치개혁에 대해서는 거의 논의되지 않고 있다.

12·5 계획에서는 대외개방 또한 추진과제 가운데 하나로 다루어진다. 수출구조 측면에서 중·고부가가치 제품의 비중을 확대하고, 생산을 비롯한 설계 R&D 및 영업 등에서 자주화를 강화한다는 내용을 담고 있다. 아울러 중국 기업의 해외투자에 대해서는 자원확보를 위한 단순투자에서 벗어나 글로벌 차원에서 생산, 인력, 자원 및 물류 등을 재배치하는 글로벌 생산체계를 구축하겠다는 의견이 제기되는 것으로 보아 수출뿐만 아니라 투자 또한 대외개방의 중요 수단임을 나타낸다.

3) 지속적 경제성장을 할 수 있을까?

중국 경제는 지난 30년간 비교적 순탄하게, 특히 2000년 이후 매우 빠르게 발전해 왔다. 그러나 앞으로도 이럴 것이라는 기대는 접는 게 좋을 것 같다. 중국 경제는 앞에서 지적한 대로 수많은 도전과제를 앞두고 있는데, 이를 극복하는 과정에서 많은 우여곡절을 겪을 것으로 보인다.

물론 중국 경제의 장기적인 성장추세는 무너지지 않을 가능성이 높다. 다시 말해 지속적인 경제성장 추세는 유지할 확률이 높다는 것이다. 이는 다름 아닌 13억 인구가 가진 잠재력과 중국이 장기적인 성장추세에 확실하게 진입했다는 점 때문이다.

(1) 13억 인구의 잠재력

13억 인구가 가진 규모의 파괴력(*impact*)에 대해서는 앞에서 지적한 바 있다. 즉, 중국의 잠재력 중 가장 주목해야 할 대목은 '13억 명의 소비자'인데, 이 거대시장은 지구 역사상 한 번도 경험해 보지 못한 것으로, 그 충격과 잠재력은 아무도 정확히 예측할 수 없다. 지금까지 중국 소비시장은 그저 잠재력 차원이었을 뿐 그 이상도 그 이하도 아니었다. 그러나 이제 중국 소비시장은 잠에서 깨어나 잠재력 차원을 확실히 벗어나기 시작했다. 한번 시동이 걸린 시장은 앞으로 중국의 가장 강력한 성장동력이 될 것이다. 물론 시간은 걸리겠지만 미국을 제치고 세계 제 1의 소비시장으로 성장할 것이 확실하다.

중국의 산업도 규모의 경제를 바탕으로 지속적인 성장세를 유지할 것으로 예상된다. 특히 13억 소비시장을 배경으로 조립완성품 분야 중심으로 발전할 것으로 전망된다. 산업별로 편차가 있을 텐데, 통신, 전기·전자 분야가 선두그룹이 되고, 자동차 산업이 마지막 그룹이 될 것으로 보인다. 궁극적으로 중국은 세계 제조기지에서 가장 중심적인 위치를 차지하게 될 것이다.

중국의 과학기술 수준과 역할에 대한 전망에도 똑같은 논리가 적용된다. 낙관론과 비관론이 엇갈리지만, 필자의 견해는 궁극적으로 중국의 R&D 규모가 시스템의 비효율성도 압도할 것이라는 점이다. 어마어마한 규모의 돈을 계속 퍼부으면 아무리 비효율적이라 하더라도 수준은 향상될 것이고, 이렇게 되면 후행적으로 고질적인 비효율도 제거될 가능성이 높다. 중국의 재료공학이 특히 발전하는 이유도 이 때문이다. 소재 분야는 효율성과 가장 배치되는 분야다. 경제성만 따지면 소재 분야는 절대 꽃피울 수 없다. 공산국가와 전쟁을 치른 나라가 소재강국이라는 사실이 이를 증명한다.

결국 낙관론의 가장 핵심적인 근거인 13억 명의 잠재력이 비관론의 비효율성과 체제의 한계를 압도해 지속적인 성장을 하게 만들 것이다.

(2) 장기적인 성장추세로의 확실한 진입

동네를 흐르는 조그만 하천은 쉽게 물길을 바꿀 수 있다. 바뀐 물길은 또 다시 금세 새로 바꿀 수 있다. 그러나 조그만 하천에서 강물로, 강물이 모여 바다로, 대양으로 나아갈수록 물길은 쉽게 바뀌지 않을 뿐 아니라, 결국에는 시도조차 불가능하게 된다.

13억 명의 중국은 조그만 강물이 아닌 바다에 가까운 대단히 큰 강물과 같다. 한 방향으로 추세를 잡아 진입하기가 어렵지 한번 진입하면 거대한 추동력 때문에 계속 그 방향으로 가게 된다. 양쯔(揚子) 강의 도도한 물결이 계속 흘러가듯이 말이다. 그래서 중국의 장기적 추세는 30년 동안의 비약적인 경제성장으로 인해 상승 쪽으로 확실히 방향을 잡은 것으로 보인다. 나라가 쪼개질 정도의 결정적인 계기가 있기 전에는 이 추세를 깨뜨리기 힘들 것이다. 크고 작은 잔파도들이 중국의 발전을 다소 지연시킬 가능성은 충분히 있지만, 한번 발동이 걸린 13억 명의 중국이라는 항공모함은 거침없이 계속 발전해 나갈 것으로 전망된다.

성장하는 다양한 상품군을 가진 기업은 그렇지 못한 기업보다 지속적으로 성장할 가능성이 높다. 다양한 상품군을 가진 기업은 한쪽 매출이 부족하면 다른 상품이 대박이 나서 전체 매출수준을 유지하면서 중장기적으로는 발전해 나간다. 이런 관점에서 보더라도 중국은 매우 다양한 성장동력을 지니고 있다. 예를 들면 요소투입형 성장만 보더라도 동부연안지역이 한계를 보이며 허덕이는 반면, 서부지역은 지금 한창 요소투입형 성장을 해나가고 있어 중서부지역의 고도성장이 동부연안의 저성장을 완화하고 있다.

4) 중국 경제성장의 수준과 향후 특징

대다수 전문가들은 중국이 앞으로는 지난 30년과 같은 두 자리 수의 경제성장은 하지 못할 것으로 보고 있다. 국내적으로 고도성장을 할 수 없는 여러 가지 한계가 나타나고 있으며, 대외적인 여건도 과거와 달리 불리하게 돌아가고 있다. 설혹 대외여건이 좋아진다 하더라도 국내 요인들 때문에 고도성장의 가능성은 매우 낮다.

물론 당분간 7~8% 수준의 성장이 예상되지만, 확실한 것은 장기 성장률 수준이 점차 낮아질 것이란 점이다. 세계은행은 현재 8.5% 수준의 성장률이 단계적으로 낮아져 2026~30년에는 5% 수준까지 떨어질 것으로 보는데, 주요 논거는 다음과 같다.

첫째, 요소투입형 성장이 지난 30년간 진행되었지만, 앞으로는 이런 방식이 갈수록 한계를 보일 전망이다. 그간 산업화와 자본축적이 이미 상당부분 진행되어 인력과 자본의 투입 여지가 갈수록 줄어들 것이기 때문이다. 예를 들어 건설투자는 도시화율이 20%에서 50%, 60%, 70%로 점차 높아질수록 감소할 수밖에 없다. 지역적으로도 동쪽에서 서쪽으로 개발지역이 옮겨가면서 요소투입을 통해 성장할 수 있는 지역도 줄어들게 된다.

둘째, 요소투입형 성장을 대체할 총요소 생산성 증가는 이와 비례해 이루어지기 힘들 것이다. 요소투입형에서 총요소 생산성으로의 전환은 말처럼 쉽지 않다. 특히 중국 같은 거대국가는 다른 나라보다 추세를 바꾸기 훨씬 어렵다. 참고로 우리나라도 이 같은 전환이 1990년대에 시작되어 약 20년이 지났으나 아직까지 완성단계에 도달하지 못했다. 중국은 이보다 훨씬 오랜 시간이 걸릴 전망이다.

셋째, 중국은 2015년을 기점으로 노동력 감소가 예상되는 등 고령화가 급격히 진행되고 있다. 경제성장에서는 인구의 증가 및 속도가 결정적인 변수인데, 중국에게 고령화는 장기적으로 성장을 억제하는 가장 중요한 요소가 될 것이다.

향후 중국 경제의 하락추세는 분명한데, 속도와 폭이 어느 정도 될지는 개혁 여부에 달려 있다. 만약 개혁의 추진이 지지부진하다면 일정 기간 7% 내외의 성장을 유지하다가 가파르게 하락할 가능성이 있으며 그 폭도 커질 수 있는데, 이럴 경우 생각지 못한 위기에 처할 수도 있다.

충칭 시 전경

한편, 중국의 경제성장에서 가장 큰 특징 중 하나는 서고동저(西高東低) 현상이 심화될 것이라는 점이다. 요소투입형 성장과 관련, 한계가 뚜렷한 동쪽지역은 과거와 달리 성장률이 대폭 둔화되는 반면, 서쪽으로 갈수록 성장여력이 커 과거 동부지역과 같은 고도성장을 누릴 것으로 보인다. 중국의 서부 대개발은 옛날의 미국의 서부 개척시대를 연상케 한다. 한계를 보이는 동부지역 기업 및 산업을 외국이 아닌 서부지역으로 순조롭게 이전시킬 수 있을지 여부가 성장동력을 유지시키는 관건이 될 전망이다.

서부 대개발의 거점은 바로 충칭(重慶) 시다. 충칭 시는 베이징, 상하이, 톈진에 필적하는 대도시로 중국에서 4번째 관할시로 승격되었다. 요즈음 충칭 시에 가보면 1990년대 초의 상하이가 연상될 정도로 눈부시게 발전하고 있음을 알 수 있다. 충칭 시에서 의욕적으로 추진하는 양강 신도시는 상하이의 푸둥지구보다 더 큰 규모로 건설되고 있어 향후 중국의 새로운 성장엔진 노릇을 할 가능성이 있다.[44] 한창 개발 중인 중·서

44 보시라이(薄熙來) 전 충칭 시 당서기의 실각 이후 양강 신구 추진동력이 약화되었으나, 최근 지린성(吉林省) 서기였던 쑨정차이(孫政才)가 새로 부임하면서 다시 활력을 찾을 것으로 전망된다.

부 지역 때문에라도 중국의 경제성장이 일정수준 이하로 하락할 가능성은 당분간 낮아 보인다.

5) 향후 중국 경제의 위기 가능성

우리가 중국 경제를 전망하면서 하는 질문 중 가장 많은 게 '경착륙할 것이냐, 아니면 연착륙할 것이냐'이다. 하지만 이런 질문은 중국 경제를 전망하는 데 있어서 본질을 벗어난 것이다. 중국 경제전망은 기본적으로 경기변동 차원의 문제가 아니라 중국 경제와 산업 전체의 구조적 문제 그리고 이에 대한 대응에 달려 있기 때문이다. 또한 성장률이 8% 이하이면 경착륙이고 큰일이 나는 것처럼 인식하는 것도 문제다.

향후 중국 경제가 추세적으로 하락할 것은 확실한데, 문제는 떨어지는 속도와 새로운 성장동력의 발굴 여부다. 이 2가지 문제는 앞에서 지적한 국유기업 개혁, 호구제도 개혁, 금융 개혁, 과학기술 및 생산성 혁신 등 수많은 과제와 복합적이면서도 깊게 연계되어 있다.

물론 당분간 중국이 일정 수준 이하의 성장을 할 확률은 높지 않다. 또한 12·5 계획에서 보았듯이 중국 정부는 문제점을 거의 다 파악하고 있으며 개선책도 밝혀놓았다. 그러나 중국이 직면한 문제들은 알면서도 해결하기 어려운 난제들뿐이다. 마치 문제와 대책을 다 알면서도 실행이 지지부진해 어려움에 빠졌던 유럽과 같은 상황이 얼마든지 중국에도 닥칠 수 있다.

(1) 경제성장 저하에 대한 리스크

자전거를 처음 배울 때 누구나 느낄 것이다. 자전거가 앞으로 똑바로 나아가려면 일정 속도 이상을 유지해야 한다. 잘 달리던 자전거도 속도가 너무 떨어지면 옆으로 쓰러지고 만다.

중국 경제의 미래도 마찬가지다. 만약 개혁이 지지부진하거나 줄어드는 투자, 수출만큼 소비가 제 역할을 해주지 못하면, 일정 기간 동안 관성에 따라 기존 성장추세를 유지할 것이다. 그러나 관성의 힘이 끝나는 순간, 성장곡선은 급격하게 꺾일 가능성이 있다.

이럴 경우 상상할 수 없는 결과가 초래될 수 있다. 고성장이 지속되는 시기에는 드러나지 않았던 각종 비효율과 이로 인한 부실, 도시-농촌, 소득 등 각종 불균형이 적나라하게 불거지면서 사회혼란이 야기될 수 있다. 고도성장 과정에서 누적된 부실과 불균형이 어느 정도인지는 쉽게 예측하기 힘들다. 대부분의 전문가들이 이는 중국 정부가 관리 가능한 수준일 것으로 예측하지만, 성장의 하락속도가 빨라질 경우 관리능력도 경제상황에 크게 영향을 받을 수밖에 없어 섣부른 판단은 금물이다.

고도성장시대가 끝나고 성장속도가 하락할 때 경제주체들이 이러한 저성장 기조에 제대로 적응할 수 있는지도 지켜보아야 할 대목이다. 과거 중국 기업들은 특별한 경쟁우위가 없는 제품과 기술만 갖고도 매출과 이익이 매년 20~30%씩 늘어나는 경험을 했다. 하지만 매출과 이익이 대폭 감소하는 상황에 처했을 때 기업들이 받는 충격은 엄청나게 크다. 특히 중국 기업들은 이러한 환경을 처음 겪게 되는 것이다. 한계기업들부터 망하게 되며, 날이 갈수록 망하는 기업이 늘어나게 되며 궁극적으로 혁신을 통해 경쟁력을 확보한 기업만 살아남게 된다. 우리나라 기업들은 이런 환경을 많이 겪어봐서 극복할 수 있는 노하우를 가지고 있다. 하지만 경험이 별로 없는 중국 기업들은 이러한 환경을 겪게 되면 매우 당혹스러울 것이다. 이러한 과정에서 중국이 대응을 잘못하면 큰 혼란에 빠질 가능성도 있다. 중국의 성장 저하속도 문제는 그래서 대단히 중요하다.

(2) 새로운 성장동력 창출 부진에 따른 리스크

대부분의 국가가 요소투입형 성장단계에서 새로운 동력을 개발해 총요소 생산성 단계로 전환하지 못한 채 주저앉고 말았다. 바꿔 말하면 질적 성장단계로의 성공적인 전환은 선진국 진입의 보증수표라고 할 수 있다.

중국은 대국이다. 큰 나라일수록 추세를 바꾸기가 쉽지 않다. 투자-수출 위주에서 소비-투자-수출의 조화로운 성장체제로 전환하는 것도 어려운 과제다. 따라서 양적 성장에서 질적 성장으로, 투자-수출 위주에서 소비 위주 성장으로의 전환은 계획 내지 예상보다 대단히 천천히 진행될 가능성이 높다. 특히 질적 전환, 즉 혁신주도 경제성장 단계로의 전환이 더욱 느릴 것이다.

어쩌면 중국의 개혁은 특별한 계기를 필요로 하는지도 모른다. 가정, 기업, 국가 등 모든 경제주체는 위기에 처했을 때 비상수단을 강구하고 위기에서 벗어났을 때에야 비로소 한 단계 상승한다. 특히 기업은 통상 불황기 또는 위기국면이 닥쳐야 혹독한 구조조정과 함께 체질강화에 나서기 마련이고, 호황기에는 오히려 방만해지기 쉽다. 평상시에 강도 높은 개혁을 하기란 말처럼 쉬운 게 아니다.

중국의 입장에서 국유기업 개혁, 독과점 철폐를 통한 경쟁 제고, 자금지원을 통한 민영기업 육성, 은행 등 금융부문 개혁을 바탕으로 한 자금배분의 효율성 제고, R&D 혁신, 생산성 제고를 통한 산업구조의 고부가가치화, 호구제도 및 토지제도 개혁 등은 추진이 상당히 어려운 고단위 처방이다. 더구나 대부분의 핵심적인 개혁은 현재 사회지도층과 기득권층을 그 대상으로 한다. 예를 들어 개혁 리스트 중 최우선 순위에 있는 국유기업을 들여다보면, 민영화를 포함한 국유기업 자체의 개혁도 중요하지만, 국유기업-은행-정부의 연결고리상에 있는 이해관계자들의 지대(*rent*)의 원천을 제거하는 게 더 중요할지 모른다.

그런데 이런 과제는 개혁주체가 곧 개혁의 대상이기도 해서 실행이 대단히 어렵다. 앞서 지적한 대로 1999년에 국유기업 개혁방침이 정해졌음에도 실천하지 못한 것도 이런 이유다. 병을 치료할 때 뿌리를 제거하지 않으면 치료효과가 없듯이, 중국의 체제개혁도 핵심과제의 개혁이 지연된다면 별 의미가 없게 된다. 시진핑 주석 체제가 들어선 지금 이와 관련된 움직임, 특히 국유기업 개혁을 면밀히 관찰해야겠지만 초기단계에서 강도 높은 개혁이 이루어질 가능성은 낮다고 판단된다.

기업 차원의 변신도 간단한 문제가 아니다. 요소투입 위주의 경영에 익숙한 기업이 R&D 투자, 생산성 향상 위주의 경영으로 단번에 환골탈태하기란 무척 어렵다. 이런 작업은 요소투입에 관한 경영과는 차원이 다르기 때문이다. 1980년대 말의 우리 기업의 대응을 반추해 보면, 향후 중국 기업이 어떻게 대처할지 대략 짐작할 수 있다.

당시 우리 기업들은 급격한 임금상승과 함께 인력공급에 애로가 발생하고 환율까지 하락하면서 가격 경쟁력이 크게 저하되자 이익이 급락하기 시작했다. 즉, 자본 효율성이 급격히 악화됐다. 이때 우리 기업들은 요소 투입에 의한 성장과 경영이 한계에 달했음을 인식하고 정공법인 R&D 혁신, 생산성 혁신을 적극 추진했어야 하지만 그러지 않았다. 오히려 요소투입형 경영전략을 더욱 강화했는데, 너도 나도 추진한 사업다각화가 그것이다. 그리고 이런 행태는 기업부채와 금융권 부실로 이어져 결국 IMF 위기를 불러오고 말았다. 중국 기업도 비슷한 상황에서 유사한 대응형태를 보일 것으로 전망된다. 그래서 기업부문 혁신도 초기단계에는 지지부진할 가능성이 크다고 판단된다.

6) 중국 경제 : 10년 안에 어려움을 겪을 가능성 상존

우리나라는 1980년대 말 '루이스 전환점'을 통과한 후 '중진국 함정'에서 벗어나기 위한 노력을 게을리한 약 10년 후 IMF 위기를 맞았다. 비록

IMF 위기를 계기로 총요소 생산성 위주 성장으로의 전환을 위해 노력하고는 있으나, 여전히 미완성 단계다.

정도의 차이는 있겠지만, 역사적으로 어느 나라나 '중진국 함정'에서 벗어나는 과정에서 고통을 겪었다. 그런데 그 고통은 병이 깊어져서 생기는 아픔이 아니라 도약을 위한 성장통이란 점이며, 중국도 예외는 아니다. 어려움을 겪기는 할 텐데 그 시기가 언제이고 어느 정도로 깊게 진행될지는 쉽게 예측하기 어렵다. 다만 현재의 상황과 여건은 1980년대 말~1990년대의 우리나라보다 양호한 것처럼 보인다.

우리나라는 소국일 뿐 아니라 당시 정부는 문제점과 대책을 제대로 인지하지 못한 채 IMF 위기를 겪었다. 이런 상황에서의 성장통이 국가 위기로까지 몰고 갔던 것이다. 그러나 중국은 무엇보다 당면한 문제점과 대책을 제대로 파악하고 있다. 또한 중국은 대단히 큰 대국으로서 성장통을 완화할 수 있는 여지가 많다고 판단된다. 예를 들면 한창 개발 중인 중・서부지역의 고도성장이 큰 완충역할을 할 것이다. 따라서 중국은 앞에서 지적한 지지부진한 개혁과 새로운 성장동력 창출에 따른 리스크로 인하여 약 10년 후를 전후—시기는 가변적일 수 있음—해서 상당한 난관에 부딪칠 가능성이 높다. 경제성장률의 대폭적인 하락과 함께 기업부도 폭증에 이어 은행부실 등이 발생할 것이나 우리나라처럼 위기로까지 처할 가능성은 매우 낮다고 판단된다. 물론 성장률의 하락폭이 매우 크고 이에 따른 부작용이 증폭된다면 대단히 위험한 상황까지 몰리겠지만, 그럴 확률은 낮아 보인다.

중국이 성장통을 무사히 넘기면, 이를 계기로 각종 개혁이 촉진되면서 장기적으로는 추세적인 성장을 하게 될 전망이다. 그래서 중국의 미래 전망 스펙트럼에 관한 한 필자는 '온건한 낙관론자'에 속한다고 할 수 있다. 5천 년에 걸쳐 이룩한 중국의 잠재력을 높이 평가하기 때문이다.

4. 중국 산업의 발전전망

1) 조립완성품을 중심으로 지속발전 전망

제조업의 가치사슬을 조립-부품-소재로 나눌 때, 산업별 차이가 있을 수 있겠지만 일반적으로 조립 → 부품 → 소재 순으로 산업화하기 어렵고 경쟁력을 확보하기란 더욱 어렵다. 선진국과 개도국을 구분하는 여러 기준이 있지만 소재, 특히 정밀화학 소재 수출국이면 선진국, 수입국이면 개도국으로 분류할 수 있을 정도다. 그만큼 소재산업은 기술수준이 높아 극소수의 국가만이 산업화에 성공했고, 대대손손 그 산업으로 먹고 살고 있다. 이에 비하면 조립완성품 분야는 상대적으로 산업화하기도 쉽고 그만큼 진입장벽도 낮다. 이 때문에 신생산업국은 거의 대부분 전통산업의 조립완성품 분야, 특히 섬유, 신발 업종에서 출발했으며, 기술 및 산업 경쟁력도 이런 분야를 중심으로 생겨났다.

중국도 산업화 초기에는 전통산업의 조립완성품 분야를 중심으로 발전했으며, 2000년 이후에는 첨단 조립완성품 분야까지 나아갔다. 향후 중국 산업은 지금까지의 추세대로 발전할 것이며, 시간은 걸리겠지만 궁극적으로 조립완성품 분야에서 최고의 경쟁력을 확보할 것으로 전망된다.

역사적으로 조립 분야의 경쟁력은 유럽 → 미국 → 일본 → 한국으로 이전했는데, 앞으로는 중국으로 옮겨갈 것이다. 산업별로 속도의 차이는 있을지언정 이런 추세는 현재진행형이며, 일정 수준과 시점을 지나면 가속도가 붙을 것으로 보인다.

〈표 2-17〉을 보면 중국이 2000년 이전에는 주로 노동집약적 전통산업을 중심으로, 2000년 이후에는 규모집약형 일관공정산업과 규모집약적

조립산업 일부에서 경쟁력을 가지면서 우리를 추월했음을 알 수 있다. 최근에는 우리의 주력 수출산업인 규모집약적 조립산업, 특히 IT산업에서 위협을 가하고 있다.

〈표 2-17〉 한국 제품의 세계시장 점유율이 중국에 추월당한 시기

추월년도	추월당한 제품
1996년 이전	플라스틱, 의류, 금속제품(식기류), 목재, 비철금속, 비금속광물, 중전기기 전선 등
2000년	섬유사, 기계류, 가전
2004년	직물, 철강, 컴퓨터, 고무제품, 전자부품, 통신기기, 피혁제품 등
2006년	반도체(집적회로 및 트랜지스터, 다이보드 포함)
2008년	석유화학
2009년	벌크선(선박 자체로는 우리가 앞서지만, 저부가가치선인 벌크선은 중국이 역전하면서 전체적 격차 축소)

주: 전환시기는 품목 분류에 따라 다소 변동이 있을 수 있으며, IT품목 등 일부는 중국내 외자기업 수출분도 포함.

자료: 한국무역협회

〈표 2-18〉 신발 · 의류산업의 중국과 한국의 수출액 추이

신 발

(단위: 억 달러)

구 분	1992	1994	1996	1998	2011
한 국	31.8	17.8	12.4	8.1	4.6
중 국	42.4	60.4	71.0	83.9	417.2

의 류

(단위: 억 달러)

구 분	1990	2000	2005	2010
한 국	78.8	50.3	25.8	16.1
중 국	96.7	360.7	741.6	1,298.3

신발, 의류(봉제) 산업의 예에서 보듯이, 중국과의 경쟁에서 졌을 때 우리 산업이 받는 타격은 존망이 위태로울 정도다. 산업기반이 붕괴됐으며, 부산이나 대구 등 지방경제에도 큰 악영향을 끼쳤다. 그런데 이런 상황이 현재 우리가 주력으로 삼는 수출산업에 나타난다면 치명적일 수밖에 없다. 철저한 대비가 필요하다.

이 같은 사실을 염두에 두면서 중국의 산업별 전망을 몇 년에 걸친 현지조사, 전문가와의 토론 등을 토대로 조심스럽게 해보도록 하자.[45]

우선 패빗(K. Pavitt) 교수에 따르면, 산업군은 〈표 2-19〉와 같이 기술혁신과 경쟁력 결정요인에 따라 다음 5가지로 분류할 수 있다. 〈표 2-19〉를 보면 중국이 어떤 산업군 순서로 발전할지 알 수 있다. 일반적으로 전통 산업군 → 규모집약형 산업군 Ⅰ → 규모집약형 산업군 Ⅱ → 전문가공급자형 산업군 → 과학기반형 산업군 순이다. 물론 특수한 산업은 얼마든지 예외가 있을 수 있다.

중국의 최대 장점은 앞에서 누누이 지적한 대로 13억 명의 인구를 배경으로 한 막강한 소비 잠재력이다. 중국의 산업도 이 힘을 바탕으로 발전해 나갈 것이다. 규모의 경제가 경쟁력 확보와 직결되는 산업을 중심으로 발전할 수밖에 없다. 규모의 경제와 함께 보다 구체적으로 어떤 기준을 가진 산업부터 발전할지 살펴보면 ① 조립부품 수가 적은 분야, ② 표준화된 부품이 많은 분야, ③ 블랙박스 식의 독자기술이 필요하지 않은 분야, ④ 현장의 암묵지(*tacit knowledge*)가 그다지 필요하지 않아 단기간 내 숙련도 확보가 가능한 분야, ⑤ 대만의 협력을 받을 수 있는 분야가 될 것이다.

그렇다면 산업군별로는 어떻게 발전해 나갈지 구체적으로 알아보도

45 일반 독자들은 다소 어려운 내용이 될 수 있지만, 여기서의 분석틀은 영국 서섹스대학 교수인 패빗(K. Pavitt)의 산업분류와 일본 도쿄대학 교수 후지모토 다카히로(藤本隆宏)의 아키텍처(*Achitecture*) 이론을 원용한 것이다.

록 하자. 먼저 우리나라 주력산업이 포진한 규모집약형 조립가공산업부터 살펴보기로 한다.

〈표 2-19〉 K. Pavitt의 산업분류

구 분	내 용
과학기반형 산업군	· 정밀화학, 의약, 항공산업 등이 여기에 속하며 이 산업군은 과학지식(특히 기초과학)이 산업 경쟁력에 결정적으로 작용 · 공식적 연구 · 개발조직에 의하여 기술혁신이 수행되어 대기업 중심의 시장구조가 형성되지만, 벤처기업도 틈새시장에서 기술혁신에 기여
규모집약형 산업군 I (일관공정산업)	· 철강, 석유화학(유리, 시멘트) 산업 등이 여기에 속하며, 이 산업군은 R&D, 생산 등에서 규모의 경제를 확보하는 것이 매우 중요 · 대규모 장치산업이며 혁신성과와 제조공정을 주로 대기업 내부에서 수행
규모집약형 산업군 II	· 자동차, IT산업 등이 여기에 속함. 이 산업군도 R&D, 생산 등에서 규모의 경제를 확보하는 것이 중요하나 일관공정 산업과는 달리 조립 대기업과 부품 · 소재 · 설비 협력기업 간 제품과 공정에 대한 상호교류와 학습에 의한 혁신이 더욱 중요
전문가 공급자형 산업군	· 다양한 자본재(산업기계, 정밀기기)가 여기에 해당 · 수요가 한정된 특정 기종의 설계 · 제작에 특화하여 전문지식과 기술 노하우를 축적하는 중견 · 중소기업이 수요자가 요구하는 특수 사양의 제품을 설계 · 제작하므로 비공식적인 기술 노하우(특히 암묵지, *tacit knowledge*)의 축적에 의해 혁신 유발
전통산업군	· 의류 등 섬유산업, 신발, 가구, 인쇄산업 등이 여기에 해당 · 가격 경쟁력이 중요하며 혁신도 주로 공정혁신 중심이기 때문에 장비가 중요

2) 산업별 발전전망

(1) 규모집약형 조립가공산업(IT 및 자동차산업)

① 가전산업

규모집약형 조립가공산업은 규모의 경제가 작용함과 동시에 조립 대기업과 부품·소재·장비 협력업체 간 상호협력과 학습을 통한 혁신 네트워크가 경쟁력의 핵심으로써 후발국이 쉽게 넘볼 수 없는 분야다. 이런 관점에서 볼 때 중국으로부터 가장 거센 도전을 받을 분야는 IT산업이며, 중국이 따라오기 가장 힘든 분야는 자동차산업이 될 것이다. 특히 IT산업 중에서도 위에서 제시한 조건에 가장 부합되는 분야는 컴퓨터산업이다.

컴퓨터보다는 공용부품 수가 적지만 TV, 냉장고, 에어컨 등 생활가전산업에서도 중국 토종기업들이 글로벌 기업으로 두각을 나타내고 있어 선두기업인 한국의 삼성과 LG를 밀어내고 향후 세계 최강자가 될 것이라는 우려 섞인 관측도 나온다.[46] 현재 중국 내수시장에서는 중국산이 우리 제품과 똑같은 기능을 갖추고도 최대 40%까지 저렴한 가격에 팔리는 등 상위 10개사 중 중국 기업이 6~8개나 돼 이런 전망에 힘을 실어주고 있다.[47]

1990년대 중반 우리나라에서도 당시 가전 최강자인 일본과 국산제품이 동일하게 인식되면서 국산제품의 비중이 크게 높아지기 시작해 10여 년 후인 2008년부터는 해외시장에서 한국이 일본을 추월한 것처럼,[48]

---

46 한·중·일 TV 생산비중(2011년): 중국(43.4%), 일본(2.7%), 한국(1.9%)
세계시장 점유율(2011년): 중국(29%), 일본(1.7%), 한국(3.6%).

47 컬러 TV 내수판매 상위 10개사(2011. 12월 기준): ① Hisense, ② Skyworth, ③ Changhong, ④ TCL, ⑤ Konka, ⑥ Sharp(일), ⑦ Sony(일), ⑧ Samsung(한), ⑨ Haier, ⑩ Panasonic(일)

48 상위 10개 TV 국적별 세계시장 점유율: 2008년(한국: 33.15%, 일본: 33.5%) → 2011년(한국

비슷한 일이 중국 가전산업에서도 일어나리라는 것이다. 중국 토종 가전기업의 수준은 모든 면에서 한국, 일본 등 다국적기업과 경쟁할 만큼 근접했는데, 중국의 자체부품 채택률은 70% 수준이며 패널, 핵심 반도체만을 수입에 의존한다. 특히 중국 부품업체에 우리나라 우수인력이 진출해 있어 한국산 부품과의 격차가 거의 없는 상황이다.

한편, 중국 가전산업에서 하이얼 같은 토종기업의 등장은 한·중·일 분업구조에 대단히 중요한 의미를 가진다. 즉, 중국 토종기업이 R&D, 상품기획, 생산, 국내외 마케팅 등을 할 수 있는 수준에 도달했다는 점이며 이들 기업들이 중국 산업을 혁신하는 최초의 기업군이라는 점이다. 이 선도기업들을 시초로 이러한 변화가 타기업 혹은 타산업으로 점차 확산되어 이 같은 기업군이 확대 재생산된다는 것을 의미한다. 다국적기업의 하청을 받아 단순생산을 하는 과정에서 채택된 요소투입에 의한 전형적인 양적 성장방식이 질적 성장으로 바뀌는 전환점이 바로 전자산업에서 시작되는 셈이다.

② 디스플레이산업

현재 디스플레이 분야도 중국이 턱밑까지 쫓아오고 있다. 디스플레이산업의 기반은 거의 대부분 한국, 일본, 중국, 대만 등 동북아시아에 있는데, 특히 대형 액정표시장치(LCD) 패널은 100% 이 지역에서 공급한다. 일본이 세계 최초로 LCD의 상품화에 성공한 이후 한국과 대만이 국가 전략산업으로 지원했고, 현재 우리나라가 최고의 경쟁력을 보유하고 있다.

그런데 중국·대만 연합군이 한국을 맹렬히 추격하고 있으며 궁극적으로는 디스플레이산업도 조립완성품은 중국으로 넘어갈 것으로 전망

37.7%, 일본 29.8%)

되는데, 그 이유는 다음과 같다.

첫째, 어마어마한 디스플레이 패널 수요다. 중국 자체적으로는 물론 한국, 일본, 대만 등 모든 업체가 중국 투자계획을 갖고 있다. 이 말은 중국이 디스플레이에 있어서 세계 최대, 최고 수준의 조립생산 기반을 가지게 됨을 뜻한다. 이 과정에서 BOE 등 중국 대표기업들은 폭발적인 수요를 바탕으로 비약적인 성장을 거듭할 전망이다.

둘째, 중국 정부의 강력한 지원이다. 중국 정부는 7대 전략 신흥산업에 디스플레이산업을 포함시켜 강력한 육성의지를 표명함과 동시에 각종 지원정책을 시행하고 있다.

셋째, 한국에 대항하기 위한 중국, 대만, 일본 간 연합이다. 대만업체들은 중국의 엄청난 수요에 힘입어 중국 수요업체, 패널업체와의 협력을 강화하고 있다. 특히 대만의 전문 엔지니어들이 중국 업체에 대거 취업하면서 중국의 기술발전에 중추적 역할을 담당하는 것으로 알려졌다. 한편, 일본도 대만 기업에 대한 기술이전과 대만 진출을 통해 간접적으로 중국을 돕고 있다.

이 같은 요인들 덕택에 중국의 디스플레이 산업은 대형 패널과 아몰레드(AMOLED) 등 일부 분야를 제외하고 우리와의 격차를 점차 줄여나가 조립완성품 분야에서만큼은 최강자로 부상할 전망이다.

③ 휴대폰산업

중국의 도전은 휴대폰산업에서도 매우 강력하다. 특히 피처폰은 대만의 멀티미디어 반도체업체인 미디어텍(Mediatek)이 휴대폰용 베이스밴드 모뎀을 개발하면서 특별한 기술장벽 없이 오직 가격만이 차별화를 갖는 분야가 되어버렸다. 미디어텍 같은 업체들이 중국에 다양한 솔루션을 제공함으로써 대규모 저가생산이 가능하게 됐고, 컴퓨터산업처럼 어느 나라도 중국을 넘볼 수 없게 되었다.

반면 스마트폰은 역사가 짧고 기능이 계속 진화하고 있으며, 중국의 독자 개발능력이 부족해 당분간 애플이나 삼성, LG 등을 따라잡기 힘들 것으로 보인다.[49] 스마트폰에서 당분간 한국 기업의 경쟁우위를 전망하는 이유는 첫째, 하드웨어 규격과 완결성이 우수하며 뛰어난 품질관리 능력을 보유하고 있다. 둘째, 다양한 요구들을 재빨리 수용해 경쟁업체보다 훨씬 다각화된 모델 라인업을 보유하고 있다. 셋째, 삼성전기, 삼성SDI, LG이노텍, LG화학 같은 경쟁력 있는 부품업체들이 있고 이들이 수직통합(*vertical integration*) 함으로써 개발부터 제조까지 상호협력의 시너지를 확보하고 있다. 마지막으로 국내 대표 모바일기업과 주요 연구기관이 LTE 등 다양한 이동통신 표준과 기술을 다량 보유하면서 원천기술 분야에서 경쟁력을 확보하는 동시에 기술장벽이 되어주기 때문이다.

다만 PC 등 가전으로 성공한 중국 선도기업들이 다음 목표를 모바일 및 스마트폰으로 잡고 있어 간단치 않은 도전이 예상된다. 시장 조사기관인 가트너에 따르면, 2012년 3/4분기 레노버의 PC 출하량은 1,377만 대, 시장 점유율 15.7%로 세계 1위였다. 이는 휴렛팩커드(HP)를 비롯해 에이서, 에이수스 등 글로벌 업체들이 마이너스 성장을 기록한 가운데 이룩한 성과다.[50]

그런데 레노버의 다음 목표가 바로 모바일 분야이며, 최근 놀라운 성과를 보이고 있다. 레노버는 스마트폰 '빅 2'인 삼성과 애플을 넘어서겠다는 포부를 가지고 있는데, 실제로 중국에서는 이미 애플을 추월했으며 1위인 삼성까지 위협하고 있다. 2012년 3분기에는 중국에서 3,850만 대의 스마트폰을 팔아 애플의 2배를 기록했다. 2010년 5월 스마트폰 시장에 진출한 후 불과 2년 만에 거둔 성과다.

---

49 한국생산기술연구원 (2012), "중국 산업의 심층조사 및 우리 산업의 대응전략 수립에 관한 연구 (전자 분야)".

50 매일경제 (2012.12.4), "中 레노버, 몽골 기마전술로 삼성 추격".

레노버 본사 전경

특히 놀라운 것은 레노버의 성장속도다. 가트너에 따르면 2012년 3분기 중 레노버는 15%의 중국시장 점유율로 16.7%인 삼성을 근소한 차로 뒤쫓았는데, 지난해 같은 기간 중 점유율이 1.7%에 불과했던 것과 비교하면 엄청난 성장이다. 이에 대해 가트너는 "2013년 중 레노버가 삼성을 추월해 중국 1위의 스마트폰 업체로 부상할 것"이라고 전망했다. 스마트폰 산업 중 조립완성품 분야는 레노버 같은 중국 기업들의 강력한 도전이 계속될 것이며, 특히 중저가 시장을 중심으로 치열한 경쟁이 예상된다.

하지만 IT산업의 특성상 기술발전 속도가 매우 빠르고, 특히 혁신기술(*disruptive technology*)의 효과가 다른 어느 산업보다 쉽게 전파·접목되어 산업의 패러다임 변화를 내다보기란 결코 간단치 않다. 피처폰 시대에서 스마트폰 시대로 급변하면서 모바일 산업의 패러다임과 게임의 룰이 순식간에 바뀐 것이 대표적인 사례다.

즉, 처음에는 새로운 패러다임을 제시한 애플이 소프트웨어 능력을 바탕으로 절대적인 경쟁력을 가졌으나, 구글이 안드로이드 운용체계를 공개하면서 경쟁력 결정요인이 다시 하드웨어 역량으로 바뀌었다. 이에 따라 애플에 비해 하드웨어 역량이 우수한 삼성 등 한국업체들이 경쟁력을 발휘하고 있다. 이 같은 비교우위는 IT산업에서 언제든 바뀔 수 있는데, 기업들은 급격한 변화에 대처할 수 있는 독자적인 조직역량이 필수적이다.

독자적인 조직역량은 시장상황의 변화에 신속하게 대응할 수 있는 제품설계 및 디자인 등 R&D 역량, 대량생산이 적시에 가능한 부품, 소재 조달 및 품질이 보장되는 생산시스템, 글로벌 시장을 상대로 한 마케팅 역량 및 관련기업과 적시에 협력할 수 있는 네트워크 역량 등을 포괄하는 개념이다. 그리고 이런 독자적인 조직역량은 아무나 할 수 없을 뿐 아니라 결코 단기간에 구축되지도 않는다.

특히 스마트폰이나 스마트TV처럼 역사가 짧고 기능이 계속 진화하는 제품군은 중국의 독자적인 조직역량이 아직 많이 부족하기 때문에 일정 기간 선진 다국적기업과의 격차가 유지될 전망이다. 또한 IT산업의 패러다임이 복잡성이 증가하고 모듈화 시대에서 새로운 통합의 시대로 전환되면서, 중국 기업과 다국적기업 간의 격차가 더욱 커질 가능성도 있는 게 사실이다.

다만, 패러다임의 변화에도 불구하고 경쟁력을 좌우하는 핵심요소는 시스템 반도체, 임베디드 소프트웨어 등 소프트웨어 역량이다. 이는 IT 산업뿐 아니라 모든 산업에서 경쟁력을 좌우하는 핵심역량인데, 예를 들어 자동차산업의 향후 과제 중 가장 중요한 스마트카(*smart car*)란 것도 결국 IT와의 융합이며 핵심은 소프트웨어 역량이다. 최근 자동차 기업들이 고급 소프트웨어 인력 확보에 혈안이 된 것도 다 이런 이유 때문이다.

다만 중국 기업의 독자적인 조직역량이나 소프트웨어 역량이 다국적기업과 차이가 나도 시간이 지나면 점차 축소될 것으로 보이는데, 중국 소프트웨어 산업의 잠재력이 대단하기 때문이다. 지난 2001~2009년간 중국 소프트웨어산업의 연평균 증가율은 30% 이상이며, 2010년 매출은

1조 위안을 돌파해 1조 2천 억~1조 2천 5백억 위안(2백조 원 이상)을 기록한 것으로 추정된다. 소프트웨어 수출도 2001년 7억 5천만 달러에서 2009년 195억 8천만 달러로 20배 이상 늘었다.[51] [52]

중국 정부도 소프트웨어 산업의 중요성을 감안해 적극적인 육성정책을 펴고 있다. 연간 20만 명의 인력양성 사업이 대표적인데, 이는 한국의 2천 명, 일본의 2만 명에 비하면 엄청난 규모다. 이런 노력의 결과 중국의 소프트웨어 저작권료는 2008년 기준 329억 8천만 위안(약 5조 6천억 원)에 달했다. 또한 중국은 대만 엔지니어들의 긴밀한 협력과 지원하에 급성장하고 있다.

④ 자동차산업

중국의 조립완성품 분야 중 IT산업이 가장 빨리 세계 최강자로 부상할 가능성이 있다면, 자동차산업은 가장 느리게 격차를 줄이거나 어쩌면 불가능할지도 모른다.

최근 중국 자동차시장 동향을 보면, 합자기업이 생산한 자동차나 수입차의 내수 증가율은 각각 13.1%, 26.5%나 되는 반면, 중국 토종기업은 -3.2%로 매우 부진하다. 미국의 워렌 버핏이 투자해 유명해진 중국 BYD도 2010년까지 급성장했지만, 최근 큰 폭의 감소세를 기록하는 등 부진을 면치 못하고 있다. 처음에는 비교적 값싼 자동차를 생산, 판매해 호평을 받았으나, 품질 등에서 심각한 문제가 발생하면서 이를 해결하지 못하는 한 예전의 명성을 회복하기가 쉽지 않아 보인다.

자동차산업은 산업화하기도 어렵지만, 경쟁력을 확보하기는 더욱 어렵다. 우선 부품 수가 2~3만 개나 되며, 표준화된 부품도 거의 없다. 모

51 《중국경제통계연감》(2011).
52 참고로 한국 소프트웨어 시장은 2009년 기준 35.6조 원으로 중국의 1/4에 불과하며, 수출은 79억 달러로 1/2 수준이다.

중국 자동차공장 생산라인

든 부품이 하나라도 품질에 이상이 있으면 안 될 뿐 아니라, 내구성 등에서 일정 수준을 넘어야 한다. 같은 회사 제품이라도 모델이 다르면 부품도 따로 만들어야 한다. 같은 플랫폼에서 제작되는 자동차도 그렇다.

따라서 조립 대기업과 부품 협력기업 간 밀접한 상호교류와 협력이 필요한, 가장 폐쇄적 네트워크를 가진 대표적인 산업이 자동차산업이다. 이 네트워크를 만들고 일정 수준 이상 유지하는 데는 오랜 기간이 걸릴 수밖에 없어 개방적인 IT산업과는 구조가 무척 다르다.

더욱이 조립 대기업뿐 아니라 부품업체들의 현장기술도 오랜 기간 누적된 암묵지에 의존하고, 이런 것들이 모여 혁신을 이루다 보니 발전에는 왕도(王道)가 없다. 이런 이유로 우리나라를 제외하고 자동차의 산업화와 경쟁력 확보에 성공한 나라는 모두 선진국이다.

중국의 자동차 생산은 2001년 234만 대에서 2011년 1,842만 대로 극적인 증가세를 보였으며, 2009년에는 세계 최대 생산·소비국으로 등장했다. 현재의 낮은 보유수준을 감안할 때 향후 중국의 자동차 생산·소비는 2020년까지 계속 7~8%의 고성장을 반복할 것으로 전망된다.

중국이 적어도 인구 1천 명당 250~300대까지 고성장이 가능하다면,

향후 10년 정도는 자동차 판매가 증가세를 탈 것이다. 1천 명당 250대만 해도 중국의 자동차 보유대수는 3억 5천만 대에 달한다.[53] 전 세계 자동차 기업들이 군침을 흘릴 만큼 환상적인 시장인 것이다. 그런데 이와 같은 어마어마한 수요는 중국 토종기업이 아니라 대부분 합자기업과 해외기업의 몫이 될 전망이다. 자동차산업이 규모집약적임에도 불구하고 앞서 설명한 것처럼 그 어떤 산업보다 독자적인 조직역량이 요구되기 때문이다.

중국 토종기업의 경쟁력은 선진 기업에 비해 15~20년 뒤진 것으로 평가되며, 중국 부품업체의 수준은 조립업체보다 더 열악한 것으로 평가 된다. 특히 엔진, 변속기 등 핵심부품의 기술격차를 해소하기 위해서는 많은 시간이 필요하다.

중국 정부의 고민이 여기에 있다. 수요가 집중되는 동안 자국기업들이 선진 다국적기업을 따라갈 가능성이 없고, 그렇다고 중국 소비자들이 토종기업의 수준이 높아질 때까지 기다려줄 수는 없는 노릇이다. 중국 정부가 친환경자동차 산업을 시급히 육성하려는 이유도 이 때문이며, 석유

〈표 2-20〉 한 · 중 · 일 자동차 보유대수 현황

	한국(2010)	일본(2010)	중국(2010)
보유대수(만 대)	1,794	7,536	9,086
천 명당 보유대수	367	592	66.3

〈표 2-21〉 중국 자동차산업 전망

년도	2010	2011	2012	2013	2014	2015
생산량(만 대)	1,566	1,753	1,940	2,127	2,314	2,500
보유대수(억 대)	0.71	0.83	0.95	1.08	1.22	1.36

자료: 중국자동차공업협회

53 산업연구원 (2012.11.27), "중국 자동차 및 부품시장 현황과 우리 기업 진출전략".

등 화석연료의 공급한계도 이런 움직임을 부채질하고 있다.

이외에도 중국 정부의 친환경 정책의 육성 이유를 보면 신에너지 자동차는 발전 초기단계이기 때문에 노력 여하에 따라 중국도 얼마든지 세계 선두로 나설 수 있다는 판단에 근거하며, 또한 전지, 모터 등 기반산업의 존재 그리고 희유금속, 희토류 등 풍부한 부존자원 등이 그 이유다.[54]

그러나 친환경자동차가 본격적으로 산업화되기까지는 기술적으로나 경제적으로 풀어야 할 과제가 많다. 아울러 초기단계라 패러다임이 어느 방향으로 전개될지 불확실하다. 더구나 중국이 친환경 관련기술의 개발에 많은 투자를 하지만 연구 및 개발행태의 전반적인 개선이 전제되지 않는 한 관련 자동차산업의 전망도 그다지 밝지 않다.

결론적으로 중국의 자동차산업은 풀어야 할 과제가 산더미다. 이런 과정에서 중국정부가 외자계 자동차기업에 대한 규제를 강화할 가능성은 얼마든지 있다. 우리는 이것을 항상 조심하고 경계해야 한다.

(2) 규모집약형 일관공정산업

일관공정산업은 대규모 장치산업이고, 제조공정 및 혁신이 주로 대기업 내부에서 이루어지며 기술 또한 모방하기 어렵지 않다. 특히 규모의 경제가 경쟁력에 결정적으로 작용한다. 따라서 중국의 철강산업은 13억 인구에 바탕을 둔 자동차, 조선, 기계, 건설 등 막대한 수요를 기반으로 중국 정부의 강력한 지원까지 받고 있어 경쟁력을 가지기 가장 쉬운 분야다. 중국은 2000년 15%이던 세계 조강생산 비중이 급속도로 증가해 2010년에는 44%로 세계 최대 생산국과 동시에 최대 소비국이 됐다.[55] 이 같은 비약적인 발전 덕분에 2000년만 해도 '글로벌 10대 철강기업'에

---

54 앞의 글.

55 2010년 조강 생산량(순위): ① 중국(6억 2,670만 톤), ② 일본(1억 960만 톤), ③ 미국(8,000만 톤), ④ 러시아(6,700만 톤), ⑤ 인도(6,680만 톤), ⑥ 한국(5,850만 톤), ⑦ 독일(4.380만 톤).

중국 기업이 하나도 없었으나, 10년 뒤에는 6개나 진입했다.

한국의 포스코와 중국의 대표기업인 보산철강 간에는 공정기술에서 차이가 많은 것으로 평가되지만,[56] 제품기술에서는 거의 격차가 없는 것으로 파악된다. 세계적인 철강 분석기관인 WSD (*World Steel Dynamics*) 의 경쟁력 평가 결과, 포스코가 2010~2012년 3년 연속 1위를 차지했으며, 2012년 기준 중국업체 중에서는 보산철강(5위), 안산철강(22위), 사강(23위), 무한강철(30위), 마안산철강(32위) 이 랭킹에 들었다. 조만간 중국 철강산업은 우리와 동등한 수준에 오르고 경우에 따라서는 우리를 추월할 가능성도 충분하다고 평가되는데, 그 이유는 다음과 같다.[57]

〈표 2-22〉 세계 조강 생산 Top 10 철강사

(단위: 백만 톤)

기업명	국가	2009년		2010년	
		순위	생산량	순위	생산량
아르셀로미탈	룩셈부르크	1	73.2	1	90.6
하북강철	중국	2	49.7	2	52.9
보산강철	중국	3	38.9	3	44.5
안강집단	중국	4	37.4	4	40.3
무한강철	중국	6	30.3	5	36.5
포스코	한국	5	31.1	6	35.4
NSC	일본	7	26.4	7	34.5
JFE	일본	9	23.8	8	31.1
강소사강	중국	8	26.4	9	30.1
수도강철	중국	12	19.5	10	25.8

자료: 한국생산기술연구원 (2012), "중국 산업의 심층조사 및 우리 산업의 대응전략 수립에 관한 연구(철강편)".

56 한국생산기술연구원 (2012), "중국 산업의 심층조사 및 우리 산업의 대응전략 수립에 관한 연구(철강편)".

57 위의 글.

첫째, 철강산업에 대한 국가적 관심과 지원이 한국과 비교가 안 될 정도로 크다.

둘째, 중국이 앞으로도 세계 생산기지의 위치를 확고히 할 것으로 예상됨에 따라 수요 산업의 양적·질적 성장이 빠르게 진행될 것이다.

셋째, CISRI(China Iron & Steel Research Institute Group)는 약 3천 명의 직원(연구원 2천 명)과 자산 66억 위안(약 1조 2천억 원)의 대규모 연구기관으로, 중국 철강산업의 R&D를 강력히 지원하고 있다. 한국에는 이와 같은 대규모 철강 전문연구기관이 없다.

넷째, 철강기업의 종합적인 기술역량은 기술개발 능력, 네트워크와 M&A 역량, 인력수준 등을 고려해 평가되는데, 중국이 유리한 측면이 많다. 기술개발 능력만 놓고 보면 한국이 중국보다 높지만, 중국 철강기업들의 대규모 R&D 투자가 집중되고 경험이 축적되면 추격속도가 빨라져 일부는 추월에 성공할 것으로 예상할 수 있다.

이와 함께 선진기술을 보유한 철강기업의 입장에서 보면, 한국보다 중국 기업과 협력할 때 얻는 이점이 많다. 초대형 시장에 대한 접근성이 뛰어나기 때문에 네트워킹 측면에서 중국의 철강기업이 우리보다 비교우위를 지닌 것이다. M&A 역량 측면에서도 중국은 풍부한 자금력을 활용해 뛰어난 기술을 가진 철강회사를 M&A함으로써 통째로 기술을 확보할 수 있다. 마지막으로 인력수준을 살펴보면 현재 한국이 경험과 숙련도에서는 앞서지만 중국은 선진기술 경험은 적지만 거대한 인력 풀(*pool*)을 보유하고 있으며, 특히 새로운 경험을 축적할 만한 많은 프로젝트들이 많이 진행되고 있다. 따라서 우리가 인적자원 측면에서 오랫동안 우위를 유지하기도 쉽지 않다.

중국 철강산업은 빠른 시일 안에 우리 수준까지 발전해 치열한 경쟁을 벌일 것이다. 철강은 통상 내수 70%, 수출 30%의 내수 위주 산업이며, 따라서 해외에서의 경쟁은 제한적이다. 그러나 한국과 중국은 지리적으로 매우 가까워 시장이 거의 동일하게 움직인다고 보아도 무방하다. 따라서 한국과 중국의 철강기업들은 양국은 물론 일본에서까지 시장을 놓고 격렬하게 다툴 것으로 전망된다.

⑤ 석유화학산업

석유화학산업은 중국이 아직까지는 공급이 부족한 상황이지만 시장이 빠르게 성숙되면서 지금과 같은 폭발적인 수요 증가세가 꺾이고 성장세도 크게 둔화될 것으로 보인다. 언젠가는 중국도 수급에 균형을 이룰 것이며, 경우에 따라서는 철강산업처럼 상당한 규모의 과잉생산이 존재할 가능성도 충분하다.

우리나라의 석유화학산업은 생산량의 약 25%를 중국에 수출하는 등 중국 특수(特需)를 누리고 있지만, 효과가 크게 줄어들 것으로 보인다. 만약 중국에 수급균형 또는 공급과잉처럼 지금과 정반대의 상황이 벌어진다면 우리나라 석유화학산업은 심각한 구조조정을 강요받을 수 있다.

(3) 전문공급자형 산업군

전문공급자형 산업군은 공작기계 등 일부 품목을 제외하고 대부분 수요가 한정된 특정 기종을 수요자가 요구하는 대로 설계·제작해주는 분야로, 대기업보다는 중소·중견기업에게 적합한 분야다. 그리고 이 산업군은 특수한 설계기술이나 비공식적인 기술, 노하우 및 오랜 기간 누적된 현장기술 등이 필요한 분야로, 후발국이 따라오기가 무척 어렵다. 그래서 이 산업군 또한 부품·소재처럼 수출국이 대부분 선진국이다.

이 산업군은 규모의 경제가 작동하기 어렵고 누적된 현장기술이 필요해서 기술의 점프가 허용되지 않아 중국이 빠르게 발전하기가 쉽지 않다. 그런데 여기서도 대규모 생산장비를 갖추고 비교적 대량생산이 가능한 분야가 공작기계산업이다. 비교적 규모의 경제가 작용해 중국이 빨리 발전하는 분야인 만큼 공작기계를 중심으로 살펴보자.

중국의 공작기계산업은 산업발전과 함께 비약적으로 성장해 생산량 기준 세계 1위로 급부상했다. 2011년 기준 소비시장도 세계 총수요인 851억 6천 1백만 달러의 45%에 해당하는 383억 7천만 달러로 세계 1위이며, 성장세도 가장 높은 매력적인 시장이다. 중국은 공작기계 후발국으로, 정부의 강력한 지원을 받으며 중간가격대인 미드-엔드(*mid-end*) 시장에 진입하기 위해 기술력 높은 업체와 M&A를 추진하는 등 다각적인 노력을 펼치고 있다. 하지만 중국 기업들의 전방위적 노력에도 불구하고 한국과의 격차는 15년 이상인 것으로 평가된다.

그런데 일본, 독일 등이 하이테크 공작기계 수출이 한계에 다다르자 중국 등에 생산기지를 구축해 미드-엔드 시장 진입을 적극 추진하고 있다. 이렇게 되면 조만간 중가(中價) 시장에 진입하려는 중국업체와 일본, 독일업체, 그리고 우리 기업 사이에 치열한 경쟁이 벌어질 것이다. 특히 중국 공작기계 시장은 향후 수치제어(NC) 기계 특수가 일어날 것으로 보여, 이를 놓고 한국·중국·일본·독일 업체 간 혈투(血鬪)가 예상된다. 이 과정에서 잘못하면 우리 업체들은 중저가 시장의 중국과

〈표 2-23〉 2011년 공작기계 생산규모 세계 순위

(단위: 백만 달러, %)

순위	국가	생산액	비중
1	중국	27,680.0	29.8
2	일본	18,353.1	19.8
3	독일	13,494.7	14.6
4	이탈리아	6,232.6	6.7
5	한국	5,641.0	6.1
6	대만	5,000.0	5.4
7	미국	4,161.1	4.5

자료: 한국공작기계산업협회

〈그림 2-3〉 공작기계 산업에서 주요 국가들의 포지션 (가격 측면)

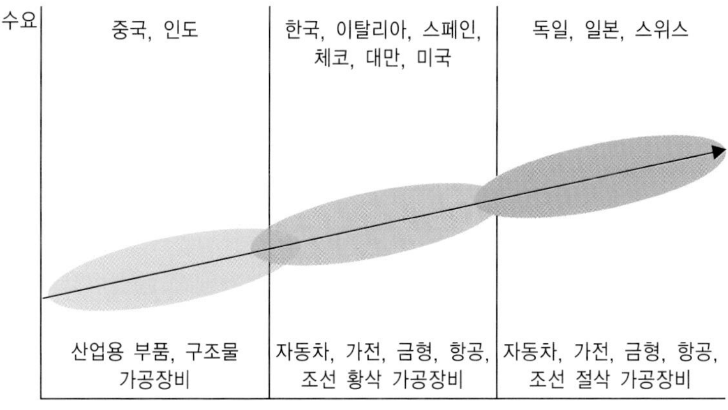

자료: 한국생산기술연구원 (2012), "중국 산업의 심층조사 및 우리 산업의 대응전략 수립에 관한 연구(기계편)".

〈그림 2-4〉 공작기계 산업에서 주요 국가들의 포지션 (기술 측면)

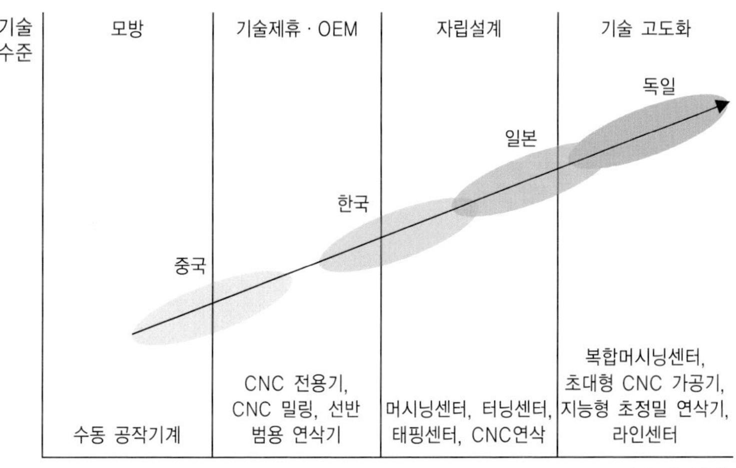

자료: 한국생산기술연구원 (2012), "중국 산업의 심층조사 및 우리 산업의 대응전략 수립에 관한 연구(기계편)".

중고가 시장의 일본, 독일 사이에 낀 샌드위치 신세가 될 수도 있다.

한편 중국 주요기업의 공작기계는 수동식이 주종이나, 임금이 급격히 상승하고 품질향상 요구도 커 자동제어 방식으로의 대대적인 전환이 예고된다. 우리 공작기계 업계의 적극적인 대응이 필요한 것은 물론이다.

(4) 전통산업 (섬유 분야)

전통산업은 대부분 노동집약적이며 큰 기술이 필요하지 않다. 신생산업국이 가장 먼저 산업화하고 경쟁력을 확보하기 쉬운 분야다. 현재 섬유, 신발, 금속제품(냄비, 주전자 등), 피혁제품 등에서 중국은 1990년 중반 이후 최강의 자리를 유지하고 있다.

중국의 이런 지위는 앞으로도 계속될 전망이다. 물론 임금인상, 환율하락 등으로 가격 경쟁력이 급속히 떨어지면서 일부 외자계 기업의 중국 탈출현상도 자주 눈에 띈다. 베트남, 인도네시아, 미얀마 등 후발국의 추격도 갈수록 거세지고 있다. 하지만 이는 부분적인 현상이며 중국을 대체하거나 넘어서기는 어려울 것으로 보이는데, 다음과 같은 2가지 이유 때문이다.

첫째, 가격 경쟁력 저하 현상이 주로 동부지역에서 나타나면서 전통산업의 생산기지가 동부에서 서부지역으로 대대적으로 이전하고 있다. 이는 12·5 계획에도 나와 있는 것처럼, 중국 정부의 가장 중요한 정책목표의 하나로 추진되고 있다.

둘째, 후발국의 역량이 중국에 비해 크게 부족하다. 시장규모나 생산기반 등에서 이들은 중국의 상대가 되지 않는다. 13억 인구를 가진 시장과 경쟁할 수 없을 뿐 아니라 생산기지 역할을 하기 위해서는 관련 인프라와 산업 생태계가 구축되어야 하는데, 이런 것들이 태부족 상태다. 후발국들은 관련 인프라와 산업 생태계를 독자적으로 구축할 자금도 인력도 거의 갖추고 있지 못하다.

한편, 중국의 내수시장 확대와 관련해 우리가 염두에 두어야 할 사항을 섬유 분야를 중심으로 간략히 살펴보기로 하자.

섬유산업은 크게 직물(섬유사 포함)과 의류(봉제 포함)로 나눌 수 있다. 여기서 직물산업과 의류산업은 경우에 따라 그 성격이 크게 다를 수 있다. 그런데 중국이 경쟁력을 가진 분야는 직물과 저부가가치 의류부문이다. 주로 저가 노동력을 바탕으로 한 가격 경쟁력과 대규모 생산으로 규모의 경제가 작용하는 분야다. 특히 직물산업은 대규모 설비를 필요로 한다.

언제인가 중국의 직물 생산공장을 방문할 기회가 있었는데, 무엇보다 어마어마한 설비규모에 압도당하고 말았다. 내가 방문한 회사도 동부지역에 있었는데, 중·서부지역으로 이전을 검토하고 있다는 말을 들었다. 결국 직물산업은 중국을 당해낼 수 없을 것이다.

그런데 섬유산업 중 중국이 취약한 분야가 있는데, 다름 아닌 고부가가치(高附加價値) 의류산업이다. 고부가 의류 분야는 디자인, R&D, 전문인력이 필수적이다. 또한 해당 지역주민의 취향과 문화도 반영해야 한다. 중국 고부가가치 의류시장에서 서구업체들이 고전하는 이유도 중국과 그들 간의 취향과 문화차이 때문이다. 그러나 우리나라는 중국과 1시간 30분 떨어져 있으며, 문화적으로 동질적인 요소가 많아 서구업체에 비해 절대적으로 유리하다. 반면 품질과 전문인력 면에서 서구업체와 그다지 차이가 없는 것으로 평가된다.

이런 여러 상황을 고려할 때 우리나라 섬유산업 관련정책을 전환할 필요가 있다. 우리 섬유산업 정책은 직물산업 위주이며 R&D의 초점도 고기능성 첨단소재 개발에 맞추어져 있다. 물론 고기능성 첨단소재도 중요하다. 하지만 중국시장을 생각한다면 패션의류산업을 적극 육성해야 한다.

고부가가치 패션산업을 유망산업으로 선정하고 체계적으로 육성한다면 가능성이 충분하다. 고부가 의류, 가방, 장신구 등 토털패션 개념으로 접근하면 무너진 전통산업 분야에서 다시 한 번 전성기를 누릴 수도 있다. 우리나라는 전통산업, 특히 경공업을 너무 일찍 포기하는 바람에 선진국에 비해 그 비중이 지나치게 낮다. 고용측면을 고려해서라도 이 분야에 다시 한 번 주목해야 한다.

3) 부품 · 소재 · 장비산업 발전 전망

최근 최종재에 사용되는 중국산 중간재(부품 · 소재 · 장비)가 증가하는 현상을 의미하는 '차이나 인사이드'(*China Inside*)가 급속히 확산되고 있다.[58] 중국 진출 초기 모든 부품을 해외에서 수입해 조립, 생산하던 기업들이 경쟁이 심화된 2000년대 중반부터는 중국산 중간재 채택을 본격화하고 있다. 중국에 진출한 우리 기업을 보더라도 현지에서 조달하는 중간재 비중이 지속적으로 증가하고 있다.

한국 기업의 중국산 중간재 채용비율은 2005년 40% 정도였다가 2010년 60%를 상회한 반면, 한국으로부터의 수입은 40%대에서 20%대로 급감했다. 이 같은 추세는 계속될 것이다. 그러나 속도와 품목에서는 한계를 가질 수밖에 없다.

중국의 산업은 조립완성품 위주로 성장할 것이며, 그것도 일정기간 외자기업, 특히 첨단산업의 외자기업 주도하에 이루어질 것으로 보인다. 반면에 부품 · 소재 · 장비는 일부 규모의 경제가 작용하는 범용품목 또는 단순조립 품목을 제외하고는 일본은 물론이고 한국과도 아직 격차가 크다. 중국의 부품 · 소재 · 장비 분야의 발전속도는 조립완성품 분야보다 훨씬 더디게 진행될 텐데, 이런 전망은 다음과 같은 이유에 근거한다.

첫째, 중국은 현재 요소투입형 성장에서 총요소 생산성 성장으로 전환

58 삼성경제연구소 (2012.6.27), "중국제 부품 · 소재 · 장비의 부상과 영향".

하려는 지극히 초기단계다. 일부 소수 대기업이 이제 겨우 독자적인 혁신을 시작한 상황으로, 선진국 사례를 볼 때 부품·소재·장비를 주로 생산하는 중소·중견기업까지 이러한 혁신이 확산되려면 상당한 시간이 걸릴 것이다. 더구나 중국에는 혁신이 작동할 산업환경이 조성되어 있지 못하다. 체제개혁 여부에 따라 산업 내 혁신의 작동과 확산속도 등이 결정되겠지만, 개혁이 신속하게 이루어질 것 같지도 않다. 그렇다면 중소·중견기업으로의 혁신 확산속도는 다른 나라보다 더 느려질 가능성이 크다.

둘째, 혁신역량을 가진 중국 대기업은 부품·소재·장비 분야에 전념할 가능성이 별로 없다. 중국 산업의 경쟁력은 조립완성품에 있다. 이 분야에서 계속 돈을 벌 기회가 계속 있는데, 굳이 힘든 길을 가야 할 이유가 없다.

셋째, 중국의 조립 대기업은 독자기술을 개발한 경험이 없거나, 일천해 부품·소재·장비 협력업체의 혁신을 지원할 역량이 거의 없다.

넷째, 산업별로 세계 최고 수준의 부품·소재·장비 다국적기업들이 이미 중국에 진출해 경쟁하고 있기 때문에 중국 토종기업이 끼어들 여지가 별로 없다. 중국의 토종 조립 대기업과 다국적 부품·소재·장비기업 간의 협력관계가 밀접해 중국 기업의 발전 여지가 많지 않기도 하다.

필자는 중국의 자동차, 기계, 조선의 부품업체들과 뿌리산업을 살펴볼 기회가 있었는데, 여기서 얻은 결론은 '비록 산업별 편차가 있기는 하지만 부품·소재·장비 분야는 아직 멀었다' 였다. 예를 들어 건설, 중장비산업도 우리나라의 초기단계와 매우 유사했다. 우리나라 건설기계산업은 일본업체가 부품 100개를 주면 생산량도 100개가 되는 시절을 겪었다. 현재 중국은 이 수준을 크게 벗어나지 못하고 있다. '1차 부품-2·3차 부품-가공업체'로 이어지는 산업생태계가 형성되려면 아직도 많은 시간이 필요해 보였다.

중국이 부품·소재·장비에서 경쟁력을 확보할 때까지 시간은 우리 편이다. 우리가 조립완성품 분야를 중심으로 발전할 때 일본이 우리에게 부품·소재·장비를 팔아 많은 부가가치를 창출했던 것처럼 우리는 중국을 상대로 이런 역할을 할 수 있다. 물론 이를 위해서는 일본, 독일 등과의 경쟁에서 이겨야만 한다. 이 부분은 결론 부분에서 자세히 논하기로 한다.

3

가라앉는 일본 경제와 향후 일본 산업의 재편 방향

1. 일본 경제의 위상

한국만큼 일본을 우습게 아는 나라도 없다. 삼국시대 때부터 선진문물을 전수했다는 자부심과 함께 일제의 침략으로 우리 역사상 가장 치욕적인 식민지 시절에 대한 증오가 복합적으로 작용하기 때문이 아닌가 한다. 스포츠 경기에서도 유독 일본과 맞붙기라도 하면 온 국민이 하나가 되어 시원하게 이겨주기를 바라는 것도 비슷한 맥락이다.

전 세계적으로 서로 가깝게 붙어 있는 나라들치고 사이가 좋은 경우가 별로 없다. 독일-프랑스, 미국-캐나다·멕시코, 일본-중국, 중국-베트남, 그리고 저 멀리 모로코-알제리까지 지리적으로 인접하거나 가까운 나라들은 원수처럼 지내거나 원수지간은 아니더라도 서로 경원(敬遠) 하는 경우가 많다.

그런데 가깝기 때문에 어쩔 수 없이 정치·경제·문화적 교류가 일어나기도 한다. 그것도 원거리에 위치한 나라보다 밀접하고 빈번하게 접촉하기 마련인데, 돈이 걸린 경제적 교류는 특히 그렇다. 우리나라도 1960년대 이후 발전하는 과정에서 일본과 경제적으로 떼려야 뗄 수 없는 관계를 유지하고 있다. 1960년대 경제개발에 눈을 뜰 무렵 우리가 가진 것이라곤 넘쳐나는 값싼 노동력뿐이었다. 그러다 보니 자본, 기계, 부품, 소재 그리고 기술까지 수입해 낮은 인건비를 주고 조립하는 단순한 산업부터 출발해야 했고, 이때부터 일본 산업계의 영향력은 커지기 시작했다.

만약 가까운 곳에 일본이 없었다면 우리나라의 산업화는 어떻게 전개되었을까? 아마도 훨씬 어려운 과정을 겪었을 것이다. '기러기식 성장이론'[1]대로 우리는 그저 일본을 열심히 따라했다. TV, 냉장고, 반도체, 디스플레이, 조선, 자동차, 기계 등 모든 산업에서 일본만 따라하면 그야말로 '만사 오케이'였다.

뭇 기러기들이 선두의 대장(隊長) 기러기를 따라 날듯이, 1980~90년대 재벌총수들의 신년구상은 거의 대부분 일본에서 이루어졌다. 일본의 협력기업이나 자신이 속한 산업의 대기업의 새해방침을 알아보기 위해서였다. 1960년대 이래 '대일 역조(逆調) 현상 고착화', '부품·소재·장비의 대일 의존도 심화'란 말을 지금까지 반복하는 것도 한·일 간의 이런 경제·산업구조 때문이다.

그런데 2000년대에 접어들면서 한·일 관계가 변하기 시작했다. 일본과 치열하게 경쟁하면서 일본을 추월하는 분야가 나타나기 시작했고, 자본, 기술과 부품·소재·장비의 의존도 또한 감소했다. 더욱이 중국경제가 비약적으로 발전하면서 우리 산업에서 중국과의 관계가 상대적

---

1 일본 경제학자 아카마츠(赤松)가 제시한 이론으로, 한 나라의 산업화와 주변국으로의 산업 확산은 마치 기러기 떼가 날아오르는 것과 유사한 형태를 띤다는 것이다. 전형적인 기러기식 성장을 보인 지역은 동아시아로, 일본 → 한국 → 중국 · 베트남 등으로 확산되었다.

으로 더 중요해지기 시작했다.

이런 요인들 때문에 일본 경제계와의 관계는 급격하게 중요성을 잃어갔다. 조금 과장하면, 최근에는 중국에 비하면 일본과의 관계는 아무것도 아닌 정도까지 왜소해졌다. 특히 2008년 경제위기에 이은 동일본 대지진(大地震) 이후 일본 경제와 산업의 위상이 급속도로 떨어지면서 일본을 얕잡아 보는 사람까지 생겼다.

과연 일본은 우리가 우습게 볼 정도인가? 그리고 과연 우리는 일본 경제·산업과의 관계를 그다지 신경 쓰지 않아도 될 정도인가? 대답은 물론 '그렇지 않다'다. 최근 일본 경제·산업이 죽을 쑤고 있다고는 하지만, 세계적 위상은 결코 무시할 수 없으며 앞으로도 어느 정도의 지위는 계속 유지할 것이다. 우리에게 일본은 여전히 중요한 파트너이고, 그들의 경제·산업은 여전히 중요하다. 유감스럽지만 우리는 일본으로부터 배울 게 아직도 너무 많다. 산업기술 분야에서 일본은 세계 최고다. 부품·소재·장비 분야에서는 더욱 그렇다.

우리나라는 대부분의 산업기술을 일본으로부터 배웠다. 지금도 많은 우리 중소기업들이 일본의 은퇴 엔지니어에게서 기술과 노하우를 전수받고 있다. 또한 우리는 여전히 일본 기업, 특히 부품·소재·장비의 기업을 적극 유치해 생산기지 역량을 더욱 강화할 필요가 있다. 이 부분은 뒤에 자세히 설명하고, 지금부터는 일본 경제와 산업의 위상을 우리나라와 비교해 살펴보도록 하겠다.

〈표 3-1〉에서 보는 것처럼 세계 3위의 경제대국으로서 일본의 위상은 모든 면에서 우리를 훨씬 앞선다. 경제규모 약 5배, 인구 2.6배, 1인당 GDP가 약 2배이고, R&D 투자는 4.5배나 되며 1인당 투자액도 약 2배다. 세계시장 1등 품목도 230개로 우리의 약 3배 수준이며, '포춘 500대 기업'에도 우리나라의 5배가 넘는 68개가 올라 있다('부록 2' 참조).

'포춘 500대 기업'에 포함된 양국 기업을 비교해보면, 기업체 수 등 양적인 면은 물론 업종 등 질적인 면에서도 우리가 일본에 비해 턱없이 부족하다는 것을 한눈에 알 수 있다.

자동차 기업의 경우 우리는 현대·기아자동차 2개인 반면, 일본은 토요타, 닛산, 혼다, 스즈키, 마쓰다, 미쓰비시 등 6개가 이름을 올렸다. 특히 우리는 현대모비스를 제외하고 전부 조립업체인 반면, 일본은 조립, 부품, 소재 등 제조업의 전 가치사슬에 걸쳐 고르게 랭크되어 있다. 특히 '제조업 왕국 일본'이라지만, 금융, 유통, 에너지, 서비스업까지 고루 분포하고 있어 몇 개 업종에 한정된 우리와는 차이가 크다.

규모에서도 한국은 매출 1조 원 이상인 기업이 318개인 데 반해, 일본은 1천억 엔(약 1조 원) 이상 기업이 2,017개로 약 7배 정도 차이가 난다.[2] 일본에는 삼성전자 정도의 기업이 7개나 있다.

다만 〈표 3-2〉에서 보는 것처럼, 산업별로 우리나라와 일본의 1등 기업을 비교하면 별 차이가 없다. 전자, 철강 등 일부 업종에서는 오히려

〈표 3-1〉 한·일 간 위상 비교

구 분	한국(A)	일본(B)	비교(B/A)
GDP(10억 달러, 2011년)	1,116	5,899	5.28
인구(100만 명, 2011년)	48.4	127.8	2.64
1인당 GDP(달러, 2011년)	22,424	45,870	2.04
교역규모(10억 달러, 2011년)	1,080	1,678	1.55
수출규모(10억 달러, 2011년)	555	823	1.48
외환보유고(10억 달러, 2011년)	306.4	1,259	4.10
연구·개발 투자(100만 달러, 2010년)	37,935	169,047	4.46
1인당 연구·개발 투자(달러, 2010년)	767.80	1,325.80	1.73
세계시장 1등 품목(개, 2009년)	74	230	3.11
포춘 500대 기업(개, 2011년)	13	68	5.23

2 한국 자료는 대한상공회의소, 일본 자료는 일본 제국 데이터베이스를 참고했다.

우리가 일본을 앞서기도 한다. 특히 삼성전자가 그러한데, '삼성전자 효과'로 인해 우리나라가 다른 분야에서도 일본과 대등하거나 일본을 능가한다고 오해하는 사람이 많다. 가히 '삼성전자 착시(錯視) 현상'이라 불릴 만하다.

〈표 3-2〉 한·일 산업별 1등 기업 매출액 및 영업이익 비교

(단위: 억 달러)

산 업	경영성과	한 국	일 본
중공업	기업명	두산중공업	미쓰비시중공업
	매출액	79.1	350.2
	영업이익	5.3	7.8
전기·전자	기업명	삼성전자	파나소닉
	매출액	1,537.0	883.4
	영업이익	151.4	22.7
철강	기업명	포스코	신일본제철
	매출액	642.2	415.4
	영업이익	50.4	3.8
자동차부품	기업명	현대모비스	덴소
	매출액	244.9	354.5
	영업이익	24.9	16.3
의류	기업명	제일모직	패스트리테일링(유니클로)
	매출액	52.0	81.6
	영업이익	2.7	12.9
은행	기업명	국민은행	미쓰비시UFJ
	총자산	2,389.5	24,306.3
	영업이익	24.6	46.3

주: 환율은 2012.12.18일자 기준. 1달러=1073.5원, 83.97엔

자료: 일본경제신문, "2011 일본 업계지도", 금융감독원 전자공시시스템(http://dart.fss.or.kr/)

산업별 1등 기업 수준이 비슷해도, 그 밑으로 바로 내려가면 격차는 훨씬 커진다. 중소·중견기업군의 경우 일본과의 격차는 상당히 크다.

글로벌 시장에서 점유율 3위 안에 드는 '히든 챔피언'(*hidden champion*)과 같은 기업이 일본에는 약 1천 5백 개가 있지만, 우리나라는 고작 10개 내외다. 일본에는 기술적으로 삼성전자에게 뒤지지 않는 중소·중견기업이 무수하다.

예를 들어 반도체와 디스플레이 산업은 삼성전자와 LG전자의 급성장으로 일본이 뒤처진 것처럼 보이지만, 실상은 그렇지 않다. 반도체 제조장비의 경우 반드시 일본산을 써야 하는 경우가 많다. 도쿄일렉트론과 히타치 하이테크놀로지 등이 우리나라에 반도체 제조장비를 공급하고 있다. 도쿄일렉트론은 반도체 증착장치 등에서 세계시장 점유율 80%를 자랑하는 2011년 매출액 6,687억 엔(약 9조 원), 영업이익률 4.6%로 대표적인 '히든 챔피언'이다. 이 회사는 대기업과의 경쟁이나 범용제품 생산을 철저히 피하면서 누구도 모방할 수 없는 첨단 독자기술로 무장함으로써 반도체 기술면에서 삼성전자도 도움을 받아야 할 정도다.

이처럼 일본은 독일과 함께 제조업 기술 분야에서 세계 최고다. 특히 소재 및 정밀기계류는 타의 추종을 불허한다. 우리가 열심히 쫓으면서 격차가 좁아지고는 있지만 그 속도는 느리며, 특히 중소·중견기업 사이에 벌어진 틈이 아직은 무척 크다. 이는 마치 베이징의 화려한 왕푸징(王府井) 번화가나 서울 강남을 도쿄의 신주쿠(新宿)와 비교할 때 새로 단장한 곳이 많은 왕푸징이나 강남이 더 나아 보이는 것과 같다. 하지만 우리나라와 중국 도심의 화려한 네온사인 뒤에는 여전히 낡고 정비되지 않은 곳이 즐비하다. 국가별 산업을 비교할 때도 공급사슬 전체를 놓고 평가해야지 겉으로 드러나는 1등 기업만 비교하는 우를 범하지 말아야 한다는 뜻이다. 사슬의 강도를 결정하는 원리는 사슬 하나하나를 연결하는 고리 중 가장 약한 부분이 얼마나 강하게 견디느냐 하는 것이다.

2. 추락하는 일본 경제·산업

일본 경제는 1980년대 최고의 전성기를 누렸다. 일본 제품은 전 세계를 휩쓸었고, 수출로 돈을 번 일본은 해외자산을 쇼핑하듯이 사들였다. 일본 때문에 미국의 자존심이 엄청나게 구겨졌던 시절이었다. '냉전이 끝났을 때 승자는 일본이었다'(*The Cold war is over and Japan won*) 라는 자조 섞인 비판과 반성이 미국 정·관계, 언론과 경제계를 뒤덮었고, 정부 차원의 각종 위원회를 구성해 경쟁력을 근본부터 다지려는 노력을 대대적으로 실행하기도 했다.

이런 일본의 위상이 추락하기 시작한 것은 1990년부터다. 당시 버블 붕괴를 계기로 위상이 곤두박질치기 시작했는데, 이상 징후를 일시적인 경기순환의 문제로 치부한 것이 재앙을 불러왔다. 일본 경제는 〈그림 3-1〉에서 보는 것처럼 1990년대 초반부터 추세적으로 떨어졌으며, 앞으로도 계속 떨어질 것이다. 세계에서 일본 GDP가 차지하는 비중이 1994년의 18.1%에서 2007년에는 7.8%까지 절반 이상 하락했으며, 최근에는 8% 초반을 유지하고 있다.

〈그림 3-1〉 일본 GDP의 세계비중 비중 추이

(단위: %, 년도)

주: 2012~2017년은 IMF 전망치

〈표 3-3〉 국가채무 국제비교

(단위: %)

구 분	한 국	일 본	미 국	독 일	프랑스	OECD 평균
부채이율	34.1	205.5	102.7	87.2	100.1	103.0

세계 무역에서 일본의 비중도 1984년 최고치인 8.1%를 찍은 뒤 2011년에는 4.6%까지 하락했다. 1인당 GDP는 1993년 3위에서 2008년 23위, IMD 국제경쟁력 순위는 2009년 1위에서 2010년 27위, '포춘 500대 기업' 수는 1995년 149개에서 2011년 68개 등으로 경제·산업성과를 나타내는 모든 지표가 하락했다. 이러한 현상은 추세적인 것으로 단기간에 상승세로 돌아서는 것은 더 이상 불가능하다. 일본 경제는 그만큼 구조적인 문제를 잔뜩 안고 있다.

잠재 성장률이 1% 정도지만,[3] 일본 경제는 1990년 버블 붕괴 이후 사실상 성장이 중단된 상태다. 명목 GDP의 정체나 감소에도 불구하고 성장하는 것처럼 보이는 것은 물가 하락에 의한 착시(錯視) 때문이다.[4] 일본 재무성에 따르면 실업률은 2011년 4.6%로 고실업 상태가 계속되고 있으며, 국가채무도 961조 엔(2011년 기준)으로 GDP 대비 부채비율이 무려 205.3%에 달한다.[5]

무엇보다 일본인들을 우울하고 불안하게 하는 것은 제조업의 경쟁력이 지속적으로 약화되고 있다는 점이다. 〈표 3-4〉에서 보는 바와 같이 정밀화학과 정밀기기를 제외한 거의 대부분의 산업에서 세계시장 점유율이 대폭 줄어들고 있다. 1996년부터 일본의 시장 점유율은 5년 단위로 1%씩 떨어져, 15년이 지난 2011년에는 1996년의 7.6%보다 3% 하락한 4.5%대에 머무르고 있다.

3 지난 1991~2008년의 약 30년간 일본 경제의 평균 성장률은 1%를 기록했다.

4 삼성경제연구소 (2009.9.29), "일본경제의 버팀목, 부품 · 소재산업".

5 일본 내각부, OECD 자료.

〈그림 3-2〉 한국과 일본의 세계시장 점유율 추이

(단위: %, 년도)

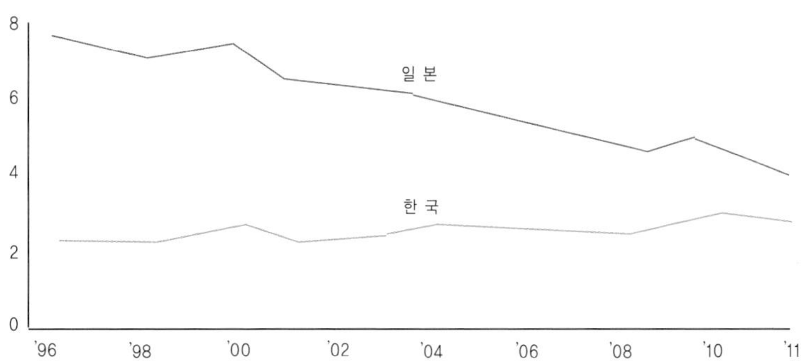

주: 세계 총수입액 중 당해 국가의 수출액이 차지하는 비중
자료: WTO

특히 한때 일본의 자랑이자 대표산업인 전자산업이 무너지고 있다. 파나소닉(구 마쓰시타), 소니, 도시바, 샤프, NEC, 후지쓰, 히타치, 미쓰비시 등 전자기업들이 대규모 영업적자를 기록하였으며, 끝없는 구조조정에도 불구하고 효과를 보지 못한 채 고전하고 있다.

세계 3,351개 전자업체들의 1997~2006년 연 평균 매출 성장률을 국가별로 비교해도 일본의 정체가 뚜렷하다.[6] 같은 기간 중 한국과 대만 전자업체들은 일본의 5배를 넘었다. 한때 우리나라 기업의 벤치마킹 대상이던 소니의 영업이익이 삼성전자의 1/10 수준으로 줄어든 것을 비롯해 일본 전자업체 전체의 영업이익을 다 합쳐도 삼성에 못 미치게 됐으니, 일본의 자존심이 상할 만도 하다.

6 삼성경제연구소 (2009.3), "위기에 직면한 일본 전자업계의 구조적 문제와 시사점".

〈표 3-4〉 한·일 간 산업별 세계시장 수출 점유율 변화 추이

(단위: %)

구 분		한 국		일 본	
		2002년	2009년	2002년	2009년
과학기반형	우주항공	0.31	0.67	2.25	3.18
	정밀화학제품	0.89	1.22	4.65	3.14
규모 집약형 I	철강제품	4.26	5.99	10.62	9.66
	비철금속제품	1.92	2.64	4.19	4.67
	석유화학제품	6.05	7.51	5.50	5.36
규모 집약형 II	가정용 전자제품	4.37	2.54	5.15	2.64
	반도체	2.58	7.65	23.58	11.13
	평판디스플레이/센서	2.42	31.43	25.74	9.04
	컴퓨터	5.62	2.93	8.10	1.71
	통신기기	6.87	10.44	9.23	3.87
	자동차	2.92	4.98	15.29	13.75
	조선	15.91	27.37	16.53	15.42
전문 공급자형	기초산업기계	1.92	2.89	12.37	11.11
	산업기계	1.96	2.89	10.11	7.24
	기계요소공구/금형	1.98	2.59	11.30	8.62
	정밀기계	1.05	1.87	7.23	8.76
	계측제어분석기	0.52	1.01	9.20	8.95
	전자응용기기	0.99	2.05	8.02	5.41
공급자 주도형	플라스틱제품	2.22	2.61	4.58	6.80
	고무제품	3.99	3.99	11.74	10.05
	기타 철강금속제품	1.07	1.41	2.21	1.77
	가죽 및 모피제품	4.82	3.01	0.74	0.87
	제지/종이	1.43	1.48	2.23	2.37
	섬유류	4.67	2.37	2.14	1.53
	인쇄, 출판	0.46	0.44	0.88	0.71
	가 구	0.34	0.72	0.83	1.32

자료: 지식경제부, 산업기술진흥원

〈표 3-5〉 국가별 전자기업의 연평균 성장률(1997-2006)

(단위: %)

대 만	한 국	중 국	미 국	일 본
32.5	22.5	20.5	7.0	4.3

자료: 삼성경제연구소 (2007), "IT기업의 성장유형과 전략".

우리는 2008년 경제위기 이후 일본 제조업의 상징이며 세계 최고의 경쟁력을 자랑하는 토요타의 추락도 지켜보았다. 토요타가 어떤 회사인가? '저스트 인 타임'(*Just In Time*),[7] '린 프로덕션'(*Lean Production System*)[8] 같은 시스템을 독창적으로 만들어 포드의 대량생산 시스템에 기반을 을 둔 제너럴모터스(GM), 포드, 크라이슬러 등 미국의 '빅3'를 단숨에 밀어내고 세계 정상에 올라선 기업이 아닌가? 세계 자동차업계의 선망의 대상이던 토요타의 추락은 세상을 놀라게 한 '산이 높으면 골도 깊다'는 사실을 다시 한 번 일깨워 준 사건이었다.

세계 최고를 자랑하던 소니, 토요타 같은 기업이 왜 무너지고 있는가? 이는 일시적인 현상인가? 일본 제조업 전체가 아닌 일부의 현상인가? 답은 앞에서 지적한 대로 일시적인 현상도 일부의 현상도 아닌 구조적인 것으로 일본 제조업 전반이 가진 문제다. 일본 제조업의 문제는 〈표 3-6〉에 요약되어 있다.[9]

1990년대 이후 일본 제조업은 글로벌화, 디지털화, 신흥시장의 부상 등 세계적인 추세에 순응하기보다 독자적인 시스템에 매몰되어 고집을

7 적기 공급생산. 재고를 쌓아 두지 않고서도 필요한 때 적기에 제품을 공급하는 생산방식이다. 즉, 팔릴 물건을 팔릴 때에 팔릴 만큼만 생산하여 파는 방식이다. 다품종 소량생산 체제의 구축 요구에 부응, 적은 비용으로 품질을 유지하여 적시에 제품을 인도하기 위한 생산방식이다. 자동화와 함께 토요타 생산방식 (TPS)의 축을 이룬다.

8 작업공정 혁신을 통해 비용은 줄이고 생산성을 높이는 것을 말한다. 즉, 숙련된 기술자들의 편성과 자동화기계의 사용으로 적정량의 제품을 생산하는 방식이다. 이는 일본의 토요타가 창안한 생산방식으로서 기존의 수공업적 생산방식에서 나타나는 원가상승 및 대량생산 문제의 대안이다.

9 이우광 (2010), 《일본 재발견》.

〈표 3-6〉 일본 제조업의 4대 맹점

	주요 현상	문제점	사 례
볼륨 경시 (고부가가치화)	• 선진시장 중시 • 신흥시장 경시	• 부가가치 중시 • 고가격	• 신흥시장에서 한국 기업에게 패배
갈라파고스화	• 국내시장 중시 • 해외시장 경시	• 독자적 기준 • 글로벌 전개의 한계	• 휴대전화
모노즈쿠리 편중 (*only one* 추구)	• 인테그랄 중시 • 모듈 경시	• 과잉품질, 고가격 • 볼륨에 한계	• 자동차, 소재 · 부품 편중
이노베이션 딜레마	• 품질 중시 • 가격 경시	• 과잉품질, 고가격 • 개발자 이익 축소	• 메모리반도체, 액정TV

부린 결과, 미국 · 한국 등에 비해 경쟁력이 급속히 약화되고 말았다.

일본은 내부개혁에도 실패했다. 1년도 안 되어 바뀌는 정권마다 고령화나 산업 경쟁력 약화 같은 문제를 개선하기 위한 많은 정책을 쏟아냈지만, 본질에는 한걸음도 다가가지 못했다. 정치개혁 실패와 국민을 결집시켜 미래를 향하도록 하는 리더십의 부재로 일본인들의 미래관도 어둡게 변해가고 있다.

3. 현저히 약화된 제조업 기지로서의 역할

제 1장에서 '한국, 중국, 일본은 세계 경제에서 가장 중요한 제조업 생산 기지의 역할을 하고 있으며, 3국의 주력산업은 유사하다'라고 설명한 바 있다. 그만큼 한 · 중 · 일 3국의 산업은 서로 경쟁적이면서도 보완적이다. 만약 세 나라 중 한 나라의 산업이 강해지거나 약해지면, 이로 인해 다른 두 나라가 받는 영향도 대단히 커진다.

지금 일본에서는 이런 현상이 중국과는 정반대 방향으로 일어나고 있다. 1990년 버블 붕괴 이후 일본은 입지 경쟁력이 서서히 약화되면서 기업의 해외 이전이 시작됐지만, 그 속도는 매우 완만했다. 그러나 2000년대 중반을 지나면서부터는 그 속도가 빨라졌으며, 2008년 경제위기 이후 가속도가 붙고 있다. 이른바 '6중고'로 일컬어지는 엔고, 높은 법인세, 높은 인건비 부담, 급격한 환경 · 노동 규제, FTA 체결 지연, 전력 수급 불안과 함께 고령화에 따른 내수부진 등으로 입지 경쟁력이 급속히 약화된 것이다.

〈표 3-7〉 한국과 일본의 기업 경영여건 비교

구 분	한 국	일 본
통화가치(對 달러, 2007년 말 대비)	17% 하락	37% 상승
법인세(실효세율)	24.20%	40.69%
전력요금(1kW당, 2009년)	0.058달러	0.158달러
FTA 추진	교역 비중*: 34.0% FTA시장 비중**: 57.1% (미국, EU와 FTA 발효)	교역 비중: 18.6% FTA시장 비중:12.3% (TPP 가입 추진 중)

* 교역비중은 해당국 교역에서 해당국의 FTA 발효국이 차지하는 비중.

** FTA 시장 비중은 세계 수입시장에서 해당국의 FTA 발효국이 차지하는 비중.

자료: 일본 재무성, 자원 · 에너지성, OECD 자료를 바탕으로 2012년 3월 〈닛케이 비즈니스〉가 작성한 것을 재인용, 한국무역협회.

이 같은 여건에서 2011년 3월 발생한 동일본 대지진은 경제 전반과 산업에 크나큰 충격을 주었다. 지진규모가 9.0으로 일본 역사상 가장 컸던 데다 쓰나미까지 겹쳐 시상 최고의 피해가 발생했다. 지진의 충격에 따른 경제성장률의 마이너스 전환, 30년간 이어온 무역수지 흑자 신화의 붕괴 등 충격적인 사건이 연이어 터져 나왔다. 지진피해에 태국 홍수의 영향까지 겹치면서 일본 기업의 경영난은 한층 심해졌고, 실적도 크게 악화됐다. 2011년 일본 상장기업의 전체 매출(4~12월 기준)은 전년 동기 대비 0.6% 감소하고 경상이익은 18.3% 줄어들었다.[10]

자동차, 전기·전자 등 주력 제조업의 실적이 악화됐으며, 특히 파나소닉, 소니, 샤프 3사의 총 경상손실은 1조 엔에 달할 전망이다. 이 가운데 샤프는 2011년 3,760억 엔(약 5조 원)에 이어 2012년 회계연도에도 4천 5백억 엔(약 6조 2천억 원)으로 창사 이래 최대 적자를 기록하면서 국내외에서 1만여 명의 감원계획을 발표하는 한편, 미국 퀄컴과 대만의 혼하이로부터 긴급 자본수혈을 받을 것으로 알려져 일본을 충격에 빠트렸다.

그런데 단기적인 충격보다 더욱 주목할 것은 동일본 대지진이 장기적으로 일본 경제·산업구조에 변화를 몰고 올 가능성이 크다는 점이다. 지진공포, 방사능 피해, 전력부족 등으로 일본인의 의식과 가치관에 큰 변화의 조짐이 엿보이고 있다.[11] 특히 후지 산(富士山) 분화 등 가까운 장래에 또 다른 초대형 대지진이 발생할 수 있다는 우려와 공포심이 사회 전반에 확산되고 있다. 도쿄대 지질연구소는 향후 10년 안에 고베(神戶) 대지진과 유사한 도심직하형(都心直下型) 지진이 수도권 주변에서 발생할 수 있음을 경고한 바 있다.

일본 경제·산업의 미래 전망에 있어서 고령화의 본격적인 진전과 함께 대지진이 결정적인 변수가 될 수 있다. 고령화는 과거부터 계속된 문

10 삼성경제연구소 (2012.3.7), "대지진 이후 1년."

11 포스코경영연구소 (2011.6.28), "대지진 이후 일본 제조업의 변화 전망과 시사점".

제이지만, 동일본 대지진은 새로운 문제다. 대지진으로 인한 리스크의 증가가 일본 경제와 산업에 미치는 부정적 영향은 생각보다 클 것으로 보이는데, 특히 제조기지 역할은 더욱 약화될 전망이다. 과거와는 비교도 안 될 만큼 본격화될 제조업 공동화는 고용감소와 무역수지 적자 확대에 따른 경상수지 적자로도 연결될 수 있는데, 이는 경제위기로까지 번질 수 있는 정말 파괴력이 큰 사안이다. 이제부터 이 문제를 보다 심층적으로 살펴보자.

최근 여러 일본 기업인들을 만나보면, 본거지를 해외로 옮기는 방안을 심각하게 고려하고 있으며 기업경영에서 '장기 플랜'이란 용어가 사라지고 있음이 느껴진다. 이는 그만큼 일본에서 사업하기가 어려워진 것은 물론, 또한 지진에 대한 공포로 일본에서는 장기적인 시각에서 계획을 세우기 힘들어졌음을 의미한다.

실제 최근 들어 일본 기업의 해외진출이 급증하고 있으며, 이들의 69%가 해외진출의 필요성을 절감하고 있다.[12] 일본 기업들이 자국을 떠나려는 움직임은 기존의 입지 경쟁력 약화와 함께 ① 내수부진, ② 서플라이 체인 재구축, ③ 전력공급의 불안정 등 리스크의 증대, ④ 대지진 공포, ⑤ 엔고가 작용하기 때문이다. 이 가운데 엔고 문제는 다시 엔저로 전환될 수 있는 가변적인 사안이므로 논의에서는 제외한다.

1) 내수부진

일본은 고령화의 진전, 가계소득 정체, 소비성향 저하, 미래에 대한 불안 등의 악순환이 반복되면서 오랫동안 내수침체를 겪고 있다. 소비성향이 강한 베이비붐 세대의 은퇴, 젊은 층의 소비저하 등이 복합적으로 작용하면서 발생한 내수부진 문제는 매우 구조적인 것으로 지속적으로

12 이우광 (2012.6.11), "일본 서플라이 체인 변화와 한 · 일 협력".

심화될 가능성이 크다. 이것이 일본 기업을 괴롭히는 가장 큰 문제이며, 일본을 떠나게 만드는 가장 큰 요인 중 하나다.

2) 서플라이 체인 재구축

동일본 지역은 자동차, 전자, 기계산업 부품·소재의 집적지였다. 그런데 대지진으로 '저스트 인 타임', '집중조달 및 온리 원' 등 일본 특유의 공급 시스템이 약점으로 부각되면서 서플라이 체인을 재구축하는 문제가 심각하게 대두되고 있다. 예를 들면, 대지진으로 일본 르네사스 일렉트로닉의 마이콘(시스템반도체) 공장 한 곳이 조업을 중단하면서 자동차, 휴대폰, 에어컨 등 관련업계에 총체적 타격을 입혔다. 토요타의 50% 감산, NTT도코모 휴대폰 신모델 판매의 연기, 미쓰비시전기의 냉장고 감산, 히타치제작소의 엘리베이터 납기연장 등이 그것이다. 이처럼 일본의 공급 시스템은 기본적으로 피라미드 구조인 줄 알았으나 실제로는 다이아몬드 구조로 하위의 특정 부품업체가 한 곳이라도 라인을 멈추면 완성품 업체도 가동을 중단한다.

따라서 일본 기업들은 하나에 집중함으로써 발생하는 리스크와 분산에 따른 코스트를 조화시키는 방향으로 서플라이 체인을 재구축하고 있다. 공급선의 복선화 또는 생산거점의 분산화를 통해 일부 부품 공급망이 단절되더라도 조업을 지속할 수 있는 구조를 만드는 것이다.

단기적으로는 적정 재고를 확보하거나 대체 공급선을 확보하는 방안이 강구될 것이며, 중장기적으로는 생산거점을 전국으로 분산하면서 복선화 또는 해외 이전을 추진할 전망이다. 그런데 단기적으로 일본 내에서 해결이 가능하겠지만, 지진의 공포 때문에 궁극적으로는 해외진출이 불가피해 보인다.

3) 전력 리스크 증대

후쿠시마 원자력발전소(原電) 사고로 원자력발전소의 재가동이 쉽지 않을 전망이다. 아베(安倍) 정권은 원자력발전소 재가동을 검토한다고 했으나, 사고에 따른 방사능 피해로 치유할 수 없는 상처를 받은 국민들의 마음을 되돌리기는 힘들어 보인다. 지금까지 일본은 원자력발전이 전체 전력공급의 약 30%를 차지했는데, 이를 석유나 가스발전 같은 형태로 전환해야 한다. 일본 전력수요는 가정용이 20%이고, 기업 업무부문과 산업부문이 80%를 차지하고 있다. 이렇게 되면 일본 산업계는 전력공급 불안과 가격 상승－원자력 발전이 가장 저렴하지만, 이를 중단함으로써 직면하게 될 전력가격 상승－문제에 노출될 수밖에 없다.

전기요금 상승도 문제지만 전력공급의 불안정이 더 큰 문제다. 산업에 따라서는 공급제한이 치명적인 생산의 제약요인으로 작용하기 때문이다. 예를 들어 소재산업은 전력을 많이 사용하는 대표적인 분야다. 생산비 중 전기요금 비중이 타 산업에 비해 상대적으로 클 뿐 아니라 전력공급이 불안정해지면 생산차질은 물론 품질에 문제가 발생할 수 있다. 이런 이유로 해외생산에 가장 소극적이던 부품·소재업체들조차 최근에는 적극적인 자세로 돌아섰다.

〈표 3-8〉 전력 문제로 인한 일본 제조업체의 해외이전 사례

기업명	이전 대상	이전 계획
일본전산	소형모터 시험설비	시가 현 모터 시험설비 해외이전 검토
호야	광학렌즈	중국 산둥성에 공장신설 결정
미쓰이금속	스마트폰 PCB	말레이시아 공장신설 결정
소프트뱅크	데이터센터	경남 김해 데이터센터 개소(2011. 12)

자료: 한국무역협회

후쿠시마 원전
사고현장

지금까지 일본 기업의 해외진출 원인을 살펴보았다. 이제부터는 최근 일본 기업의 해외진출이 과거와 다른 점과 파급효과를 보기로 하자. 과거 일본은 기업의 해외진출로 제조업 공동화(空洞化)를 우려했으나, 실제로 공동화 현상은 일어나지 않았다. 비용절감과 해외시장 확대의 차원에서 진행된 일부 현상에 그쳤을 뿐이다. 그러나 대지진 이후 일본 기업의 해외진출 패턴은 과거와는 크게 다를 것으로 보인다.[13]

첫째, 일부 현상이 아닌 산업 전반에 걸쳐 일어나고 있으며, 수출 기업에 한정되지 않고 내수기업으로까지 확대되고 있다.

둘째, 과거에는 조립업체 중심이었으나 지금은 부품, 소재업체로 확대되고 있으며, 특히 일본 산업의 핵심이라 할 수 있는 소재기업까지 이전을 적극 희망하고 있다. 전력부족의 장기화와 서플라이 체인 리스크 분산 등을 이유로 과거에는 움직이지 않던 소재기업마저 들썩거리고 있

13 앞의 글.

다. 최근 도레이, 스미토모화학, 아사히카세이 등 일본 부품·소재 기업의 한국 투자 급증이 이를 증명하고 있다(세부내용은 '부록 3' 참조).

셋째, 과거의 노동집약적 산업에 국한되지 않고 R&D, 마케팅 등 본사의 핵심기능 이전이 활발해지고 있다.[14]

넷째, 중소·중견기업이 해외진출을 적극 추진하고 있다. 중소기업 단독으로는 자금, 노하우 등에 한계가 있어 소기업 집적지 차원에서 공동으로 진출하는 방안이 추진되고 있으며,[15] 이를 일본 지자체와 중앙정부, 종합상사, 해외서비스 전문기업 등이 지원하고 있다. 범위는 교토 시, 군마 현, 하마다쓰 시, 도쿄 오타구 지구, 가쓰시카 구 등 전국에 걸쳐 있으며 계속 확산되는 추세다.

다섯째, 진출선이 다양화되고 있다. 그동안 일본 기업의 해외 투자처는 중국, 인도, 태국에 집중됐으나, 최근에는 노동집약적 산업은 인도네시아와 베트남으로, 기술집약적 산업은 한국과 대만 등으로 분산되는 추세다. 특히 대만으로 가는 일본 기업이 크게 늘고 있다.

이처럼 기업의 해외진출이 과거와 달리 전 산업에 걸쳐 있고 핵심기업까지 포함되다 보니, 일본 내부에서 해외진출을 보는 시각도 바뀌고 있다. 내수시장의 감소, 고령화 등으로 기업하기 어려운 상황이 추세적이라면, 일본을 고집하다가 공멸하기보다 환경에 순응하면서 해외에서 기회를 모색하는 게 낫다는 마인드가 설득력을 얻고 있다.

'하산론'(下山論)이 확산되는 것도 이런 배경에서다. 2011년 이츠키 히로유키(五木寛之)가 쓴 《하산의 사상》이 일본에서 베스트셀러에 오르면서 수출주도형 성장, 즉 '무역입국론'을 비판하는 의견이 '하산론'이란 이름으로 등장했다. 하산론자들은 일본이 풍부한 자산과 인프라를

14 주력제품 및 핵심기술의 해외이전에 대한 설문조사 결과(《2011 경산성 백서》). '이미 이관'(49.8%), '가능성 있음'(21.5%), '있을 수 없음'(22.1%), '미정'(6.7%) 등으로 나타났다.

15 이우광 (2012.6.11), "일본 서플라이 체인 변화와 한·일 협력".

보유한 선진국이기 때문에 성장에만 집착할 필요가 없으며, 기존의 수출주도형 성장은 신흥국과의 경쟁에 따른 임금하락을 유발할 뿐 고용창출 효과가 떨어진다고 비판한다. 대신 해외투자 확대를 통해 무역적자를 초과하는 경상수지 흑자를 실현하고, 그 소득을 의료, 복지, 교육에 집중적으로 투자해 내수산업을 육성하자는 이른바 '투자입국론'을 주장하고 있다.

그간 일본 정부는 산업공동화에 대한 우려로 제조업의 해외 이전을 최대한 억제한다는 입장이었으나, 여기서 한발 물러나 투자입국을 통한 성장모델을 모색하고 있다. 이러한 입장의 변화는 소득수지 흑자를 통해 경상수지를 흑자로 유지하려는 것으로 풀이된다.

2011년 일본은 31년 만에 무역수지 적자를 기록하면서 수출강국의 신화가 깨졌다. 2011년 수출은 전년 대비 2.7% 감소한 65조 5,465억 엔, 수입은 12.1% 늘어난 68조 1,122억 엔으로, 2조 5,647억 엔(약 298억 달러)의 무역적자를 냈다. 무역적자의 직접적인 원인은 동일본 대지진, 태국 홍수 등으로 인한 생산타격과 에너지 수입 증가였다. 2012년에는 수출 69조 2,410억 엔, 수입 70조 1,160억 엔, 무역적자는 8,747억 엔(약 100억 달러)으로, 규모가 줄기는 했지만 적자기조는 유지될 전망이다.

대지진과 함께 일본 기업이 다수 진출한 태국에 홍수까지 나면서 일본 내 부품·소재 공급망이 타격을 입었는데, 이로 인해 2011년에는 일본의 대표산업인 자동차 수출이 전년 대비 8.2%, 전자산업은 10.3% 감소했다. 이에 반해 대지진 이후 원전가동 중단으로 전력수급에도 차질이 생겼으며, 이를 화력발전으로 대체하기 위한 천연가스 수요가 급증하면서 관련 수입이 25.6%나 늘어나 전체 수입 증가세를 견인했다.

그런데 최근 일본에서는 무역적자 구조의 고착화 가능성이 높게 점쳐지고 있다. 수출 측면에서 보면 일본 기업의 해외 이전이 가속화될 경우 중장기적으로 수출이 감소하는 것은 물론, 해외생산 제품의 역수입이 늘어날 가능성도 있다. 실제 닛산은 태국에서 생산 중인 현지 중산층 시장공략용 차량인 '마치'를 일본으로 들여오고 있다.

수입 측면에서는 후쿠시마 원전 사고 이후 2012년 말 현재 일본 내 원전이 2기만 가동 중에 있어, 전력난 방지를 위해 화력 발전용 에너지 수입이 계속 늘어날 전망이다. 일본 연구자료에 의하면, 일본 정부가 원전을 화력발전으로 대체할 경우 2012~2016년 중 LNG, 석탄 등 화석연료 수입이 매년 2조 3천 억~2조 6천억 엔씩 증가하는 것으로 되어 있다.[16]

이처럼 수입 증가요인과 수출 감소요인이 고착화되어 맞물릴 경우 일본은 무역수지 적자가 구조화될 가능성이 있다. 그리고 이렇게 되면 앞으로는 무역적자를 소득흑자로 메워 경상흑자를 유지하는 것이 대단히 중요해진다. 투자입국으로의 전환이 불가피한 이유가 바로 여기에 있다.

그런데 GDP의 200% 이상인 국가부채를 지탱해온 경상수지 흑자가 10조엔 대로 떨어지고 있고, JP모건증권은 일본의 경상수지가 2015년부터 적자기조로 전환될 것으로 보면서 정부의 적극적인 대책을 주문하고 있다. 만약 일본이 경상수지마저 적자로 돌아서면 어떻게 될까?

지금까지 일본은 발행한 국채의 90% 이상을 국내에서 소화했다. 이 덕택에 이탈리아나 스페인과 달리 경제위기에도 아무런 영향을 받지 않았다. 그런데 경상수지마저 적자로 전환되어 고착화된다면 국채의 일부를 해외에 의존할 수밖에 없게 된다. 아직 그 가능성은 희박하지만 외국에 대한 의존도가 커질수록 이탈리아나 스페인처럼 위기를 맞지 말란 보장이 없다. 국채 소화를 외국에 의존하는 상황이 오면 일본은 엔화 가치를 일정 수준 이상 유지해야 하는데 이 또한 부담이다. 일본 정부가 무역입국에서 투자입국으로의 전환 등 경상수지 흑자 유지를 위한 적극적인 대책을 강구하는 절실한 이유다.

---

16 이지평 (2012), "31년 만의 일본 무역적자 일시적 충격에 약해진 체력 드러냄".

일본 기업의 해외진출 가속화는 일본 경제의 앞날을 어둡게 만드는 중요 요인일 뿐 아니라, 한국·중국·일본·대만 등 동북아 분업구조에 심대한 영향을 미칠 것이다. 특히 일본의 최고 자랑인 부품·소재기업을 누가 유치할지, 일본의 제조기지 역할을 누가 대신할지에 따라 향후 한·중·일 분업구조의 승자가 가려질 것으로 보인다.

지금까지 일본 경제가 추세적으로 어려워지는 모습을 살펴보았다. 이제는 일본 경제를 장기적으로 추락하게 만드는 근본원인이 무엇인지 알아보자.

4. 일본 경제침체의 근본원인

일본 경제침체의 원인에 관해 일본 내부에서도 백가쟁명(百家爭鳴) 식의 논란이 있었다. 정부와 기업 모두 수많은 대책과 경쟁력 제고방안을 만들어냈지만, 별다른 성과를 거두지 못했다. 이는 인구 고령화 대책을 실천으로 옮기지 못하고, 전체의 경쟁력 제고를 위해서는 근본적인 내부개혁이 필요한 데도 핵심은 내버려둔 채 주변만 건드렸기 때문이다. 일본 경제침체의 근본원인은 인구 고령화와 내부개혁의 실패인 것이다. 여기에 하나를 더 지적하자면, 자신감 상실로 인한 도전정신의 퇴조를 들 수 있다.

1) 인구감소와 고령화 대응 부진

앞에서 지적하기도 했지만, 인구의 변화는 국가의 흥망성쇠에 가장 큰 영향을 끼치는 변수다. 인구가 감소하면 성장을 도모하기가 대단히 어렵고, 결국 그 나라는 쇠퇴하기 쉽다.

세계사를 보더라도 국가의 쇠퇴기에는 인구 감소현상이 나타났다. 그런데 일본은 급속한 고령화의 진전으로 1996년 이후 생산가능 인구(15~64세)가 점차 줄어들고 있으며, 최근에는 총인구마저 감소세로 돌아섰다.[17] 몇 년 후부터는 매년 50만 명이 넘는 인구가 감소할 것이란 예상도 있다. 고령화와 인구감소는 생산가능 인구의 감소와 함께 생산 및 R&D 활동을 연쇄적으로 위축시켜 일본 경제를 쇠퇴시키는 한편, 사회 전반의 활력을 떨어뜨리는 원인이다. 생산현장의 인력이 부족해 사라진 산업도 있으며, 생산인력 고령화로 생산성과 경쟁력이 연쇄적으로 저하

17 일본의 인구는 2011년 1억 2,780만 명, 2012년 1억 2,760만 명으로 20만 명이 줄었다.

되는 경우도 있다. 실제 일본의 금형, 주물 등의 뿌리산업에서는 생산인력과 연구인력의 부족으로 공장이나 연구소 문을 닫는 일이 벌어지고 있다. 생산인력의 고령화에 따른 생산성 저하의 예는 조선산업에서도 있었다. 한국이 일본 조선산업을 추월한 것도 생산인력의 고령화 때문인 것이다.

이렇게 생산가능 인구의 감소는 산업 경쟁력뿐 아니라 산업 자체를 없앨 정도로 무서운 현상이다. 이런 일이 1996년 이후 약 20년 동안 진행되면서 이제 더 이상 버틸 수 있는 임계점을 넘어서는 게 아닌가 하는 생각마저 든다. 인구감소와 고령화는 소득감소와 소비시장 위축으로 이어질 수밖에 없다. 식품, 의류, 가전 등 모든 소비재의 시장규모가 인구감소에 따라 축소될 수밖에 없다. 일본 패션시장은 소득, 환율, 인구 등을 감안하면 규모가 우리의 약 5배가 되어야 정상인데, 실제로는 2.5배 정도밖에 되지 않는다. 일본 소비시장이 얼마나 위축되어 있는지 또 내수부진의 원인이 어디에 있는지 잘 보여주는 사례라 하겠다.

이렇게 내수부진이 장기화되고 앞으로 더욱 심화된다면 그 어떤 기업도 시장을 믿고 사업하기 힘들다. 그래서 일본 기업들은 해외진출과 이전을 고려할 수밖에 없다.

불행히도 일본 정부는 인구 감소와 고령화에 효과적으로 대처하지 못했다. 이미 '생산가능 인구와 총인구 감소 → 경제 · 산업 활동 및 소비시장 위축 → 고용 · 소득 감소 등에 따른 생활여건 악화 → 저출산, 고령화 심화'로 이어지는 악순환의 덫에 빠진 듯하다.

2) 내부개혁의 실패

1980년대 일본이 세계시장을 호령할 때 미국은 일본 앞에서 주눅이 들 수밖에 없었고, 조만간 일본에게 추월당할 것이란 말까지 들어야 했다.

하지만 결과는 전혀 그렇지 않았을뿐더러 오히려 버블 붕괴 이후 일본이 쇠퇴의 길을 걷고 있다. 반면, 미국은 1990년대 IT혁명을 주도하면서 부동의 세계 1위 자리를 고수하고 있다. 왜 모든 전문가의 예측이 빗나간 것일까? 여러 가지가 있겠지만, 가장 중요한 이유는 국가 혁신능력에서 찾아야 할 것 같다.

미국은 시대의 트렌드가 바뀔 때마다 카멜레온처럼 변신할 수 있는 내부 혁신능력이 가장 뛰어난 나라다. 스마트폰이 이러한 미국의 힘을 잘 보여준다. 피처폰이 산업표준으로 자리 잡으면서 피처폰 제조가 모듈화되고 가격 경쟁력이 핵심이 되자, 애플은 스마트폰이라는 새로운 패러다임을 제시하면서 누구도 넘볼 수 없는 휴대폰산업의 리더 자리를 고수하고 있다. 이게 미국의 힘이다. 막강한 지식을 바탕으로 끊임없는 혁신을 이끌어 낼 수 있는 산업생태계가 바로 미국 경쟁력의 원천인 것이다.

반면, 일본은 큰 변화가 수반되는 혁신을 주저해왔다. 역사적으로 선진국들은 경제 및 사회적 여건의 변화에 따라 국가전략을 유연하게 바꾸면서 대처했는데, 일본은 초기 경제모델에서 탈피하지 못하고 점차 활력을 상실하고 있다.[18] 1990년대에 발생한 자산 버블현상은 새로운 시스템으로의 개혁 필요성을 요구했지만, 근본적인 국가개혁은 미흡했다. 개혁은 곧 기득권층의 변화를 요구하며, 이들의 저항 또한 당연하다. 일본은 고도성장 과정에서 큰 효과를 본 구 자민당 중심의 정·관·재계 간 유착 시스템을 철저히 개혁해야 했는데, 결국 그러지 못했다. 3가지 이유 때문이다.

첫째, 기득권층이 변하지 않는 가운데 정치인들이 국민에게만 구태를 버리고 희생하라고 요구하면 리더십이 성립할 수 없다. 정치적 리더십

18 이지평 (2010.2.24), "일본 경제의 쇠퇴현상, 한국 경제에 경고등".

이 없는 개혁은 공허할 수밖에 없다. 기득권층도 일반 국민도 변하지 않는 개혁은 헛된 구호일 뿐이다.

얼마 전 일본 정부가 재정개혁을 위해 소비세 인상을 추진한 적이 있는데, 거의 모든 정치인이 수수방관하거나 반대하는 모습을 보고 '이게 일본의 한계구나'하고 느낀 적이 있다. 물론 민주주의 국가에서 세금을 올린다는 것은 결코 쉬운 일이 아니다. 그러나 세금을 인상하지 않아 경제가 위기에 처할 수 있다고 한다면 상황이 달라질 법도 한데, 현실은 그렇지 않았다. 일본은 상식적인 일조차 해낼 수 없는 구조적 한계에 빠져 있는 것이다.

둘째, 근본적인 문제를 해결할 일관되면서도 총괄적인 계획이 없었고, 계획들이 부분적이면서 전시적인 성격이 강한 단편적 프로그램 위주였다. 그나마 각종 프로그램 간에 연계성이 없었으며, 우왕좌왕한 측면도 있다. 일관성 없는 단편 프로그램 위주의 개혁이 정치적 리더십 없이 추진되다 보니 실패할 수밖에 없는 것이다.

일본 경제에 이상징후가 나타났던 초기에 이를 경기순환적인 문제로 이해하고 경기부양을 위해 공공투자를 대폭 확대하는 쪽으로 가닥을 잡았으나 효과를 보지 못했다. 뒤늦게 구조적 차원으로 방향을 전환한 후에도 정부조직을 전면 개편하는가 하면 신자유주의적 개혁을 마구잡이로 추진하다가 2008년 경제위기 이후에는 이를 대폭 수정하는 등 본질적 문제를 전혀 다루지 못했다. 정권이 바뀔 때마다 일관성 없는 개혁이 시도 때도 없이 추진되다 보니 이른바 '개혁 피로도'만 쌓였고, 이제 일본 국민들은 어떤 개혁조치에도 관심을 보이지 않는다.

셋째, 변화를 주저하는 일본 국민들의 성향도 개혁을 어렵게 하는 주요 원인이다. 일본에 가 보면 10년 전이나 지금이나 달라진 게 별로 없다. 여전히 그 건물에 그 상점이 그 자리를 지키고 있다. 몇 대에 걸쳐 가업을 계승하는 장수상점과 장수기업이 다른 나라와 비교되지 않을 정도로 많다. 국가별로 장수기업 수를 보면, 미국이 제일 적다. 이렇게 일본은 전통을 계승하면서 조금씩 개선해 나가는 것은 누구보다 잘하지만 통째로 뒤집고 바꾸는 것은 선천적으로 꺼리고 거부한다.

3) 자신감 상실에 따른 도전정신의 퇴조

1980년대 미국에서 회자되던 '냉전이 끝났을 때 승자는 일본이었다'란 말은 이제 시대착오적인 이야기가 되어 버렸다. 대신 요즘은 '냉전이 끝났고, 일본이 사라졌다' (*The Cold war is over and Japan vanished*) 란 말이 공공연하게 나돌고 있다. 일본의 '잃어버린 10년'을 넘어 '잃어버린 20년'을 두고 하는 말이다. 디플레이션, 소득감소, 내수침체, 고용부진 등이 1~2년이 아닌 20년이나 지속되면서 일본인들은 점차 자신감을 잃어가고 있다.

특히 일본 젊은이들의 자신감과 삶에 대한 의욕이 떨어지고 있다. 2005년 미우라 아츠시(三浦 展)의 《하류사회: 새로운 계층집단의 출현》이 출판된 이후 '하류'(下流)는 최근 일본 사회의 변화, 특히 일본 젊은 층의 변화를 이해하는 가장 중요한 키워드 중 하나다.[19] 하류의 의미는 '단순히 소득이 적다는 것뿐 아니라 커뮤니케이션 능력, 생활능력, 일할 의욕, 배울 의욕 등 삶에 대한 의욕이 총체적으로 낮은 사람'이다.

최근 일본에서는 '프리터족', '니트족', '캥거루족'이란 용어가 유행이다. '프리터족'은 정식 직장에 취직하지 않고 자발적으로 아르바이트 또는 임시직으로 생활하는 청년을 말하며, '니트족'은 학교에도 가지 않고 직업도 구하지 않고 아무것도 하지 않는 젊은이를 가리킨다. '캥거루족'은 취직을 포기하고 30~40대 나이에도 독립하지 않은 채 부모에 얹혀사는 사람을 일컫는다.

19 이우광 (2010), 《일본 재발견》.

일본의 실상을
반영하는 프리터족

이런 현상은 산업계에서도 폭넓게 나타나고 있다. 현재 일본에는 중소기업 매물이 넘쳐나는데, 이 중에는 몇 대에 걸쳐 가업을 계승해온 기술력 있는 기업도 많다. 일본 젊은이들은 더 이상 할아버지, 아버지가 하던 제조업을 가업으로 이어받기 싫은 것이다. 기업을 팔면 평생 남부럽지 않게 살 수 있는데 할아버지, 아버지처럼 손에 기름때를 묻혀가면서 살기 싫다는 것이다. 일본 정부가 제조업 승계를 위한 각종 혜택을 정책으로 내놓았지만 별다른 효과를 보지 못하고 있다. 의욕을 잃어가는 또 하나의 하류사회의 모습이다.

최근 일본은 사회 전반에 걸쳐 기업가정신과 적극적인 도전정신이 퇴조하는 모습이 역력하다. '잃어버린 20년' 동안 자신감을 상실한 결과다. 최근 때 아닌 메이지유신의 영웅 사카모토 료마(坂本龍馬)가 재조명되는 것도 새로운 가치관과 시스템이 절실하다는 사회적 공감대를 반영한 게 아닐까?

5. 일본 경제 · 산업의 강점

경제 침체에 따른 일본의 위상 저하는 지난 20년 동안 지속적으로 진행되어온 구조적인 현상이며, 최근에는 그 임계점(臨界点)을 지나 가속화되고 있다고 판단된다. 게다가 일본 대지진이 결정타를 가했다. 일본이 이런 기조를 바꾸는 것은 불가능할지도 모른다. 그러나 앞에서 살펴본 것처럼 일본의 산업기술은 세계 최고 수준이며 일본만 잘하는 분야가 많다. 그리고 일본 기업과 정부도 마냥 손을 놓고 있는 게 아니며, 경쟁력을 높이기 위해 치열한 노력을 전개하고 있다. 이런 움직임을 모니터링하면서 그 추이를 잘 지켜볼 필요가 있다.

이제부터는 일본 산업의 강점과 일본 기업의 재기를 위한 몸부림을 집중적으로 살펴보기로 한다.

도쿄대학의 모노즈쿠리 경영연구센터는 일본 제조업의 특성을 제조현장을 통합하는 조직능력에서 찾는다. 여기서 '통합'(*integral*)이란 제조현장에서의 팀워크, 정보공유, 업무호흡, 미세조정, 까다로운 고객응대, 장인정신과 같이 정량화하기 어려운 요소들을 말한다.[20] 일본 기업들은 상호 긴밀한 협력으로 통합을 이룩하는 조직능력이 다른 나라 기업보다 탁월하다는 것이다.

다소 추상적이고 어려운 말이다. 원래 '아키텍처(*architecture*) 이론'은 일본 전자산업의 쇠퇴원인을 밝히기 위해 시작됐으나, 산업 경쟁력 혹은 한 나라의 경쟁력을 분석하기 위한 최적의 설명도구다. 도쿄대학의 모노즈쿠리 경영센터는 일본 제조업의 강점을 정말 일목요연하게 잘 설명했다고 생각한다.

---

20 앞의 책.

일본은 이 같은 강점으로 한때 세계의 정상에 올랐으며, 그 예로 자동차산업이 대표적이다. 자동차산업은 조립 대기업과 중소·중견기업 간의 긴밀한 협력으로 2~3만 개에 달하는 부품, 소재를 생산·조립하는 분야다. 같은 회사에서 생산되는 자동차라 하더라도 모델마다 부품이 조금씩 다르다. 따라서 일정 수준 이상의 품질을 유지하기 위해서는 대기업과 1차, 2차, 3차로 내려가는 부품 및 소재업체 간 상호협력 관계를 구축하고 제품기획, R&D, 양산단계 등에서 일사분란하게 행동해야 한다. 이런 관계는 자동차 기업이 존재하는 한 지속되며, 어느 산업보다 그 관계가 폐쇄적이다.

그래서 자동차산업에서의 혁신은 IT산업처럼 큰 변화가 빠른 기간 안에 일어나지 않고 장기간에 걸쳐 작은 개선이 끊임없이 반복되어 중장기적으로 다른 기업과 차별화되는 경쟁력을 확보하는 것을 특징으로 한다. 이 과정에서 조립 대기업과 부품·소재업체 간 상호학습에 의한 혁신의 확산과 증폭이 대단히 중요하다. 자동차산업을 들여다보면, 일본기업이 잘하는 요소들이 전부 들어 있음을 알 수 있다.

① 산업의 패러다임이 잘 변하지 않고, ② 순발력에 의한 단기간의 혁신보다는 장기간에 걸친 끊임없는 개선을 통한 혁신이 중요하며, ③ 기업 간 협력이 경쟁력을 좌우하며, ④ 장기간에 걸친 현장 노하우가 중요한 분야가 그것이다. 이것이 조립완성품 분야 중 일본 자동차산업이 가장 늦게까지 경쟁력을 유지할 것이라고 전망하게 하는 이유다.

한편 이런 장점들을 고루 갖춘 또 다른 분야로 기계산업을 포함해 부품·소재·장비, 특히 높은 정밀도가 요구되는 소재 및 장비 분야를 꼽을 수 있다. 일본의 주간 경제지 〈이코노미스트〉는 동일본 대지진, 엔고, 태국 홍수 등 각종 악재에도 불구하고 괄목할 만한 성과를 내는 50개 기업을 소개하는 특집기사를 게재했다. 이들 기업 중 대부분이 고도의 기술력을 장착한 부품·소재·장비기업들이었는데, 개요는 〈표 3-

9〉와 같다(세부내용은 '부록 4'를 참조).

〈표 3-9〉 일본의 50대 유력기업 중 부품 · 소재 · 장비기업

엔고현상에도 거듭나는 유력 소재기업

도레이	과거 최고 영업이익 1천 1백억 엔. 50년 전부터 아시아 시장 전개
스미토모화학	범용품을 싱가포르, 사우디아라비아에서 생산, 농업화학 1등 기업으로 신흥국시장으로 판로 확대

한국의 성장에 연동하는 기업

대일본 스크린제조	웨이퍼 세정장치 세계 최정상급. 유기EL 도포장치를 한국에 출하
도쿄일렉트론	반도체 제조장치 세계 2위

검사와 계측에서 빛나는 일본 기술

호리바제작소	엔진계측기 세계 점유율 80%
일본전자	전자현미경 세계 1위

신흥국의 고도성장으로 성장하는 기업

오쿠마	다기능형 수치제어 공작기계(MC) 대기업, 국내외 공통으로 MC와 공작기계용 수치제어(NC) 선반 호조
화낙	NC장치 세계 1위

스마트폰, 태블릿PC 보급으로 늘어나는 부품

아사히화성	스마트폰용 전자컴퍼스 세계 최대기업. 리튬이온전지용 세퍼레이터 세계 점유율 50%
미쓰이금속	스마트폰용 고기능 동박 세계 점유율 80%

일본은 부품 · 소재 · 장비, 특히 정밀기기 분야에서 세계시장을 장악하고 있다. 비록 IT산업 등 조립완성품에서는 점유율이 지속적으로 감소하는 등 경쟁력을 잃어가는 모습이 완연하지만, 부품 · 소재 · 장비 분야는 난공불락이다.

예를 들어 반도체, 디스플레이만 보더라도 조립완성품 분야에서 일본의 쇠퇴는 한국 및 중국의 부상과 너무도 대비되지만, 관련 핵심 제조장비와 부품 · 소재는 대부분 일본이 공급한다. 일본 부품 · 소재 중 세계시장에 전량을 공급하는 제품들은 〈표 3-10〉과 같다.

〈표 3-10〉 일본 부품 · 소재 중 세계시장에 전량을 공급하는 제품

제품명	용도별 제품	기 업
드라이브 레코더	자동차 부품 · 소재	로지텍, 파이어스타, Route-R
인버터 모듈	자동차 부품 · 소재	미쓰비시전기
콘덴서	자동차 부품 · 소재	니혼케이콤, 히구치전기
자동차용 차세대 2차 전지	자동차 부품 · 소재	파나소닉EV에너지, 오토모티브에너지 서플라이, 블루에너지
수정진동자	자동차 부품 · 소재	일본전파공업, 세이코인스톨전자디바이스, 타마디바이스, 교세라
플라스틱광파이버(POF)	자동차 부품 · 소재	미쓰비시레이온, 아사히카세이, 도레이
유리기판(청판)	가전제품 부품 · 소재	아사히글라스
편광판보호필름 (TAC필름)	가전제품 부품 · 소재	후지필름, 코니카필름
편광판보호필름 (보상기능부착)	가전제품 부품 · 소재	코니카미놀타
반사시트(백색)	가전제품 부품 · 소재	日榮化工, 도레이
NFC	휴대전화 부품 · 소재	소니와 NXP 세미컨덕터 공동개발
LED프린트헤드	OA 기품 부품 · 소재	후지제록스, 코덴시, 교세라
광통신용 렌즈 (유리비구면렌즈)	통신 네트워크 부품 · 소재	파나소닉, 아사히글라스, 올림푸스전기

자료: 일본 경제산업성(2012), 《2012 경제백서》.
일본 후지키메라종합연구소의 "2007년도 산업기술 조사사업"을 참고하여 한국무역협회에서 재구성

세계 시장의 절반 이상을 차지하는 품목은 수도 없다. 잃어버린 20년 동안 일본 산업을 굳건하게 지켜온 분야가 바로 부품・소재・장비 분야의 강소(强小), 강중(强中) 기업군이다.[21] 2000년대 들어서면서 소니, 파나소닉, 샤프 같은 종합 전자회사들이 몰락했으나 부품・소재・장비 관련 강소, 강중기업들이 일본의 수출과 성장을 견인했다. 2006년 기준 세계 10대 전자부품 기업 중 한국의 삼성전기(8위)를 제외한 9개 업체가 일본 소속이며, 특히 전자 소재는 모두 일본 기업이 장악한 것으로 나타났다.[22]

2000년대 들어 일본 산업계에 새로운 흐름이 나타나고 있는데, 바로 교토 기업군단으로, 대부분 전자산업 분야의 부품・소재・장비업체들이다. 교세라(종합전자부품), 무라타제작소(세라믹콘덴서 세계 1위), 호리바제작소(분석, 측정기기), 일본전지(자동차용 전지 등), 삼코(부품 제조 장치 등) 등이 대표적인데 여타 대형업체보다 월등한 실적을 보이고 있다. 이처럼 일본의 강점으로 무장한 강소・강중기업들, 즉 '일본식 히든 챔피언'이 일본 경제와 산업을 지키는 대들보인데, 무려 1천 5백~2천 개에 이를 것으로 추정된다. 이들 기업의 특징을 요약하면 다음과 같다.

- 핵심역량 : 차별적인 핵심기술 보유
- 사업전략 : 글로벌 시장 공략, 니치톱(*niche-top*)전략 구사(특수시장에서 압도적 우위 확보), 고객 밀착 지원, 철저한 내재화를 통한 독보적 경쟁력 확보, 신성장 영역에서 발 빠르게 대응
- 조직문화 : 장기적 관점의 개발 관리와 실패를 용인하는 조직문화, 개방형 혁신(*open innovation*), 벤처문화의 유지와 과감한 의사결정, 핵심인재의 활용 및 파격 인사제도 운영, 탄력적인 조직 및 협력적 노사문화 등

21 강소기업은 중소기업 중 세계적인 경쟁력을 갖춘 기업을, 강중기업은 중견기업 중 세계적인 경쟁력을 갖춘 기업을 지칭한다.

22 삼성경제연구소 (2011.12.29), "일본 B2B 강중기업의 성공전략과 조직문화".

1) 강소기업 : 다케나카제작소

일본에서 각종 기계 등의 정밀부품을 만드는 소규모 업체들이 밀집한 곳 중 간도우(關東) 지방에 오타(大田) 구가 있다면, 간사이(關西) 지방에는 히가시오사카(東大阪) 시가 있다. 설계도만 있으면 못 만드는 제품이 없을 정도로 최고의 기술력을 인정받으면서 '소형 인공위성을 쏘아 올리자'면서 몇몇 관련 부품업체들이 모여 우주개발 협동조합을 만든 곳이기도 하다. 이 히가시오사카 시에서 한 평 남짓한 조그만 선반 몇 대를 놓고 최첨단 전자제품에 들어가는 초정밀부품, 특히 녹슬지 않는 나사못을 개발해 세간의 주목을 끄는 업체가 바로 다케나카제작소다.

세계 나사 시장은 약 3백조 원으로 추정되며, 대부분 연간 매출액 10억 원 정도의 중소기업으로 채워져 있다. 이런 나사 업계에서 연간 매출이 4백억 원에 육박하는 기업이 바로 2대째 오로지 나사만 만드는 업체가 다케나카제작소다. 나사로만 이만큼의 매출을 올리는 비결은 1천 분의 1㎜ 오차도 용납하지 않는 초정밀나사와 해저(海底) 등의 가혹한 조건에서도 50년간 부식하지 않는 나사 등 누구도 흉내 내지 못하는 기술력에 있다.

2) 강중기업 : 무라타제작소[23]

전자부품인 세라믹콘덴서와 전류의 급격한 변화 및 전기잡음을 방지하는 수동소자인 인덕터 등에서 독보적인 세계 1위를 달리는 전자부품 선도기업이 바로 무라타제작소다. 이 회사는 재료에서 최종제품까지 수직통합 시스템을 구축해 품질과 가격 모든 면에서 타의 추종을 불허한다. 1956년 설립된 무라타기술연구소는 특히 소재 개발에 중심 역할을 수행

---

23 앞의 글.

무라타제작소
본사 전경

하면서 1962년 설립한 원료공장을 통해 세라믹 부품의 모든 재료를 내재화해 사업부와 자회사에 직접 공급하는 체계를 구축했다. 아울러 기계부를 설립해 최적화된 생산설비를 직접 만듦으로써 품질관리와 생산성 향상을 동시에 추구한다.

무라타제작소는 이른바 '굽는 기술'을 바탕으로 세라믹 분야에서 확고한 위치를 고수하는데, 세라믹콘덴서 중 적층형 세라믹콘덴서(*Multi-Layer Ceramic Capacitor*, MLCC)는 세계시장 점유율 35%로 1위를 달리고 있으며, 인덕터와 커먼모드 필터 역시 1위다.[24]

또한 후발주자가 모방하기 어렵도록 핵심부품을 모듈방식으로 설계하는 블랙박스 기술전략으로 경쟁력을 유지하는데, 모듈화는 가격 경쟁력 확보에도 도움이 된다. 급속한 글로벌화에도 불구, 기술유출 방지와 높은 품질을 위해 일본 위주의 생산방식을 고수하면서 무라타제작소의 2010년 전체 매출 중 85%를 해외에서 달성한 반면, 생산의 85%는 일본에서 이루어졌다.

---

24 앞의 글.

6. 일본 기업의 치열한 경쟁력 재무장 노력

일본 기업들도 속절없이 무너지지 않기 위해 치열한 노력을 경주하고 있는데, 이들의 경쟁력 재무장 노력은 크게 3가지 방향으로 요약할 수 있다. ① 강력한 구조조정 추진, ② 기존의 비즈니스 모델 재검토 및 신성장·신사업 창출, ③ 신흥국 진출 가속화 등이 그것이다.

1) 강력한 구조조정 추진

일본의 종합 전자회사들은 1990년대 이후 지속적으로 구조조정을 해왔다. 그러나 살을 깎는 구조조정이 일상이 되다 보니 그다지 효과가 없었다. 그런데 최근 진행되는 구조조정은 차원이 다르다. 더 이상 물러설 데가 없다는 절박감 속에서 금기마저 깨면서 강력하게 추진되고 있다.

소니는 TV사업의 산실인 이치노미야 공장을 폐쇄했으며, 파나소닉도 그동안 지방공장 폐쇄를 금기시하던 관행을 깨고 13개 공장의 문을 닫기로 했다. 일본 전자회사들의 구조조정은 한국과의 경쟁으로 실적이 나빠진 TV 및 디스플레이 분야에서의 생산거점 통폐합, 제품 라인업 축소 등이 대부분이다. 소니는 TV사업 부문에서 전 세계적으로 1만 명을 감원하기로 했는데, 전체 직원의 6%에 해당된다. TV, 디스플레이 부문에서 대규모 적자를 기록한 샤프도 일반 PC나 중저가 TV용 LCD사업을 축소하기로 했다.

2) 기존 비즈니스 모델의 재검토 및 신성장·신산업 분야 진출

일본 기업들은 전자, 자동차 등 주력산업 중에서 경쟁력을 잃어가는 분야는 구조조정을 하는 한편, 한국, 중국, 대만 등이 따라잡기 힘든 분야로 사업과 제품군을 전면 재조정하고 있다. 구체적으로는 자신들의 최대강점인 기술력을 충분히 활용한 부품 · 소재 · 장비 분야의 독과점을 더욱 공고히 하는 한편, 신기술 · 신산업 분야에 진출하는 것이다. 이들은 모두 경쟁국이 따라올 수 없는 첨단 기술력을 바탕으로 하고 있다.

이를 보여주는 좋은 사례가 히타치제작소다.[25] 히타치제작소는 정보통신, 부품, 기계와 핵심소재에 이르는 첨단 기술력을 바탕으로 각종 사회 인프라의 그린화에 주력해 세계 시장을 적극 공략하고 있다. 신재생에너지 등을 활용해 전력망을 안정적으로 관리하는 한편, 전기자동차(EV) 인프라도 구축하는 스마트시티 실증사업을 일본 3개, 해외 7개 지역에서 실시 중이다. 또한 임대맨션을 대상으로 각종 센서, 스마트폰, 분전반 등을 활용해 가정의 전자기기를 클라우드 컴퓨팅 베이스로 연결, 고객이 기기별로 전력 사용량을 확인하거나 조정할 수 있는 가정 내 에너지 관리시스템(HEMS) 사업에도 적극 뛰어들고 있다.

영국 고속철도사업 수주, 사우디아라비아 플랜트용 압축기사업 전개와 함께 중국 다롄 및 인도 구자라트 주 다헤지 공단 등의 수(水)처리 사업 등에도 진출하고 있는데, 특히 2015년 플랜트 가동을 목표로 460억 엔의 사업비가 투입되는 수처리사업은 1일 설비용량이 33.6만 톤이나 된다. 일본 정부와 기업의 민관협조형 인도 인프라 수출 제 1호로 기록될 전망이다. 전력 분야에서는 인도의 화력발전소, 리투아니아의 원자력발전소, 러시아연방 송전공사와 전력 유통사업에 관한 포괄적 협정을 체결하고 있다.

이러한 일본 기업의 전략은 정부가 내놓은 '일본 재생전략'에 잘 나타나고 있는데, 한국 · 중국 · 대만 등이 따라잡기 힘든 에너지 · 환경산업(그린산업)과 고령화 사회에도 대응하고 고용창출 효과도 큰 의료 · 제

25 LG경제연구원 (2012.5), "반격에 나선 일본 전자기업의 전략방향".

약산업(생명산업) 그리고 신기술을 구사한 정보통신산업이 그것이다.

일본 기업은 이 같은 신산업 창출로 국내는 물론 신흥국 시장 중심의 해외진출 확대를 적극 추진하고 있다.

3) 신흥국 진출 가속화와 글로벌 경영 심화

2008년 경제위기 이후 일본 경제는 다른 나라보다 큰 타격을 받았으며, 회복되기까지는 시간이 많이 걸릴 전망이다. 단적인 예가 토요타다. 토요타는 2008년 위기 이후 단기간에 추락했다. 여러 가지 이유가 있지만, 신흥국 진출을 등한시했기 때문이다. 경제위기 전까지 토요타의 전략은 철저하게 선진국과 고급 대형차 위주였다. 불행히도 경제위기 이후 수요는 신흥국 시장의 중·소형차 위주로 발생했다. 제 1장에서 지적한 바와 같이 세계적인 흐름은 신흥국 시장 중심의 수요다. 신흥국에 주목하고 주력하는 것은 당연한데, 토요타를 포함한 일본 기업은 이를 소홀히 했다.

최근 일본에서는 이에 대한 반성이 대대적으로 일어나고 있다. '볼륨존' 전략이라는 신흥국 진출전략을 중시해 추진하고 있으며, '지산지소'(地産地消: 현지생산 및 판매) 전략으로까지 진화하고 있다. '볼륨존'은 일본 경제산업성이 발간한 2009년판 《통상백서》에 제시되면서 주목받은 개념으로, 가처분 소득이 5천~3만 5천 달러인 신흥국의 중간소득 계층을 대상으로 한 범용시장을 가리킨다.[26] 아시아, 대양주에서 볼륨존에 해당하는 인구층은 2009년 8억 8천만 명에서 오는 2020년에는 20억 명으로 확대될 전망이다. 일본 기업들은 선진국, 고급품 위주에서 신흥국 위주로 전환해 생산과 마케팅 전략을 여기에 맞게 대대적으로 수정하고 있다.

---

26 이지평 (2011.3), "일본 글로벌 기업의 볼륨존 전략".

4) 생산전략의 혁신

일본 기업들은 볼륨존 시장을 개척하기 위해 그동안 일본과 선진국 중심의 개발전략에서 신흥국 중심 전략으로 선회하고 있다.

신흥국 시장에서는 품질도 중요하지만, 가격이 더 중요하다. 따라서 일본 기업들은 〈표 3-11〉에서 보는 바와 같이 신흥국 고객의 요구조건을 기초로 제품개발과 생산전략을 수립하고 있다. 즉, 가격 경쟁력을 먼저 확보한 후 품질을 최대한 여기에 맞추는 식이다.

후지필름은 중국을 비롯한 브릭스(BRICs) 시장[27]을 대상으로 현지부품 조달에 주력하면서 대당 100달러짜리 저가 디지털카메라를 개발하고 있으며, 혼다는 중국제 복사 이륜차에 대항하기 위해 기존 모델보다 30~40% 싼 1천 달러 대의 이륜차 개발에 성공했다.

〈표 3-11〉 일본 전자기업의 신흥국 대응방침 변화사례

구 분	기존 신흥국 시장용 모노즈쿠리	새로운 신흥국 시장용 모노즈쿠리
추진체제	· 선진국 중심 체제	· 신흥국에 중심을 두고 선진국 체제 구축
타깃 고객층	· 부유층	· 중간 소득층
제품기획	· 선진국용 모델을 기초로 제품 기획	· 신흥국용 제품 기획
모노즈쿠리에서의 차별화	· 제품의 품질 · 핵심부품은 일본 내 생산 (블랙박스화)	· 지역 니즈에 밀착한 제품기획과 품질 · 핵심부품의 해외생산
제조공정	· 자사제조	· 제품기획은 자사에서 하지만 제조는 EMS나 ODM(상대 브랜드로 설계 및 제조) 등의 업체를 활용
품질관리	· 선진국과 같은 품질기준	· 신흥국 시장용 품질기준을 재구축

자료: 일본 경제산업성 (2012), 《2012 경제백서》.
일본 후지키메라종합연구소, "2007년도 산업기술 조사사업".

27 브라질(Brazil), 러시아(Russia), 인도(India), 중국(China)를 지칭한다.

닛산의 소형차
마치

자동차산업에서도 볼륨존 전략을 적극 추진하고 있는데 대표적인 사례가 닛산의 소형차 '마치'다. 닛산은 신흥국 공략을 위한 전략제품의 일환으로 저가형 4인승 소형차인 '마치'를 개발하는 과정에서 10명의 개발팀에 태국, 인도인 엔지니어를 포함시켰다. 양산(量産)도 일본이 아닌 태국에서 시작했으며, 판매처 역시 태국에서 출발해 중국, 일본, 인도로 확대했다. 일본에서 개발하고 양산한 후 이를 기초로 신흥국 시장용 제품으로 개량하던 기존의 전략을 완전히 바꾼 것이다. 그간의 일본적인 관점에서 보면 가히 혁신적인 변화라고 하겠다.

5) 볼륨존 마케팅 전략

신흥국 시장이 국가, 지역별로 니즈가 다양하다 보니 일본 기업들도 이에 맞는 차별화된 마케팅 전략을 구상하고 있다. 대표적인 경우가 파나소닉인데, 주요 신흥시장별로 생활연구소를 설치해 현지용 제품 개발에 박차를 가하고 있다. 중국에서는 상하이와 항저우에 백색가전용 생활연구센터를 운영하고 있으며, 인도, 브라질, 베트남에서는 현지생활 연구체제를 구축하고 있다.

이러한 현지문화 연구를 기초로 파나소닉은 중국의 주택환경을 고려해 진동감쇄기를 간소화하는 한편 세균제거 기능을 강화한 냉장고나 절수기능을 높인 세탁기를 선보여 매출을 늘리고 있다.

지금까지 살펴본 것처럼 일본은 신흥국 진출을 위한 볼륨존 전략을 가속화하는 한편, 경쟁력 제고를 위해 글로벌 경영을 강화하고 있다. 지금까지의 일본 내 개발-생산 위주에서 벗어나 구미 다국적기업과 같은 글로벌 전략을 적극 추진하는 것이다.

현 시점에서 일본 기업의 볼륨존 전략은 어느 정도 성공을 거둔 것으로 보인다. 앞으로도 이 전략이 계속 성공할지 여부는 더 지켜봐야겠지만, 분명한 사실은 신흥국 시장에서 한국 기업과의 경쟁이 격화될 것이라는 점이다. 사실 일본의 볼륨존 전략이 주로 한국 기업을 의식한 것인 만큼 우리의 적극적인 대응이 요구된다고 하겠다.

일본 경제 · 산업의 미래를 전망하기는 중국보다 훨씬 쉽다. 그만큼 불확실성이 적다. 일단 일본이 전과 같이 세계 최고의 경쟁력을 가졌던 시기로 회귀하기는 어려울 것이다. 현재의 하락세를 되돌리는 것도 거의 불가능해 보인다. 절대인구가 줄어들고 있고, 시간이 갈수록 감소규모가 커지고 있기 때문이다. 아울러 내부개혁의 성공 가능성도 그다지 높아 보이지 않으며 시기 또한 이미 놓쳐버린 게 아닌가 싶다. 다만 노력의 여하에 따라 하락속도를 다소 늦출 수 있을 것이다. 세계 경제사를 보더라도 일단 하락추세로 접어든 나라가 이를 되돌린 경우는 이스라엘 정도를 제외하고는 거의 없다.

따라서 일본의 글로벌 제조기지로서의 역할은 상당 부분 감소할 전망이다. 또한 조선, IT, 자동차, 기계 등 이미 눈에 띄게 경쟁력을 잃어가는 조립완성품 분야도 산업별 편차는 있을지언정 시간이 갈수록 빛을 잃어갈 것이다.

IT산업은 1990년대 중반부터 시작해 2000년 중반 이후 쇠퇴에 가속도가 붙었다. 마지막은 자동차산업이 될 것이다. 비록 브랜드 자체는 오래 가겠지만, '메이드 인 재팬'(*made in Japan*) 자동차는 점차 그 비중이 줄어들 것이다. 입지 경쟁력 약화로 부품 · 소재 · 장비 분야도 고비용 구조를 견딜 수 있는 고기술 · 고부가가치 분야로 계속 축소될 전망이다.

그렇다고 일본이 여기서 주저앉아 버릴 것 같지도 않다. 상당 기간 세계 경제에서 중요한 지위를 누릴 것이다. 일본은 통합형 제품에서 경쟁력을 보유하고 있으며, 세계 어느 나라도 공급할 수 없는 제품이 아직도 많다. 이들 특수 제품은 다른 나라에서 공급할 가능성도 거의 없다.

일본 기업은 독자적인 원천기술 확보를 원칙으로 장인정신하에 장기

〈그림 3-3〉 제품계층 구조도

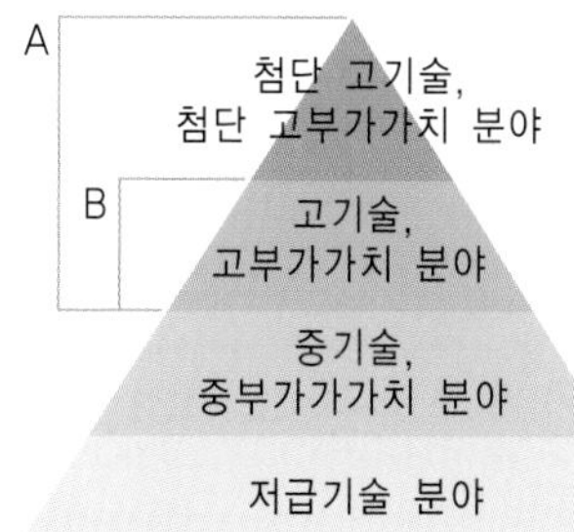

간 꾸준히 임하는 분야에서 강점을 보유하고 있다. 이런 강점을 가진 2백 년 이상 된 장수기업이 약 3천 개에 이르며, 글로벌 시장에서 경쟁력 가진 강소·강중기업도 1천 5백~2천 개나 된다. 중장기적으로 일본의 제조업 생산기지 역할은 해외기지 이전 또는 경쟁국 대체 등을 통해 현저히 약화되는 대신 상당한 비교우위를 축적한 고기술·고부가가치 부품·소재·장비 위주의 생산기지 역할로 재편될 전망이다.

〈그림 3-3〉에서 보는 바와 같이 기존에 일본 산업이 제공하던 제품군이 피라미드 구조의 상층부문인 A부분이었다면, 상층부분 중 B부분이 해외로 이전하거나 다른 나라로 대체되어 피라미드 꼭대기 부분만 남게 될 것이다. 다만 어느 정도까지 축소될지, 어느 부분이 대체될지는 일본과 경쟁국 간의 경쟁판도에 달렸다.

B부분을 어느 나라가 대체할지가 한·중·일 분업구조에 대단히 중요한 변수이며, 한국이 그 역할을 하도록 노력해야 한다는 뜻이다.

4

한국 경제 · 산업의 현황과 미래

1. 한국 경제 · 산업의 현황과 문제점

1) 새로운 성장 패러다임의 필요성

필자는 제 1장에서 한국 경제가 선진국으로 나아가느냐 아니면 여기서 주저앉느냐 하는 기로에 서 있다고 지적한 바 있다. 1980년대 말 우리 경제는 요소투입형 성장의 한계를 슬기롭게 극복하지 못해 IMF 경제위기를 겪었다. 위기를 통해 많은 것을 얻었지만, 이제 새로운 패러다임을 도입해 다시 한 번 변신을 시도해야 할 시점이다. 여기서는 우리가 지속적인 성장을 확보하기 위한 성장전략—광의의 산업정책—과 관련되는 부문만 간략히 다루기로 한다.

2011년 우리나라는 수출규모로는 세계 7위를 기록하면서 사상 9번째로 무역 1조 달러 시대를 열었다. 주력 제조업의 조립완성품 분야도 세계 최고 수준이다. TV, 냉장고 등 가전, 휴대폰, 철강, 석유화학 심지어 선진국만 할 수 있다는 자동차까지 경쟁력 측면에서 세계 정상 또는 근처까지 와 있다.

그런데 성장과 고용의 연결고리가 점차 미약해지고, 특히 성장 잠재력이 지속적으로 약화되고 있어 이대로 가면 '고용 없는 성장'을 걱정하기보다 '성장' 자체를 걱정해야 할지도 모른다. 여기서 새삼 경제성장의 중요성을 장황하게 설명할 필요는 없지만, 한 국가가 일정 수준 이상의 성장을 하지 못하면 고용, 소비, 복지 등이 취약해져 사회를 지탱하기가 힘들다. 따라서 우리는 일정 수준 이상의 경제성장이 이루어지도록 성장동력을 새로이 확충하는 한편 성장 잠재력을 높이기 위한 노력에 혼신의 힘을 쏟아부어야 한다.

2) 성장동력의 지속적 약화

우리나라는 1960년대 경제개발을 추진하면서 대기업이 주축이 되어 제조업 중에서도 조립완성품에 특화, 수출하는 전형적인 불균형 성장전략을 택했다. 이후 불균형 전략이 가져다 준 폐해를 시정하는 과정에서 많은 우여곡절이 있었으나, IMF 경제위기 이후 불균형 정도는 완화되기는커녕 더욱 심화됐다. 대기업 대비 중소·중견기업, 조립완성 분야의 제조업과 서비스업, 조립완성품과 부품·소재·장비 그리고 수출산업과 내수산업 등 이들 상호 간 격차는 추세적으로 더욱 커지고 있어 지금으로서는 중소·중견기업이나 서비스, 내수산업이 미래 성장동력이 될 가능성은 별로 없어 보인다.

우리에게 IMF 위기는 여러 면에서 그 이전과 이후가 매우 다른 하나의 변곡점(變曲點)이었다고 할 수 있으며, 경제·산업 측면에서는 더욱 그렇다. 1980년대 말 요소투입형 성장이 한계에 다다랐을 때, 대기업은 기술과 생산성 혁신으로 정면승부를 하는 대신 자본을 더욱 투입하는 사업 다각화의 길로 갔다가 IMF 위기를 만났다.

다행스럽게도 우리 대기업은 이후 뼈를 깎는 구조조정과 함께 기술과 생산성 혁신에 매진했고, 이 같은 노력이 2000년대 중반 이후 결실을 맺어 현재 주력산업의 조립완성품 분야에서 세계 최고가 될 수 있었다. 대기업들의 혁신으로 우리나라 총요소 생산성이 상당한 폭으로 증가한 것이다. 그러나 중소·중견 제조업체와 서비스산업은 IMF 위기 전후를 비교해도 크게 달라지지 않았다. 물론 부분적으로 향상되기도 했으나, 전체적으로 변화됐다고 보기에는 무리가 따른다. 대기업의 생산성은 크게 향상됐는데, 중소·중견기업은 제자리걸음이니 그 격차가 더욱 커질 수밖에 없다.

우리 대기업이 확보한 조립완성품 분야의 강점과 경쟁력의 원천은 과연 무엇일까? 우선 이들이 특화한 업종에서 답을 찾을 수 있는데, 바로 자본집약적인 대규모 장치산업이다. 즉, 해외 경쟁기업 대비 선제적이며 과감한 투자의사 결정과 세계 최고 수준의 생산기술 능력이 우리 대기업의 강점이며 경쟁력의 원천이다. 이런 요인들 덕택에 조립완성품 분야에서만큼은 우리나라가 글로벌 톱 중에서도 정점(*peak*)에 있다고 평가된다. 그런데 산업별로 차이는 있겠지만, 이 같은 경쟁력도 시간이 지나면서 점차 약화—이미 어떤 산업에서는 조짐이 보이기 시작했다—될 것으로 보인다.

산업주기상 우리 조립완성품 분야가 성숙기에서 쇠퇴기에 접어들고, 대신 중국이 청년기를 지나 서서히 성숙기에 접어들 것이다. 그러다 보니 우리나라 일본의 전철을 밟을 것이란 주장이 심심치 않게 나오고 있다. 산업발전의 단계를 볼 때 일본과 우리가 약 20년, 우리와 중국이 약 20년의 격차가 있다고 판단된다. 일본이 조립완성품 분야의 정점에 있었던 시기가 1990년대 초반이었으며, 정점에서 내려오기 시작한 때는

1990년대 후반, 즉 생산가능 인구가 감소하기 시작한 1995~96년으로 추정된다.

소니, 마쓰시타(현재의 파나소닉), 토요타, 닛산 등 일본 기업들이 1980년대 후반~1990년대 초반 정상에 있을 때 일본을 꺾을 나라는 없었으며, 영원히 최강자의 자리에 있을 것 같았다. 그러나 꽃이 피면 지게 마련이듯이 일본 제조업의 완성품 분야는 이미 쇠퇴기에 접어들었고, 그 시작은 전기 · 전자에서부터 나타났다. 1990년대 중반부터 시작된 일본 전기 · 전자산업의 약화현상은 20년이 채 지나지 않은 현 시점에서 조립완성품 분야를 중심으로 대폭적인 사업조정 등 구조조정을 시도하면서 새로운 비즈니스 패러다임 모색에 골몰하고 있다.

전기 · 전자산업에 비해 약 10년의 시차는 두겠지만, 일본 자동차산업도 쇠퇴기에 접어든 것으로 보인다. 물론 이 산업은 일본이 가장 잘하는 분야이기 때문에 가장 오래 경쟁력을 유지할 뿐 아니라 비록 경쟁력이 약화되더라도 속도는 매우 완만할 것이다. 토요타, 닛산, 혼다 등 자체 브랜드는 계속 가져가겠지만, '진짜' 일본에서 생산된 자동차는 이미 줄기 시작했고, 특히 일본의 고비용 구조로 생산공장의 탈출이 가속화되면서 생산량 감소세는 이미 대세가 되었다. 최근 토요타가 일본 생산규모를 적어도 4백만 대는 유지하겠다고 약속한 것도 사정이 그만큼 어렵다는 사실을 반증할 뿐이다.

만약 우리나라가 일본의 전철을 밟는다면 우리 주력산업인 조립완성품 분야의 정점은 언제쯤일까? 그것은 전적으로 우리가 어떻게 준비하고 대응할 것인지에 달려 있지만, 우리나라의 생산가능 인구가 감소하기 시작하는 2016년경일 것으로 예측된다. 우리가 조립완성품 분야에서 정점에 머무르는 기간을 더욱 늘리려면 입지 경쟁력을 계속 매력적으로 만들어야 하며, 중국의 추격을 다양한 혁신을 통해 따돌려야 한다. 그러나 제 2장에서 지적한 바와 같이 여러 여건을 고려할 때 결국 중국이 경쟁력을 확보해 우리 지위를 빼앗을 가능성이 매우 높다. 불행하게도 중국이 우리를 추월하는 데 걸리는 시간은 우리가 일본을 따라잡는 데 소요됐던 기간보다 짧을 것으로 전망된다. 왜냐하면 중국은 13억 인구로 규모의 경제를 향유할 뿐 아니라 외자기업 등으로부터의 혁신역량 이전 등으로 우리보다 유리한 환경을 가졌기 때문이다.

우리의 강점인 선제적이고 과감한 투자와 생산기술 능력도 중국 등 후발국들이 모방하고 있기 때문에 새로운 경쟁력 원천의 발굴이 시급하다. 지금까지 성장동력을 만든 유일한 주체는 소수 대기업인데, 이들이 중국에게 정상의 위치를 내준다면 과연 우리에게 일본과 같이 부품 · 소재 · 장비 분야의 중소 · 중견기업 혹은 서비스, 내수산업이 새로운 동력이 될 수 있는지에 대해 알아보자.

3) 새로운 성장동력이 나오기 어려운 한국 경제

우리 경제는 1960년대부터 대기업 중심으로 고도성장을 이룩한 이래 80년대 이후에는 새로운 대규모 기업집단이 출현하지 못했다. 1980년대 이후 민영화 기업 2개와 외국계 기업 3개만 새로 진입했다. STX의 신규진입은 2001년 쌍용중공업을 M&A한 결과이다. 반면, 기존 대규모 기업집단들은 IMF 경제위기 이후 성공적인 R&D 혁신과 생산성 제고를 통해 양적 · 질적 발전을 지속하고 있다.

상호출자 제한집단 소속기업 수가 2002년 728개에서 2012년 1,831개로 늘었으며, 30대 기업집단 총자산 대비 GDP 비율도 1986년의 56.6%에서 2012년에는 106.5%로 약 2배 늘었다.

1980년대 이후 세계적으로 IT 혁명에 의해 아마존(1995), 구글(1998) 등 거대기업이 계속 출현하고 있다. 그런데 유독 우리나라만 성장동력을 갖춘 새로운 기업군이 나오지 못한다는 것은 경제성장과 역동성 측면

〈표 4-1〉 대규모 기업집단의 창업년도

창업년도	기업집단 수	기업집단명
1960년 이전	27	삼성(1), 현대차(3), SK(4), LG(5), 현대중공업(11), GS(12), 금호아시아나(13), 한진(14), 두산(16), 한화(17) 등
1961~1970	6	포스코(7), 롯데(8), 대우조선해양(20), 동부(27), 효성(33), 한국투자금융(46)
1971~1980	1	웅진(41)
1981~1990	2	KT(15), KT&G(47)
1991년 이후	4	STX(19), 한국GM(31), S-Oil(37), 삼성테스코(44)

주: ( )안은 공정위 발표 2009년도 상호출자 제한집단 48개 중 순위.
민영화 기업(포스코, KT&G, KT), 외국계 기업(GM대우, S-Oil, 삼성테스코)
자료: KIET (공기업 제외)

에 근본적인 문제가 있다는 뜻이다.

또한 우리나라에서는 중소기업이 중견기업을 거쳐 대기업으로 성장하지도 못하고 있다. 2003년 당시 중소기업 중에서 2011년 현재 중견기업으로 성장한 기업은 678개로 전체 중소기업의 0.2%에 불과하다. 더욱 놀라운 사실은 2003년 당시 중소기업 중 2011년 현재 대기업으로 성장한 기업은 33개인데, 이 중 상호출자 제한집단 소속기업 19개, 외국인 기업 1개를 제외하면 중소기업에서 독자적으로 성장한 대기업은 13개(기업집단은 4개)에 불과하다.

또한 2003년 당시 중견기업 중 2011년 현재 대기업(상호출자 제한집단)으로 성장한 기업은 58개인데, 이 중 2003년 상호출자 제한집단 소속기업(39개), 외국인 투자기업(8개)[1]을 제외한 독립적 대기업은 11개뿐(기업집단은 5개[2])이다. 산업의 허리역할을 하는 중견기업이 많지 않다 보니 기업분포가 극심한 첨탑형 구조를 보이고 있다. 중견기업의 비중

1 S-Oil, 한국GM, LS니꼬동제련, 대우건설, 코카콜라음료, 환경시설관리공사, 코스모화학, 지투알

2 세아(2004), STX(2005), 하이닉스(2006), 웅진(2009), 유진(2011)

이 독일, 일본에 비해 크게 낮아 대기업으로 성장할 수 있는 모집단 자체가 빈약한 것이다.

〈표 4-2〉 중소기업에서 대기업으로 성장한 기업

(순위는 매출액 순)

순위	기업명	순위	기업명	순위	기업명
1	웅진코웨이	12	디케이티(DKT)	23	그린엔텍
2	STX에너지	13	신한기계	24	동부라이텍
3	바이더웨이	14	대경기계기술	25	하이엔텍
4	성진지오텍	15	삼성메디슨	26	씨에스리더
5	유진기업	16	웅진식품	27	티브로드강서방송
6	진흥기업	17	코레일공항철도	28	당진기업
7	대한조선	18	한국통운	29	부동산114
8	인터플렉스	19	코오롱베니트	30	남양모터스
9	삼양인터네셔날	20	하이마트로지텍	31	하이마트
10	코리아써키트	21	북센	32	에이치엠투어
11	S-Oil 토탈 윤활유	22	DK유아이엘	33	유진아이티디

주: ( )안은 공정위 발표 2009년도 상호출자 제한집단 48개 중 순위.
민영화 기업(포스코, KT&G, KT), 외국계 기업(한국GM, S-Oil, 삼성테스코)
자료: KIET (공기업 제외)

〈표 4-3〉 중견기업에서 대기업으로 성장한 기업

(순위는 매출액 순)

순위	기업명	순위	기업명	순위	기업명
1	S-Oil	21	가온전선	41	해태음료
2	현대오일뱅크	22	진로	42	환경시설관리공사
3	대우인터내셔널	23	포스코엔지니어링	43	코스모화학
4	한국GM	24	코카콜라음료	44	삼양통상
5	LS니꼬동제련	25	대륜이엔에스	45	코스모신소재
6	대우건설	26	웅진홀딩스	46	CJ씨푸드
7	STX팬오션	27	남광토건	47	영진약품공업
8	현대종합상사	28	우리홈쇼핑	48	하이닉스엔지니어링
9	STX조선해양	29	포스코엠텍	49	포스메이트
10	STX	30	극동건설	50	LS
11	하이마트	31	JS전선	51	롯데디에프리테일
12	KP케미칼	32	GS네오텍	52	에스엔에스에이스
13	세아베스틸	33	대성전기공업	53	하이트진로
14	GS글로벌	34	KT스카이라이프	54	영창뮤직
15	CJ대한통운	35	LS네트웍스	55	티이씨앤코
16	포스코에너지	36	현대엠시트	56	톰보이
17	세아제강	37	KTcs	57	지투알
18	현대엔지니어링	38	하이비지니스 로지스틱스	58	새롬성원산업
19	예스코	39	케이티스		
20	웅진케미칼	40	에브리데이 리테일		

주: 음영부분은 독립적 대기업 집단에 소속된 기업명단.

자료: 지식경제부

〈표 4-4〉 기업 규모별 업체 수 및 고용비중(2010년 기준)

구분	중소기업	중견기업	대기업
기업체 수 (제조업)	312만 개 32만 개(99.73%)	1,291개 534개(0.17%)	1,264개 334개(0.10%)
종업원 수 (제조업)	1,225만 명 274만 명(74.1%)	80만 명 368만 명(9.7%)	118만 명 60만 명(16.2%)

자료: 지식경제부

〈표 4-5〉 사업체 규모별 업체 수, 고용, 매출액 비중(제조업 기준)

(단위: %)

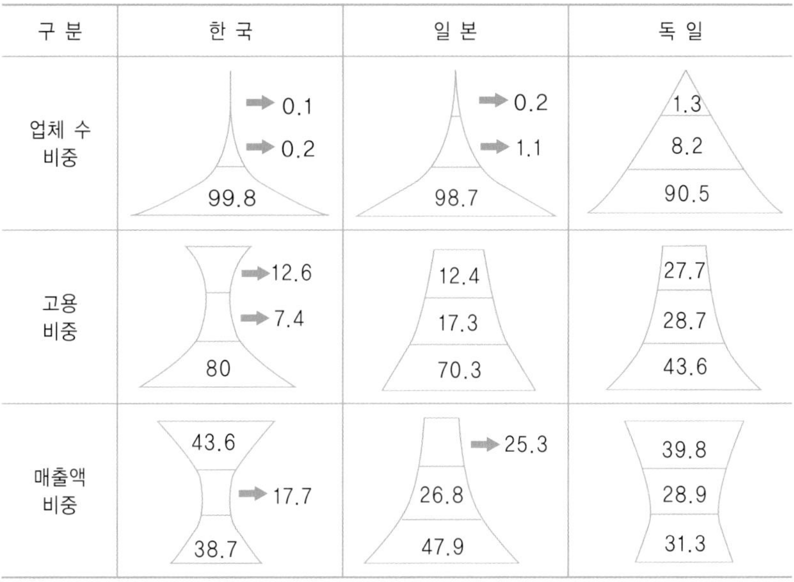

구 분	한 국	일 본	독 일
업체 수 비중	0.1 0.2 99.8	0.2 1.1 98.7	1.3 8.2 90.5
고용 비중	12.6 7.4 80	12.4 17.3 70.3	27.7 28.7 43.6
매출액 비중	43.6 17.7 38.7	25.3 26.8 47.9	39.8 28.9 31.3

주: 일본(2006): (중소)4~299명, (중견)300~999명, (대)1천 명 이상
독일(2005): (중소)1~249명, (중견)250~999명, (대)1천 명 이상(중소기업은 수공업 제외)
자료: 지식경제부

〈표 4-5〉에서 보는 바와 같이 우리나라는 소수 대기업의 비중이 상대적으로 매우 높은 양극화 구조다. 독일이 가장 이상적인 피라미드형인데, 고용·매출 비중도 중소·중견·대기업별로 균형이 잡혀 있다. 즉, 성장동력 창출에서 중소·중견기업도 대기업 못지않다는 것을 보여주며, 어떤 환경에도 흔들리지 않고 지속적인 성장이 가능한 아주 안정적인 구조다. 우리나라가 지향해야 할 구조인 것이다.

한편, 우리나라 중소·중견기업의 성장과정을 분석하면 〈그림 4-1〉에서 보는 바와 같이 다수의 정체구간이 있다는 것이 확인된다. 매출액 분포별 기업체 수의 분석 결과 1천억 원 수준에서 성장정체 현상이 뚜렷하고, 2천억 원 전후로 한계에 직면하고 있다. 헤르만 지몬(Hermann Simon)이 제시한 강소·강중기업의 기준에 따라 우리나라 기업들을 분석해 본 결과 10개 이내의 기업만이 이 조건을 충족하는 것으로 나타났다.

그렇다면 우리 중소·중견기업이 성장하기 어려운 이유는 무엇일까? 크게 3가지 범주로 나누어 살펴볼 수 있다.

첫째는 기업 자체의 혁신(革新) 역량이다. 혁신역량 중 가장 대표적인 R&D 역량을 보면, 우리나라 대기업의 R&D 집약도는 일본(5.7%) → 한국(5.0%) → 독일(4.4%) → 미국(3.3%) 순으로 세계 최고 수준인 반면,

〈그림 4-1〉 매출액 구간별 정체현황(제조업 기준)

정체구간		기업체 수 변화(2007년 기준)	
1구간	1천억 원 전후	8백~1천억 원 260개사	1천~1천 2백억 원 137개사
2구간	2천억 원 전후	1천 8백~2천억 원 70개사	2천~2천 2백억 원 33개사
3구간	9천억 원 전후	8천~9천억 원 13개사	9천억~ 1조 원 5개사

자료: 기업은행경제연구소 분석결과(2009.12)

헤르만 지몬이 지은
《히든 챔피언》

중소기업은 미국(4.1%) → 독일(3.2%) → 일본(2.2%) → 한국(1.2%) 순으로 선진국과 격차가 매우 크다. 혁신역량에서 격차가 확대되다 보니 생산성 격차 또한 커지고 있다.

그런데 가장 중요한 것은 중소·중견기업에 우수인력이 구조적으로 가지 않는다는 점이다. 1980~90년대 중소기업의 애로사항 중 절대적인 비중을 차지한 것은 자금부족이었다. 은행 등 제도권 금융의 문턱이 높아 중소기업들은 만성적인 자금부족에 시달렸다. 그런데 2000년대 이후부터는 상황이 완전히 바뀌어 요즈음 이들의 최대 애로는 인력확보다. 우수인력의 확보 문제가 특히 그렇다. 선진국도 이런 사정은 마찬가지이지만, 우리나라는 그 정도가 유독 심하다.

어떤 회사의 사장이 애지중지하던 R&D 연구원이 있었다. 사장은 그 연구원에게 연봉뿐 아니라 여러 가지 특혜를 주면서 친아들처럼 대했다. 그러던 어느 날 그 연구원이 사표를 들고 왔다. 이유를 물으니 대기업에 근무하지 않으면 상대방이 결혼하기 어렵다고 했다는 것이다. 그 사장은 눈물을 머금고 그 연구원을 보내주어야 했다.

이 사례는 다소 극단적이기는 하지만 현실에서 일어난 일이기도 하

나. 우수인력이 중소·중견기업에 가지 않는 이유가 비단 경제적인 면만은 아닌 것이다. 실제 우리 부모들은 자녀가 중소기업에 취업하려고 하면 조금 더 놀더라도 대기업에 취업하는 게 낫다고 생각하는 편이다. 우리의 이러한 사회풍조에서 중소·중견기업이 R&D, 마케팅 등에서 우수인력을 확보하기도 어렵지만 어렵게 확보한 인력을 5년 넘게 장기 근무토록 하기는 더욱 어렵다. 거의 대부분 5년 안에 대기업 경력직으로 이직하고 만다. 우수인력이 중소·중견기업을 한때 잠깐 거쳐 가는 곳 정도로 생각하는 직업관 내지 취업 풍토를 깨뜨리지 못하면 우리 중소·중견기업이 선진국 기업 수준으로 성장하는 것은 결코 불가능하다.

〈표 4-6〉 히든 챔피언의 조건

- 기준: 세계시장을 지배하지만, 잘 알려져 있지 않은 기업
  - 세계시장 점유율 1~3위(또는 대륙 1위), 매출액 40억 달러 (약 4.4조 원) 이하
- 특성: 원천기술 보유, 글로벌화, 전문화, 빠른 성장
- 지표: R&D 집약도 5.9%, 수출비중 61.5%, 매출액 4,770억 원, 종업원 2,037명

〈표 4-7〉 우리나라 중견기업 현황

조업기준 총 1,102개사(종업원 수 3백~1천 명) 또는
매출액 (1천억~1조 원)을 대상으로 1999~2007년간의
기업 데이터 분석(산업기술진흥원, 2009. 9)

- R&D 집약도 : 평균 1.32%, 2007년 제조업 평균인 3% 미만 기업이 90%
- 타깃시장 : 매출액 중 수출비중이 30% 미만인 기업이 86%
- 납품구조 : 30대 대기업 집단 납품비중이 30% 이상인 기업이 약 1/3
- 업종 : 주력 5대 업종*에 60%가 집중

* 전자 · 영상 · 통신장비, 화합물 · 화학, 자동차, 1차 금속, 기계 및 장비

〈그림 4-2〉 중소 · 중견기업의 경영환경

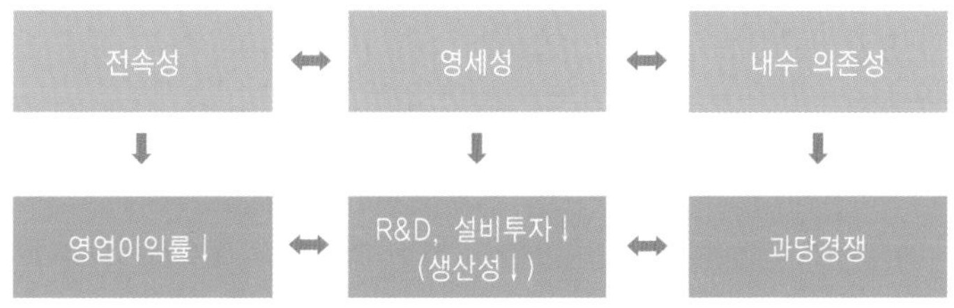

둘째, 기업경영의 환경적 요인을 살펴보자. 〈그림 4-2〉에서 보는 바와 같이 거래관계가 특정 대기업에 한정될수록 타 기업과의 거래가 수월하지 못해 일정 수준에 도달하게 되면 한계에 직면하게 된다. 규모가 영세해 해외진출을 위한 최소 규모 경제수준에 미달하거나, 대기업 전속성으로 인해 내수 의존도가 높은 것도 성장을 가로막는 장애요인으로 작용한다.

셋째, 제도적인 요인도 대기업으로의 성장을 주저하게 만드는 측면이 있다. 우리나라 기업 지원제도는 중소기업에 집중되어 있다. 조세, 자금, R&D 등에서 모두 160개의 중소기업 지원제도가 있는데 중소기업을 졸업하면 바로 대기업으로 분류되면서 지원이 갑자기 없어지고, 특히 중소기업일 때 면제받던 각종 규제가 급증한다. 대기업이 되는 순간 지원의 대폭 삭감 및 규제 급증의 이중부담에 맞닥뜨리게 되는 것이다. 당연히 중소기업에 안주하고 중견기업을 넘어 대기업으로의 성장을 기피하게 된다. 실제 중소기업의 혜택을 계속 유지하기 위해 기업을 여러 개로 쪼개는 기업 분할사례가 적지 않다.

그리고 중소기업 지원정책의 기조도 중소 · 중견기업의 성장을 촉진

3 세계 1~2위 디스플레이 패널업체(삼성 · LG) 동시 납품 일본 기업이 50여 개인 반면, 국내는 5개에 불과하다 (지식경제부).

하도록 설계되어 있지 않다. 중소기업 지원을 혁신 지원정책 중심으로 전환하는 것을 모색하고 있으나, 여전히 보호 위주의 백화점식 지원에서 벗어나지 못하고 있다. 대기업과의 양극화를 해소하고 세계적인 '히든 챔피언'을 만들기 위해서는 중소기업 혁신역량 확충을 지원하는 방향으로 정책을 전면 재편할 필요가 있다.

지금까지 우리 중소·중견기업의 성장을 가로막는 요인을 3가지 범주로 나누어 살펴보았는데, 이 중에서 인력, 자금 등 대기업 위주의 생산요소 시장의 왜곡이 가장 심각한 문제로 꼽힌다.

우리나라 인력, 자금 시장은 대기업이 의도하지 않았다 하더라도 사실상 그들이 장악하고 있다. 인력시장에서는 최고의 인재들이 대기업에 들어가고 싶어 안달이다. 물론 우리 대기업들도 글로벌 기업과 힘겨운 인재 유치 싸움을 벌이기는 마찬가지지만, 국내 인력시장에서만큼은 최고의 인재만 골라 뽑을 수 있다. 이에 반해 중소·중견기업은 아무리 좋은 조건을 제시해도 최고의 인재는 차치하고 우수인력 확보도 여의치 않다.

인력 문제보다 정도는 덜하지만 자금시장 사정도 마찬가지다. 신용도가 높은 대기업은 좋은 조건의 자금을 골라 쓸 수 있다. 반면 신용도가 낮은 중소·중견기업은 이자가 높은 자금도 필요한 만큼을 적기에 확보하기조차 쉽지 않다. 신용도가 낮으면 은행권으로부터 자금을 융자받기 어렵기는 다른 나라도 마찬가지지만, 우리나라는 금융산업이 낙후되어 있다 보니 그 정도가 심하다.

우리나라 제도권 금융기관들은 중소기업 자체 또는 중소기업이 영위하는 사업 분야를 제대로 평가할 능력이 아직은 낮다. 그래서 대출을 해줄 때 담보를 요구하고, 그것도 주로 부동산 담보가 대부분이다. 아무리 기술이 좋고 사업성이 좋아도 담보가 없으면 융자받기가 어렵다. 이러한 관행은 IMF 사태 이전이나 이후나 별로 달라지지 않았다. IMF 이전에는 담보가 필요 없는 '대마불사'(大馬不死)라는 대기업에 주로 돈을 빌려주었고, IMF 이후에는 집 자체가 담보인 주택담보대출에 집중했다. 사업성을 평가할 필요가 없는 너무나 쉽고도 안정적인 사업을 해온 것이다.

우리나라 금융산업의 관행이나 사업행태가 이렇다 보니 2가지 부분에 자금이 제대로 공급되지 않아 문제가 되고 있다. 하나는 중소·중견기업 중 기술과 사업성이 뛰어난 기업이고, 또 다른 하나는 원전 건설 또는 플랜트 수주 등 해외의 대규모 프로젝트다. 특히 기술이 뛰어난 초기단계의 중소기업에 대한 자금공급은 거의 경색 수준이다.

우리나라는 미국·독일·일본과 같이 기술만 가진 벤처기업에 투자 혹은 융자해주는 금융기관이 턱없이 부족하고, 금융관행조차 아직 서툴다. 그러나 실물 경제·산업에 대한 자금공급은 금융권의 가장 중요한 역할 중 하나다. 물론 은행 등 제도권 금융에서 기술성 평가를 하고 이를 근거로 담보 없이 대출해주는 것은 전통적으로 보수적인 은행업과 맞지 않다. 이렇다 보니 많은 꿈을 가진 벤처기업들이 자금을 찾아 헤매다 흔적도 없이 스러져가는 것이다.

기술혁신형 중소·중견기업이 글로벌 시장을 무대로 활동하는 데 필요한 자금을 어떤 형태로든 공급받지 못한다면 이들의 성장정체 현상은 계속될 것이다. 인력, 자금시장에서 중소·중견기업들이 계속 소외된다면, 우리나라의 새로운 성장동력 주체는 결코 싹틀 수 없다.

이와 관련해 최근 심각하게 논의되는 경제민주화(經濟民主化)의 추진 방향은 대기업의 경제력을 훼손해 중소·중견기업에게 나눠주는 제로섬 게임보다 대기업에게 심하게 편중된 시장, 특히 생산요소 시장의 왜곡을 과감하게 시정해 중소·중견기업의 활동 여지를 크게 넓혀주고 혁신역량을 제고하는 방향으로 추진되어야 한다.

이런 측면에서 우리가 벤치마킹해야 할 것이 1970년대 독일의 중소·중견기업 정책이다. 1970년대 초 독일 기업들은 제 1차 오일쇼크, 마르크화 강세, 경쟁 후발국인 일본의 등장 등으로 가격 경쟁력이 크게 약화됐고, 이를 견디지 못하고 도산하는 중소기업이 속출했다. 이런 문제에 직면한 독일 정부의 대응은 임시방편・대증적이 아니라 어쩌면 가장 상식적이고 근본적인 해결책의 제시였다. 당시 독일 정부의 대책은 크게 세 분야였다.

첫째, 우수한 석・박사급 연구인력이 중소기업에 가게 하기 위해 총력을 기울였다. 이른바 'PKZ'(*Personalkosten Zuschuß*) 프로그램을 통해 중소기업이 석・박사급 연구인력을 고용할 때의 인건비를 정부에서 지원했다. 1979~87년 중에는 연방정부 R&D 지원액의 10%인 32억 마르크를 지원했는데, 이 결과 중소기업의 석・박사급 R&D 인력이 3만 8천 명 이상 증가했고, R&D를 본격적으로 수행하는 중소기업도 33% 이상 늘었다. 이러한 인력지원 프로그램이 오늘날 독일의 '히든 챔피언'인 강소기업의 근간이 됐다.

둘째, 중소・중견기업이 자본시장에서 대기업과 같은 대우를 받을 수 있도록 노력했다. 특히 이들이 R&D 자금 또는 사업화 자금을 차질 없이 조달할 수 있도록 정부자금을 대폭 확충하는 한편, 중소・중견기업, 특히 창업기업을 위한 장기 저리융자 프로그램 등을 실시했다. 또한 민간은행도 중소・중견기업에게 자금을 수월하게 공급하기 위해 연구를 거듭한 결과, 나중에 독일식의 독특한 하이브리드 금융형태를 띤 '메자닌 금융'(*mezzanine capital*)[4]이 등장했다. 메자닌 금융은 형태는 비록 대출이지만 회계상 부채가 아닌 자산으로 간주하게 함으로써, 투자효과로 대출한도가 확대될 수 있도록 운용되는 금융을 말한다. 이는 중소・중견기업의 장기 R&D나 시설자금으로 많이 활용됐다.

셋째, 중소기업이 R&D, 해외 마케팅 또는 주요 경영활동에 필요한 지식과 노하우를 제공해주는 지원기관을 원하면 전국 어디서나 1시간

4 주식을 통한 자금조달이나 대출이 어려울 때 은행 및 대출기관이 배당우선주, 신주인수권부사채(BW) 인수권, 전환사채(CB) 등 주식관련 권리를 받는 대신 무담보 자금을 제공하는 금융기법이다.

안에 도움을 받을 수 있도록 지원 시스템을 구축했다. 지방대학, 프라운호퍼 등 정부출연 연구원, 슈타인바이스 재단 및 산업관련 협회·단체·조합 등 수많은 R&D 중간조직들이 서로 긴밀한 네트워크를 구축해 필요한 지원이 적시에 맞춤형으로 이루어지도록 했다.

4) 잠재 성장률의 투입요소 측면에서의 한계

〈표 4-8〉은 지난 20년간 우리 잠재 성장률과 실제 성장률을 비교하고 있으며, 노동·자본·기술 등 투입 요소별 경제성장 기여도를 분석한 것이다. 결론적으로 총요소 생산성의 획기적인 개선이 없다면 우리의 잠재 성장률은 계속 떨어질 수밖에 없는 구조다.

우선 노동투입 측면에서 보면 저출산·고령화 등으로 생산가능 인구에 양적으로 부정적인 영향을 미치고 있으며 질적으로도 노동 생산성의 정체에 따라 노동의 경제성장율 기여도는 지속적으로 저하되었다. 조만간 마이너스권까지 떨어질 것이란 추측도 나오고 있다. 자본투입의 성장 기여도 역시 지속적으로 떨어졌는데, 이를 일정 수준 이상으로 늘리기가 쉽지 않다. 특히 대대적인 투자에 기반을 둔 성장을 도모하기에는 우리 주력산업이 이미 성숙단계에 진입했다.

따라서 일정 수준 이상의 경제성장을 이루기 위해서는 총요소 생산성을 지속적으로 향상하게 하는 길밖에 없으나, 우리 총요소 생산성은 낮은 수준에서 정체되어 있다. 앞에서도 언급했듯이 대기업의 생산성은 선진국에 근접했지만, 서비스와 중소기업 부문이 뒤처지다 보니 전체 수준을 높이기가 어려운 상황이다.

제 1장에서 필자는 우리나라가 아직 선진국이 아닌 이유 중 하나로 총요소 생산성 주도의 성장을 아직 완성하지 못했기 때문이라고 지적한 바 있다. 선진국은 대기업뿐 아니라 중소기업도 예외 없이 전반적이고 대

〈표 4-8〉 우리나라 잠재 성장률 및 투입 요소별 경제성장 기여도

(단위: 연평균 %/기여도 %p)

기간	잠재 성장률	(실제) 성장률	투입요소별 경제성장 기여도		
			노동	자본	총요소 생산성
1991~2000년 평균	6.4	6.6	0.7	3.6	2.2
2001~2010년 평균	4.4	4.2	0.1	2.1	2.0

대적인 혁신을 경험한 후 선진국이 됐다. 우리 중소기업들이 이 같은 혁신과정을 밟지 않고서는 우리는 결코 선진국 대열에 들어서지 못할 것이다. 그런데 중소기업이 혁신을 통해 지속적으로 성장하는 선순환적 구조를 만들기 위해서는 정부도 노력해야 한다.

한편, 우리 서비스산업은 구조적인 저생산성 상태가 고착화되어 있기 때문에 이를 타파하고 도약하기가 매우 어렵다. 우선 부동산, 슈퍼마켓, 식당 등 자영업 위주의 저부가가치 서비스 부문의 비중이 절대적으로 높다. IMF 위기 이후 제조업에서 퇴출되거나 제조업이 흡수하지 못한 인력이 갈 수 있는 곳이 식당, 숙박업소, 슈퍼마켓, 부동산 등 자영업밖에 없다 보니 이곳에 인력과 자본이 지속적으로 유입되면서 중복·과잉투자와 출혈경쟁, 도산(倒産)이 반복되고 있다.

창업 5년 안에 10개 중 8개가 망하는 구조이다 보니 중산층 몰락의 주범으로 지목되는 한편, 서비스산업의 저생산성 구조를 고착화시키는 결정적 요인이 되고 있다. 현재 우리 경제에서 가장 취약한 부문인 자영업을 해결하지 못하면 '중산층 복원' 또는 '고루 잘 사는 나라 건설'은 공염불(空念佛)에 지나지 않을 것이다.

그러나 지금까지 자영업 문제가 한 번도 정부정책의 중심에서 다루어져 본 적이 없다. 왜냐하면 이들은 세력화된 힘이 없기 때문이다. 대단히 어려운 문제이기는 하지만, 정부는 앞으로 자영업 문제를 정부 추진과제의 핵심에 두고 이들이 경쟁력을 가지고 일정 수준 이상의 소득을

거둘 수 있도록 최선의 노력을 기울여야 한다.

우리나라 고용문제를 해결하기 위해서는 결국 금융, 의료, 교육 등 고부가가치 서비스산업이 발전해야 한다. 그런데 이 분야는 대부분 규제로 인해 내부혁신이 매우 더디며, 서비스산업의 특성상 해외자본, 인력유치를 기대하기란 더욱 어렵다.

주무부처에서도 이들 산업이 나아가야 할 방향은 잘 알고 있으나, 해당 산업 이해 관계자들의 저항으로 인해 한 걸음도 나가지 못하고 있다. 이들이 항상 주장하는 논리는 국내산업과 소비자 보호다. 1980년대 경제자유화 조치 및 우루과이라운드(UR) 등 대외개방을 추진할 때 우리 제조업이 늘 주장했던 논리인데, 만약 당시 적극적으로 개방에 임하지 않았다면 오늘날 정상에 있는 우리나라 제조업은 존재할 수 없을 것이다.

사회적 결단이 필요하다. 과감하게 규제를 철폐하고 해당 산업에 국내외 인력과 자본이 지속적으로 유입되도록 해 경쟁을 촉진시키면, 그 산업은 발전하게 된다. 고부가가치 서비스산업은 내수활성화와 고용증진을 위해서도 그렇지만 향후 중국에 대한 수출까지 염두에 둔다면 미래 성장동력 확보라는 측면에서도 매우 중요한 분야이다.

5) 새로운 성장산업이 나타나지 않고 있다

새로운 성장산업이 나타날 조짐이 아직 보이지 않고 있다. 현재 우리의 성장동력 산업은 IT, 자동차, 조선, 철강, 석유화학 등의 조립완성품 분야다. 이들 10대 주력 제품의 수출비중이 60%를 넘는다. 그런데 이 외에 새로운 성장동력으로 떠오르는 분야가 거의 없는 것이다.

앞에서 본 대로 서비스산업은 자영업이 비대해져 성장동력화가 매우 어렵고, 부품·소재·장비 분야 또한 중소·중견기업이 양적으로 크게 성장하기는 했지만 질적으로는 선진국과 여전히 격차가 크다. 장비 분야 도약이 눈에 띄기는 하나, 우리나라 전체를 먹여 살릴 정도로 보기에는 고용, 생산, 기업 수 등의 면에서 턱없이 부족하다. 그럼에도 불구하고 중국이 확고한 세계 제조기지로 자리매김하는 이상 부품·소재·장비만큼은 우리의 새로운 성장동력이 되어야 한다.

향후 세계 산업의 메가트렌드(*mega-trend*)를 볼 때, 또 다른 신성장 산업으로 볼 수 있는 분야가 융합(融合)과 녹색(綠色)이다. 이 분야는 우리 대기업도 선진국에 비해 격차가 있으며, 중소·중견기업은 더욱 미미한 수준이다. 다만, 아직 기존 제조산업만큼 진입장벽이 확고한 것은 아니기 때문에 우리가 하기에 따라 충분히 신성장 동력 노릇을 할 수 있을 것이다.

지금까지 대기업이 담당한 조립완성품 분야 이외에 새로운 성장동력이 나타나지 않고, 기존 동력도 정점을 지나 점차 약화될 가능성이 있으며 성장 잠재력을 지속적으로 갉아먹는 상황을 살펴보았다. 이제부터는 경제성장과 고용의 연계성이 약화되고 있는 '고용 없는 성장' 현상을 간략히 살펴보자.

6) 고용 없는 성장의 현황과 문제점

고용창출은 향후 한국 경제가 최우선적으로 해결해야 할 과제다. 소득증가를 통한 중산층 확대와 복지 요구를 근본적으로 해결할 수 있는 방안은 일자리 창출밖에 없기 때문이다. 그런데 고용 문제는 1990년대부터 누적된 사안이며 산업구조, 노동시장, 인력양성 시스템(교육시스템), 복지시스템 및 국민정서가 복합된 구조적 문제다. 고용창출이 선순환(善循環)적으로 일어나게 하기가 대단히 어렵다는 뜻이다. 그렇다면 우리의 고용창출 능력이 약화된 요인부터 보자.

(1) 산업구조 측면 :
장치산업 위주의 산업구조로 인한 고용창출 능력 약화

우리나라의 고용창출 능력 저하는 한국 산업의 구조변화와 밀접하게 연계되어 있다. 우리나라는 1990년대 이후 제조업의 고용창출이 급감하기 시작했다. 제조업의 고용 비중은 1989년 27.8%에서 2010년 16.7%로 급격히 감소했는데, 선진국에 비해 매우 빠르게 진행됐으며, 현재 지나치게 낮은 수준이다.

1980년대부터 시작한 중화학공업 위주의 투자는 우리 산업구조를 자본집약적으로 탈바꿈시켰으며, 더구나 노동운동이 과격해지면서 설비자동화 투자가 급격히 진행되어 자본집약화를 부추겼다. 또한 1990년대 중국 등 후발국의 등장으로 섬유, 신발 등 노동집약적 산업인 경공업이 급속도로 몰락하면서 1980년대 52.8%였던 제조업 내 경공업의 고용비중이 2006년에는 22.6%으로 반 토막이 되었다. 일본 · 미국 등 선진국의 경공업 고용비중이 30.2%와 33.1%인 점을 감안하면, 지나친 위축이다.

고용창출 능력 저하 문제가 본격화된 것은 IMF 위기 이후부터다. 이때부터 성장과 고용의 연계성이 현저히 떨어지고, 수출호조가 내수확대와 고용창출로 이어지지 않았다. 대기업은 구조조정 이후 생산성 향상을 얻은 대신에 고용창출 능력은 급속히 줄어들어 고용 흡수력이 거의 제로 또는 마이너스로 떨어졌다. 또한 세계화의 진전으로 국제분업이 가속화됨에 따라 공장의 해외 이전과 아웃소싱(*outsourcing*)이 본격적으로 진행되면서 부품 · 소재의 수입이 증가해 수출-내수, 수출-고용 간 고리가 느슨해지고 있다. 이에 더해 IT기술의 발전으로 경제 · 산업 체질이 고용절약적 구조로 급속히 바뀌는 점도 우리 경제가 일자리를 만들어내지 못하는 요인 중 하나로 보인다.

대기업의 고용 흡수력 저하에 따라 잉여인력은 대부분 전통적인 영세 자영업인 음식, 소매, 숙박업으로 몰렸고, 일부는 그나마 중소기업에 흡수됐다. 그런데 자영업의 고용 흡수력도 대외개방의 가속화와 대기업의 진출, 공급과잉에 따라 지속적으로 감소하고 있으며, 중소기업의 고용증가도 한계기업의 수가 늘면서 양과 질에서 벽에 부닥친 느낌이다.

고용창출을 위한 고부가가치 서비스산업의 발전노력이 있었으나, 이해관계자들의 반발과 국민적 공감대 및 의지의 부족으로 이렇다 할 성과를 거두지 못하고 있다. 결과적으로 현재 우리나라는 고용을 창출하기 매우 어려운 구조이며, 앞으로도 산업체질을 고용친화적으로 바꾸기가 대단히 힘든데 그 이유를 요약하면 다음과 같다.

첫째, 우리 주력산업은 철강, 석유화학, 반도체, 디스플레이, 자동차 등 대부분 대규모 장치형 산업으로 철저히 자본집약적이다.

둘째, 노동집약적 경공업이 선진국에 비해 과도하게 위축되어 있다.

셋째, 공급과잉인 전통 서비스업의 고용 흡수력이 지속적으로 감소하는 반면, 고부가가치 서비스산업의 획기적인 발전도 기대하기 어렵다.

넷째, 대기업의 고용 흡수력은 점진적으로 약화될 것이며, 중국의 추격 등 글로벌 무한경쟁에 대응하기 위해 조립 분야의 해외이전은 가속화될 것이다.

다섯째, 부품·소재·장비를 공급하는 중소·중견기업이 대기업 수준의 혁신역량을 갖추고 생산성을 높이지 않는 한, 이들에 대한 고용창출 희망도 기대하기 어려울 것이다.

여섯째, 한계 중소기업의 구조조정이 본격화될 경우 오히려 전체 고용여건에 큰 문제가 될 수도 있다.

일곱째, 동북아 분업구조가 대단히 경쟁적으로 변화하는 과정에서 우리가 비교우위를 확보하지 못한 채 중국으로 제조기지가 대대적으로 이전된다면 우리의 고용여건은 크게 어려워질 수 있다.

(2) 고용 · 교육 측면:
고용시장과 교육시스템의 구조적 문제점

우리나라는 1990년대 대학 자율화 조치와 80%를 상회하는 대학 진학률로 대졸자가 너무 많다.[5] 미국의 버락 오바마(Barack Obama) 대통령도 몇 번이나 극찬한 바 있는 우리의 교육열과 세계적으로 유례가 없을 정도의 높은 대학 진학률의 이면에는 많은 문제들이 잠재된 것을 우리는 잘 알고 있다. 우리의 교육열이란 것이 교육 자체보다는 좋은 대학에 입학하는 것에 과도하게 집중하다 보니 대학입시 전후의 교육과정이 모두 심하게 왜곡되어 있다. 입시를 위한 사교육 투자는 선행학습 열풍으로 이어져 2009년에는 사교육 시장이 약 39조 원으로 26조 원의 공교육 시장을 훌쩍 넘어섰다.[6]

한편 경제규모를 생각하면 우리 대학교육 투자는 대학입시에 비해 너무 적으며, 가정과 정부의 관심 또한 고등학교에 비해 턱없이 모자라다. 산업계에서는 대학 졸업자들의 질이 떨어진다고 불평하지만, 교육투자를 정부의 몫으로 미루면서 정작 양질의 인력양성에 대한 관심과 기여는 등한시한다. 상황이 이렇다 보니 평범한 대졸자가 수요에 비해 과잉배출되어 청년 실업자가 양산된다. 대학의 인력양성 시스템 또한 산업계의 다양한 수요에 제대로 대응하지 못하는 구조적 문제를 안고 있다. 선진국에 비해 대학에 대한 투자가 너무 적고, 대학생들의 공부 분량도 선진국 학생에 비해 턱없이 적을 뿐 아니라 질적인 면에서도 많이 부족하다는 지적이다.

한편, 우리나라의 교육 시스템은 고등학교 → 대학 → 취업으로 이어지는 단선형 구조여서 고등학교 졸업 후 취업한 상태에서는 대학에 다니

5 일반 고교의 대학 진학률 변화: 1990년: 33% → 2000년: 68% → 2009년: 82% (국가교육통계정보센터).

6 2009년 사교육 시장규모는 사교육비 21.6조 원에 성인, 취학 전 아동, 방과 후 학교 등을 포함하여 약 39조 원으로 추정된다(통계청 2009년 사교육비 조사결과).

기가 매우 어렵다. 또한 대학 졸업자와 고교 졸업자에 대한 사회적 보상 차이도 대단히 크다. 이런 상황에서 지나친 교육열과 학벌(學閥) 지상주의까지 맞물리면서 기능인력을 양성하는 특성화고등학교는 낙후될 수밖에 없어 인력수급의 양적·질적 미스매치(*mismatch*) 현상이 일어나는 근본원인이 된다.

취업자들 사이에서는 대기업이나 공기업에 대한 선호가 지나친 반면, 중소·중견기업에 대한 기피현상이 고질적으로 나타난다. 대기업은 사람이 넘쳐나되 창의적인 고급인력 부족을 호소하고, 중소기업은 일자리는 많지만 적합한 사람을 도무지 찾을 수 없는 인력수급의 엇박자가 반복된다. 또한 지나친 고학력화로 숙련 기능인력의 공급 애로가 심각한 실정이다. 특히 뿌리산업이라고 일컫는 주물, 금형, 열처리 등의 분야에서는 인력부족으로 인한 공동화 현상까지 우려될 지경이다.

노동시장의 유연성 부족도 고용창출 능력을 저하시키는 요인 중 하나다. 노동조합이 있는 대기업은 정규직의 과도한 고용보호와 생산성 향상과 무관하게 매년 일정 수준 임금이 올라가는 연공 임금체계 때문에 새로 사람을 뽑기보다 고용절약적 생산방식을 채택한다. 이 사안은 비정규직 채용의 증가와 사내 하도급 제도를 편법으로 활용하는 주요 원인으로 작용하는 등 노동시장을 왜곡시키고 중소기업 근로자, 비정규직 근로자와의 임금 양극화를 심화시키기도 한다.

인력수급을 위한 효과적인 매칭 시스템 구축 등 고용 인프라도 선진국에 비해 떨어진다. 고용지원센터, 지자체 등 매칭 공공지원 시스템이 전문적인 서비스를 제공하지 못한 채 민간 고용지원 서비스산업은 많은 규제와 영세성으로 인해 하나의 산업으로 발전하지 못하고 있다.

마지막으로 저출산·고령화 시대가 본격적으로 도래하고 있으나 종합적인 대응이 대단히 미흡한 수준이다. 이를 해결하기 위해서는 여성 및 퇴직 근로자가 취업을 확대할 수 있도록 하는 세심한 정책적 배려가 필요하며, 해외인력의 적정규모 유입과 전략적 활용에 관한 연구도 시급하다.

결론적으로 청년실업, 중소기업 취업의 기피, 숙련 기능인력 부족 등은 성장동력 확보 차원에서라도 반드시 해결되어야 한다. 다만 고용시장 및 교육시스템의 구조적 문제점을 단시일에 해결하기란 매우 어렵고 번듯한 직장을 많이 만들 수 있도록 산업구조를 뜯어고치는 일 또한 많은 난관을 거쳐야 한다. 그래서 우리나라의 고용문제는 '산업-고용-교육-복지'의 패키지 정책이 강력하게 정합성을 이루며 지속적으로 추진될 때 효과를 볼 수 있을 것이다.

7) 일본식의 내수침체 장기화 가능성은?

최근 우리나라에서도 일본처럼 '잃어버린 20년'을 겪을 가능성이 높다는 분석이 나온다. 우리는 기러기처럼 일본을 열심히 따랐는데, 그렇다면 일본식 장기 복합불황도 따라갈 것인가? 결론부터 말하자면 일본의 불황 정도까지는 아니더라도 장기침체를 겪을 가능성은 높다.

장기침체 가능성의 근거는 크게 2가지인데, 잠재 성장률의 지속적인 하락과 고령화 시대의 본격적인 진입이 바로 그것이다. 이 외에도 주택시장의 장기침체, 가계부채의 증가 및 주택비용과 사교육비로 인한 실질 구매력 증가의 한계 등 폭발성 높은 악재들이 내수시장에 도사리고 있어 장기침체 가능성을 한층 높인다.

앞에서 강조한 대로 우리나라의 잠재 성장률은 총요소 생산성의 대폭적인 향상이 없는 한 지속적으로 하락할 수밖에 없다. 고령화로 생산가능 인구가 계속 줄어드는 구조이고, 주력산업이 이미 성숙기에 접어들어 대규모 투자를 할 여지가 줄고 있으며, 투자하더라도 수익을 내기 힘든 상황이다. 특히 고령화는 노동뿐만 아니라 투자에도 영향을 주는데,

〈표 4-9〉 한국 · 일본 기간별 경제성장률 추이

(단위: %)

구분	1981~1985	1986~1990	1991~1995	1996~2000	2001~2005	2006~2010	2011	2012
일본	4.3	5.5	0.8	1.2	1.6	1.0	-0.7	2.2
한국	9.4	10.0	7.4	7.7	7.3	3.3	3.6	2.1

주: 연평균 경제성장률 기준, 2012년 전망치

자료: IMF · Global Insight.

중장기적으로 투자율과 저축률은 상관관계가 높으며 저축률은 고령화와 부(負)의 상관관계에 있다. 따라서 '고령화 진전 → 저축률 저하 → 투자율 저하 → 자본투자 저하'로 이어질 가능성을 배제할 수 없다.

한편 총요소 생산성은 긴 시간을 두고 점진적으로 향상되는 만큼 잠재 성장률이 단기간에 상승방향으로 반전되기란 사실상 불가능하다. 경제성장 자체가 추세적으로 저성장 단계에 진입했다고 판단되는 가운데 세계 경제가 침체되고 수출의 성장 기여도가 큰 우리나라는 더욱 그렇다. 최근 세계 경제성장률보다 우리나라의 성장률이 낮게 나타나는 것은 경기변동에 의한 일시적인 현상이 아닐 가능성이 높다.

2012년 우리나라의 GDP 증가율 예상치는 2.1%로 IMF가 전망한 세계 경제성장률 3.3%보다 1.2%포인트 낮고, 2013년에도 우리는 3.0%, 세계는 3.6%로 0.6%포인트 낮을 것으로 전망되고 있다.

〈표 4-10〉에서 보는 바와 같이 일본이 고성장에서 저성장 단계로 접어든 시기는 1990년대 초이며, 우리나라가 저성장 단계로 진입한 때는 2008년 경제위기를 제외하면 2010년대 이후라고 판단된다. 한국개발연구원과 한국은행 등 주요 예측기관들은 현재 우리나라의 잠재 성장률을 3% 초·중반으로 추정하고 있지만, 경제협력개발기구(OECD)는 오는 2018년 한국의 잠재 성장률이 2.4%로 떨어지고 2030년 이후에는 1%에 그칠 것으로 전망했다.

〈표 4-10〉 한국과 일본의 노령화 속도 비교

(%: 총인구 대비 65세 이상 고령인구의 비중)

구 분	도달 연도			증가소요 연수	
	7% (고령화 사회)	14% (고령사회)	20% (초고령사회)	7% → 14%	14% → 20%
일 본	1970	1994	2005	24	11
한 국	2000	2017	2026	17	9
프랑스	1864	1979	2018	115	39
영 국	1929	1975	2028	46	53
미 국	1942	2014	2032	72	18

주: 연평균 경제성장률 기준, 2012년 전망치
자료: IMF · Global Insight.

이에 따라 '잠재 성장률 저하 → 경제성장 저하 → 저성장 기조 고착화 → 내수시장 침체'가 우려되며, 일본처럼 고령화의 진전도 '저성장 → 내수시장 침체'를 가속화시킬 것으로 보인다.

일본은 이미 1990년대 중반 고령사회로 접어들었고, 우리나라도 2016년경에는 이 단계로 진입함에 따라 이때부터 생산가능 인구가 줄어들기 시작할 것이다. 지역적으로 서울, 부산, 전남은 2010년 이미 생산가능 인구가 줄기 시작했으며, 2013년에는 대구, 전북, 경북도 감소할 것으로 전망된다.

그리고 일본은 고령인구가 전체 인구의 20% 이상인 초고령사회가 2005년에 이미 시작됐고, 우리는 고령사회 진입 후 10년도 채 지나지 않은 2026년경에 초고령사회로 진입할 것으로 보이는데, 선진국은 물론 전 세계적으로 가장 빠른 고령화 속도다. 지금 일본 사회의 무기력한 모습이 약 10년 후 우리에게 닥칠 수 있는 것이다. 무엇보다 이런 노령화 속도로는 일정 수준 이상의 경제성장을 기대하기가 매우 어렵다.

우리 경제의 장기침체와 관련해 내수시장 문제는 매우 중요한 만큼

세대별 사례를 통해 간략히 살펴보자.

우리 사회는 결혼할 때 돈이 많이 든다. 통상적으로 신랑은 집, 신부는 살림도구 등을 마련한다. 부모의 재정상태가 넉넉하면 대신 부담해주고, 그렇지 못하면 신랑·신부가 저축한 돈과 대출을 받아 마련하는 게 보통이다. 어느 유력 일간지에서 진행한 돈이 적게 드는 결혼, 이른바 '작은 결혼식' 캠페인과 관련된 기사－아들 결혼을 위해 빚을 진 어느 어머니의 이야기－를 보고 많은 사람이 공감했으리라 생각한다. 통상적으로 결혼할 때 신랑·신부가 대출을 받지 않으면 부모가 노후자금으로 모아둔 통장을 깨거나 빚을 낸다. 이렇게 우리 사회에서는 결혼할 때부터 빚을 지고, 그 뒤에는 그 빚을 갚으며 살아가야 하는 경우가 대부분이다.

결혼한 후 열심히 저축해 빚이 없어지는 그때부터 집이 없으면 내집 장만, 집이 있으면 더 큰 평수의 아파트로 옮기기 위한 목돈 마련과 함께 자식 교육비가 들어가기 시작한다. 자식사랑이 남다른 우리 부모들은 자녀가 유치원에 입학하는 5세 전후부터 사교육비(私敎育費)를 들인다. 경쟁이 붙다보니 이때부터 영어교육, 영재교육에 열을 올리는 부모들이 많다. 아이들이 중학교에 입학한 후부터 본격적인 사교육비에 시달리는데, 이때부터 대학 들어갈 때까지 6~7년간 가계비용의 많은 부분을 사교육비가 차지한다.

자식교육이 끝나고 결혼시킬 때가 되면 다시 자녀 결혼비용에 골머리를 앓는데, 금액의 과다에 상관없이 일정 부분은 양가 부모가 부담하는 게 관례다. 그러고 나면 살던 집과 약간의 저축 혹은 약간의 빚을 가진 채 노후를 보내는 게 한국 사회에서 보통 사람이 살아가는 모습이다. 이 과정을 보면 가계의 실질 구매력을 줄이는 결정적인 부문은 주택 자금과 사교육비인 것을 알 수 있다.

특히 주택 문제는 우리나라에서만 나타나는 특별한 현상이다. 오랜 농경사회의 전통을 지닌 한국인들은 땅에 대한 집착이 대단하다. 또한

1960년대 경제개발이 본격화될 당시 부자가 된 사람은 대부분 부동산 투자로 돈을 벌었고, 이후 많은 보통 사람도 아파트 등 주택을 통해 자산을 형성하고 불려나갔다. '부동산 불패(不敗)'라고 해서 부동산에 묻어두면 적어도 손해는 보지 않을 뿐 아니라 경우에 따라서는 큰돈을 만질 수 있다는 기대감을 누구나 가지고 있다. 이렇다 보니 우리나라 가계자산 중 70%가 부동산, 그것도 대부분 아파트 등 주택이고 나머지는 약간의 저축 혹은 주식 등 금융자산이다.

그런데 부동산 시장이 몇 년째 얼어붙으면서 주택가격이 떨어지고 거래조차 극도로 부진한 침체국면을 맞이하고 있다. 전문가에 따라서는 1990년대 일본의 부동산 폭락처럼 우리도 비슷한 상황을 점치기도 하지만, 그럴 가능성은 매우 낮아 보인다. 당시 일본과 현재 우리나라의 상황이 매우 다르기 때문이다. 그러나 현재의 부동산 시장 침체가 가계의 실질 구매력을 감소시키는 결정적 요인임에는 틀림없으며, 앞으로도 그럴 가능성이 매우 높아 보인다. 필자가 부동산 전문가는 아니지만, 현재 우리나라의 부동산 정책은 참으로 진퇴양난에 처해 있다. 부동산 가격이 더 이상 떨어져도 안 되지만 다시 올라가도 문제이기 때문이다.

내수시장을 침체에 빠지게 하는 주요인은 가계부채(家計負債) 문제다. 2011년 기준 우리나라의 가계부채는 GDP 대비 89.2%, 가처분 소득 대비 163.7%로 다른 나라보다 높다. 그러나 고소득 차주(借主)가 전체 가계부채의 약 70%를 차지하고, 금융부채 대비 금융자산의 비율도 2.09로 안정적이어서 아직까지는 관리가 가능한 수준이다. 가계부채 문제가 금융권 부실로 급격히 확대될 가능성은 매우 제한적이지만, 가계의 소비 여력을 감소시키는 것만큼은 틀림없다.

그런데 가계부채의 70%가 주택담보대출인 상황에서 부동산 가격이 떨어지고 거래마저 부진하다 보니 집이 팔리지 않아 원리금 상환에 시달리거나 설령 집을 팔더라도 헐값이어서 여전히 빚이 남는 가계가 속출하고

〈표 4-11〉 경제성장률과 민간소비 증가율 비교

(단위: %)

경제성장률	2009년	2010년	2011년
민간소비 증가율	0.1	4.1	2.2
경제성장률	0.3	6.2	3.6

주: 민간소비 실질증가율
자료: 한국은행

있다. 빚이 이렇게 많은 상황에서 소비를 통한 내수시장 확대를 바라는 것은 어려운 이야기일 수밖에 없다.

가뜩이나 주택과 교육비 부담, 가계부채로 실질 구매력이 낮은 상황에서 고령화가 진전될수록 소비성향이 낮아지기 때문에 우리 경제는 저소비 구조로 굳어질 가능성이 매우 높다. 이 같은 조짐들은 〈표 4-11〉에서 보는 바와 같이 3년 연속 민간소비 증가율이 경제성장률을 밑도는 데서도 잘 나타난다.

우리나라는 대기업의 제조업 부문, 특히 일관공정산업과 조립산업의 해외시장 개척을 통해 경제성장을 이룩해 왔다.

〈표 4-12〉에서 보는 바와 같이 수출의 경제성장 기여율은 100%가 넘는다. 물론, 수출의 대부분은 대기업 주력산업의 조립완성품이다. 우리 조립완성품이 정상을 유지하는 한 현 상황이 유지되겠지만, 언젠가는 성숙기를 지나 쇠퇴기로 접어들 것이다. 아마도 그 시기는 생산가능 인구가 줄기 시작하는 2016~17년부터 시작될 것으로 보인다.

물론 이 시기는 우리의 노력과 중국의 추격양상에 따라 달라지겠지만, 지금부터 10년 후인 2020년 초반에는 우리 조립완성품 분야의 쇠퇴 조짐이 확연해질 가능성이 높다. 또한 이즈음은 우리나라가 고령사회를 지나 초고령사회로 확실히 들어서는 시점이기도 하다.

그런데도 우리에게는 기존 성장동력을 이을 새로운 동력이 아직 나타나지 않을 뿐 아니라 그럴 가능성도 미약할 정도로 낮다. 그래서 우리는

〈표 4-12〉 수출의 경제성장 기여율

연도	수출의 경제성장 기여도 (%p)(a)	경제성장률 (%)(b)	수출의 경제성장 기여율 (%)(a/b)
2005	3.3	4.0	82.5
2006	4.4	5.2	84.6
2007	4.1	5.1	80.4
2008	1.7	2.3	73.9
2009	-0.1	0.3	-33.3
2010	6.9	6.3	109.5
2011	4.8	3.6	133.3

자료: 한국은행

앞으로 약 10년간 새로운 성장동력을 창출하고 기반을 넓히는 데 총력을 기울여야 한다.

만약 새로운 동력창출에 실패한다면, 선진국에 진입하지 못한 상태에서 지금의 일본처럼 활력을 잃어갈 수도 있다. 어쩌면 일본보다 나빠질지도 모른다. 왜냐하면 일본은 이미 선진국일 뿐 아니라 세계 정상에 올라선 후 쇠퇴하는 모습을 보였기 때문이다. 우리는 일본보다 훨씬 낮은 단계에서 쇠락하기 시작할 것으로 보인다.

5

한 · 중 · 일 분업구조의 변화와 향후 전망

1. 생존을 건 전면전을 앞둔 조립완성품 분야

지금까지 한 · 중 · 일 분업구조는 전반적으로 경쟁보다는 협력과 보완관계였다고 할 수 있다. 그런데 앞으로는 일관공정산업과 조립완성품 분야에서 생존을 건 싸움이 시작될 것이다. 현재 제조업 중 규모집약적산업 Ⅰ, Ⅱ라 할 수 있는 일관공정산업과 조립가공산업의 조립완성품 분야는 한국이 전성기를 구가하고 있다. 특히 IT산업은 정상에 있으며, 자동차산업도 중 · 소형 자동차를 중심으로 정상을 향해 질주하고 있다.

그런데 제 3장에서 살펴본 바와 같이 일본은 대지진 이후 유례없는 구조조정과 강력한 경쟁력 재무장을 추진하는 한편, 신흥국 중산층 공략에 총력을 기울이고 있다. 이렇게 되면 당분간 한국과 일본은 첨단제품은 물론 신흥국의 중급제품 시장에서도 진검승부를 펼칠 수밖에 없다.

일본이 조립완성품 분야에서 쇠퇴기에 접어들었다고는 하지만, 생산공장의 적극적인 해외 이전, 신흥국 시장 맞춤형 제품개발과 마케팅 등 사생결단(死生決斷)의 자세로 나오고 있어 대비가 필요하다. 최근 일본 기업들의 불륨존 전략과 글로벌 경영강화 등의 성과는 좀더 지켜봐야 결과가 나오겠지만, 만약 이런 노력이 성과를 거두어 경쟁력을 확보하게 된다면 우리는 새로운 넛크래킹(*nut-cracking*) 상황에 직면할 가능성이 있다.

저가제품은 중국에 밀리고, 중·고가 제품은 일본에 밀리는 상황이 오지 말라는 법이 없는 것이다. 다만, 조립완성품 분야의 경쟁력은 점차 확실히 중국으로 옮겨갈 것이다. 이런 추세는 산업별로 편차가 클 수는 있으나, 제 2장에서 밝힌 기준에 따라 현재도 진행 중이며 임계점을 지나면 가속도가 붙을 것이다.

그런데 앞으로 중국의 제조업 경쟁력이 올라가고 세계 제조기지로서 확고한 위상을 구축한다면 우리 기업에게는 세계시장 점유율 하락과 함께 국내 조립공장의 해외 이전을 촉발시키는 계기가 될 수 있다. 비교우위를 확보한 중국 기업이 내수시장을 평정한 다음 해외로 눈을 돌릴 경우 우리 기업들은 다시 경쟁력 확보와 시장개척이 가능한 지역으로 공장을 옮겨야 한다. 이렇게 되면 국내 일자리는 자꾸 사라지고, 해당 품목의 수출 감소와 GDP 축소라는 '3중(三重) 충격'을 받을 수 있다.

이런 상황이 이미 가시화되고 있다. 한국 기업이 만드는 스마트폰의 해외생산 비중이 2010년 15.9%에서 2012년 1분기에는 79.7%까지 올라간 게 대표적이다. 이로 인해 한국의 휴대폰 수출은 2011년 273억 달러에서 2012년에는 약 2백억 달러로 27%나 줄어들 전망이다. 삼성전자 등이 주력공장을 베트남과 중국 등지로 옮긴 탓이다. 스마트폰 분야에서 삼성전자가 애플을 제치고 세계 1등을 달리지만, 수출액은 계속 줄어드는 기현상이 벌어지고 있다.

심각한 것은 이런 현상이 확대 재생산될 공산이 매우 높다는 점이다. 13억 인구의 중국이 조립완성품 분야의 경쟁력까지 갖추게 되면, 전 세계 기업들은 중국에 앞다퉈 공장을 짓고 핵심부품 협력업체들도 중국으로 동반진출할 것이다.

삼성전자가 중국 시안(西安)에 70억 달러를 들여 차세대 반도체 공장을 착공한 것도 이런 움직임의 한 단면이다. 이런 패턴이 반복되면, 일본과 같이 한국 내 제조기지의 공동화(空洞化) 현상이 전국적으로 확산될 가능성이 있다. 부산 사상공단의 신발 클러스터가 중국의 급부상으로 지금은 거의 흔적조차 찾을 수 없게 된 것처럼 제 2, 제 3의 '사상공단 사태'가 벌어지지 말란 법이 없다.

2. 일본의 우위 속 협력적 분업구조가 유지되는 부품 · 소재 · 장비

부품 · 소재 · 장비는 일본이 절대적 우위를 가지고 있으며, 한국이 중간단계 영역의 경쟁력을 보유한 가운데 점진적으로 발전하고 있다. 중국은 아직까지 저부가 범용단계에 머물고 있으며, 정부의 강력한 지원 하에 완만하게 발전하고 있으나 한국과 일본과는 격차가 커 이를 해소하기까지는 많은 시간이 걸릴 전망이다. 따라서 조립완성품과 달리 부품 · 소재 · 장비 분야는 전반적으로 경쟁보다는 협력적 분업구조가 유지될 것으로 전망된다. 그런데 이 분야의 한 · 중 · 일 간 분업구조의 전개방향이 차이가 있어 좀더 자세히 살펴보기로 한다.

1) 부 품

일본이 절대 우위인 가운데 한국이 중간단계에서 보다 고급 · 첨단영역으로 진출하려고 하며, 중국은 저부가가치 영역에서 중간영역으로의 발전을 시도하고 있다. 그런데 다음과 같은 이유로 일본 기업들의 경쟁력이 점진적으로 저하될 것으로 전망된다.

제 3장에서 살펴보았듯이 '6중고'로 대변되는 입지 경쟁력 약화, 인구 고령화와 대지진의 영향으로 부품산업에서 제조기지의 약화현상이 가장 크게 나타날 것이다. 조립완성품 분야의 경쟁력이 약화되면서 생산기지를 해외로 이전하는 한편, 가격 경쟁력 제고를 위해 부품 아웃소싱 비중이 높아지면서 일본 내 부품업체와의 연계가 약화되고 있기 때문이다. 일본 경쟁력의 핵심인 조립-부품기업 간 상호협력과 학습을 통한 혁신의 연결고리가 약해지는 것이다.

부품기업은 완성품 업체의 영향을 받지 않을 수 없다. 특히 1차 협력업체가 R&D에 나서기 위해서는 조립완성품 업체의 협력과 지원이 필수적이다. 그런데 2011년 지식경제부과 한국산업기술진흥원의 조사("동북아 분업구조 전환에 따른 발전전략")에 따르면, 우리나라 주력 제조업, 특히 IT산업 내 1차 협력업체는 경쟁력이 강해진 반면, 일본 1차 협력업체는 약화조짐을 보이고 있다. 이런 현상이 추세적인지는 조금 더 지켜봐야겠지만, 일본 조립완성품, 이 중에서도 IT 분야는 이미 정점을 지나 추락하는 반면 우리는 당분간 정상에 머물 것으로 보여 양국 1차 협력업체의 운명도 엇갈릴 것이다.

중국은 아직 일본·한국과 격차가 매우 크며 꾸준히 발전을 하겠지만 적어도 10~20년 동안은 일본은 물론이고 한국도 따라잡기 어려울 것으로 판단된다. 2가지 이유 때문이다.

첫째, 중국의 산업단계상 조립완성품 분야가 경쟁력을 가질 시기이며, 여기서 돈을 벌 수 있는 가능성이 매우 높다. 이런 환경에서 중국의 어느 기업이 하기도 어렵고 돈 벌기도 힘든 부품에 투자하겠는가? 이 때문에 대부분의 중국 기업들이 조립완성품에서 두각을 나타내고 있으며, 핵심역량을 여기에 둔다. 우리나라도 1980년대부터 부품·소재 육성계획을 본격 추진해왔으나, 별 효과가 없었다. 1980~90년대에는 우리도 조립완성품 분야가 사업화하기 쉬웠기 때문이다.

둘째, 중국 조립완성품 업체의 능력과 혁신역량이 아직 일본·한국과 차이가 있다. 산업별로 편차가 크지만 중국 조립업체들은 아직 독자 설계능력을 갖추지 못했다. 형편이 제일 좋다는 IT산업도 컴퓨터, 가전 등 비교적 표준화 정도가 높은 영역은 그나마 낫지만 초기산업 영역, 첨단영역 등은 아직도 독자설계에 의한 제품 출시(出市) 경험이 없다. 자동차산업에서 독자설계 제품을 내놓기까지는 시간이 더 걸릴 것이다. 그렇다면 협력업체들의 독자설계 능력은 꿈도 꾸기 어렵다. 아마도 설계도면대로 겨우 제작하는 수준일 것이다.

세 나라의 이 같은 상황을 감안할 때 1차 부품 분야는 우리가 경쟁력을 확보할 가능성이 있는 영역이다. 특히 IT산업의 가능성이 크고, 자동차산업은 아직 일본과 격차가 있으므로 조금 더 시간이 걸릴 것이다. 그런데 이 분야가 발전하려면 1차 부품업체의 역량만 가지고는 불가능하다. 우선 1차 부품업체들이 글로벌 시장에서 경쟁력을 갖기 위해서는 조립 대기업이 협조하고 지원해주어야 한다. 〈표 5-1〉에서 보는 바와 같이 특정 산업의 사례이기는 하지만, 한국의 조립 대기업들은 주요 1차 부품을 대부분 내재화하고 있다. 즉, 주요 부품을 같은 기업집단 내 자회사가 생산하는 시스템이다.

자동차산업은 부품 수가 워낙 많아 이렇게 하기는 어렵지만, IT산업은 부품 수가 얼마 되지 않아 이런 전략으로 가기 쉽다. 소재 분야도 전반적으로 유사한 형태다. 다만 장비산업은 속성상 대기업이 하기 어려워 형태가 다르다. 물론 협력업체를 어떻게 구성하고 운영할 것인가 하는 문제는 전적으로 해당 조립업체의 몫이지만, 우리나라 경제·산업 전체의 시각으로 볼 때 아쉬움이 많다. 조립업체는 필수부품만 내재화

〈표 5-1〉 한국 패널기업의 부품 내재화 전략

<table>
<tr><th>구분</th><th colspan="5">삼성전자</th><th colspan="5">LG 디스플레이</th></tr>
<tr><td rowspan="2">1차
부품
업체</td><td>컬러
레지스트</td><td>폴리
아미드</td><td>블랙
매트리스</td><td>글라스
기판</td><td>ITO
전극</td><td>편광판</td><td>컬러
레지스트</td><td>포토
스페이서</td><td>오버
코트</td><td>스트
리퍼</td></tr>
<tr><td colspan="3">제일모직</td><td colspan="2">삼성코닝
정밀소재</td><td colspan="5">LG화학</td></tr>
<tr><td rowspan="2">2차
부품
업체</td><td colspan="3">프리즘 필름</td><td colspan="2">확산판</td><td colspan="2">도광판 소재</td><td>LED</td><td>보호
필름</td><td>표면처리
필름</td></tr>
<tr><td colspan="3">삼성정밀화학, 제일모직</td><td colspan="2">제일모직</td><td colspan="2">LG MMA</td><td>LG
이노텍</td><td colspan="2">LG화학</td></tr>
</table>

자료: 산업기술진흥원

하고 가능한 한 많은 부품을 개방하는 것이 바람직하기 때문이다.

일본의 첨단소재, 특히 전자소재의 발전과정을 보면 더욱 그런 생각이 든다. 일본 전자업체들은 1980년대에 신상품을 기획하면서 필요한 소재를 협력업체에 대한 강력한 지원을 통해 개발하는 전략을 취했고, 소재를 개발한 이후에도 협력업체가 해외에 진출해 독점적인 지위를 누릴 때까지 좋은 관계를 유지했다. 이런 관계는 오늘날 일본의 소재산업이 최고의 경쟁력을 보유하는 데 결정적인 역할을 했다.

우리도 조립업체와 부품·소재·장비업체 간 협력으로 세계적인 업체를 키워내는 자율적인 산업생태계를 만들어야 한다. 이를 위해 우리나라 조립업체들은 보다 개방적이고 유연한 사고로 전환해야 한다. 이 과정에서 조립 대기업의 양해와 함께 정부의 지원도 중요하다.

1차 부품업체들이 외국 조립업체에 새로 납품하기 위해서는 기존 조립업체의 양해는 물론 R&D, 마케팅 등에 많은 돈이 필요하다. 특히 해외시장 초기 개척비용을 부품업체가 혼자 감당하기는 너무 벅차다. 바꿔 말하면 대기업의 비협조와 초기 투자자금에 대한 부담 때문에 해외진출 의욕도 있고 능력도 있는 부품기업이 좌절하는 일이 많다. 중견기업인 이들이 일정 규모 이상으로 치고 올라갈 수 있도록 지원을 강화해야 하는 이유이기도 하다. 우리 모두 슬기를 모아야 할 때이다.

2~3차 협력업체 단계로 가면 1차 협력업체와는 양상이 매우 다르다. 대부분의 우리나라 2~3차 협력업체는 대부분 영세 중소기업으로 일본 기업과의 격차가 여전히 크다. 중국 기업과도 격차를 벌리고 있지만 이들은 조만간 우리를 바짝 따라붙을 가능성이 높다.

그런데 협력업체 중 상당수가 주력산업의 기반이 되는 주물, 금형, 도금, 열처리 등 뿌리산업에 속해 있고, 뿌리산업은 인력난에 시달리고 있다. 우리 젊은이들이 3D 업종이라며 기피하는 바람에 대부분 외국인 노동자를 쓰고 있다. 또한 재료비는 계속 올라가는데 납품단가는 이에 비례해 높아지지 않아 어려움이 많다. 더욱이 이들은 영세할 뿐만 아니라 2~3차 협력업체들이라 조립 대기업이나 정부지원의 사각지대(死角地帶)에 속한 경우가 대부분이다. 물론 자생력이 없는 기업은 도태하는 게 시장경제의 질서이자 원리이지만 2~3차 협력업체의 경쟁력 제고 없이는 우리 산업 전체의 경쟁력 또한 한계를 가질 수밖에 없다.

우리나라 산업정책의 가장 후진적인 측면은 정확한 실태조사와 분석이 부족한 상황에서 정책을 쏟아낸다는 것이다. 아마도 산업별로 조립업체-1차 협력업체-2~3차 협력업체의 단계별 경쟁력이나 거래형태 등에 대한 상세한 조사·분석은 한 적이 없을 것이다. 지금이라도 산업 전체에 대한 상세한 조사·분석으로 건전하고 경쟁력 있는 산업생태계를 만드는 종합적이고 입체적인 대책이 나오길 기대한다.

2) 소 재

소재는 대규모 장치산업의 성격을 갖는 철강, 석유화학을 제외한 대부분의 경우에서 우리가 부품, 장비보다도 경쟁력이 취약한 분야다. 규모의 경제가 작용하기 어려울 정도로 분야별 규모가 작고 분야도 다양하다. 또한 제품화하기까지 10년 이상 걸리는 경우가 많으며 응용연구보다는 과학기반 성격의 기초 R&D 역량이 중요하다.

소재산업은 이런 속성 때문에 산업화하기가 매우 어려운 반면 한번 경쟁력을 확보하면 진입장벽이 높아 오랫동안 자리를 지킬 수 있다. 대부분의 소재산업을 소수의 선진국만 영위하는 것도 이런 이유 때문이다. 소재산업에서 일본과의 격차가 좀처럼 줄어들지 않고 있다. 우리나라에는 10년 이상 돈을 들여 산업화할 만큼 인내심 있는 기업이 매우 드물다. 대부분 단기승부를 좋아한다. 더욱이 독일, 일본, 미국 등 선진국의 진입장벽이 만리장성처럼 높아 이들을 뛰어넘기가 너무나 어렵다.

그러나 부품뿐 아니라 소재 분야에서도 성장동력을 발굴하고 투자할 시기가 왔다. 조금 늦었는지도 모른다. 우리가 이미 개발된 반도체, 디스플레이용 소재 분야에 진력하는 것은 바위에 계란 던지는 격일지도 모른다. 하지만 새로운 IT제품에서 일본이 그랬던 것처럼 우리도 조립 대기업이 협력업체와 공동으로 해당 제품의 소재를 개발해 독점력을 행사할 정도로 발전시킬 수 있다.

우리가 경쟁력을 확보할 수 있는 분야를 선정해 중장기 계획을 수립하고 정부, 대기업, 연구소, 대학 등이 협력해 실행에 옮겨야 한다. 특히 소재는 부품 분야보다 정부의 역할이 중요한데, 기업은 장기간에 걸친 투자 리스크를 감당하기 어렵기 때문이다.

3) 장비

장비 분야는 부품, 소재와는 속성이 다르다. 무엇보다 조립완성품의 성격을 가졌으면서도 패빗(Pavitt)의 분류상 규모 집약형 2군에 속하는 IT·자동차산업과는 다른 모습을 띤다. 즉, 발주기업의 수요에 따라 조금씩 다른 제품을 개발·생산해야 한다. 따라서 비교적 대규모 생산이 가능한 일부 공작기계류를 제외하고는 전형적인 중소·중견기업이 영위하는 영역이다.

장비 분야 기업의 경쟁력 확보를 위해서는 무엇보다 설계능력이 중요하며, 제작과정에서도 오랜 노하우가 필요하다. 따라서 부품·소재보다 우리가 단기간에 일본을 따라갈 수 있다고 전망되는 분야이기도 하다. 우리 장비산업은 부품·소재보다 대일역조(對日逆調)가 빠르게 개선되고 있으며, 향후 중요한 성장동력으로 자리 잡을 가능성도 크다. 일부 건설기계 등에서 세계 최고 수준의 제품이 나오는 것이 이를 입증한다.

그런데 우리나라 장비 분야는 IT 등 이른바 '첨단'으로 일컬어지는 산업에 가려져 아직까지 크게 주목받지 못하고 있다. 장비산업에 대한 재평가와 함께 종합적이고 체계적인 지원을 통해 세계적인 기업을 많이 배출해야 한다. 특히 대규모 기업집단에 종속되지 않은 독립적인 이 분야의 중소·중견기업을 성장동력화하는 것에 주목하고 이를 육성시켜 나가는 것이 중요하다.

3. 한 · 중 · 일 경제 삼국지 : 누가 이길까?

한・중・일 3국은 유사한 주력산업을 바탕으로 세계 제조기지 역할을 수행해왔는데, 앞으로 누가 비교우위를 확보할지는 세 당사국뿐 아니라 세계적으로도 관심거리다. 그렇다면 세 나라 가운데 누가 가장 유리하고, 누가 가장 불리할까? 결론부터 말하자면 중국이 제일 유리하고 한국이 가장 불리할 것이다. 한국은 중국이나 일본처럼 확실한 비교우위가 없는 데다 중국・일본보다 국가규모가 작은 소국이기 때문이다.

〈표 5-2〉에서 보는 것처럼 우리나라의 비교우위는 대기업의 빠른 의사결정에 의한 선제적인 대규모 투자와 제조기술을 중심으로 한 조립완성품 분야다. 그런데 이런 비교우위도 중국 등 후발국의 학습에 의해 점차 축소되고 있으며, 조립완성품의 경쟁력 또한 정점을 거쳐 점차 약화될 것으로 전망된다.

〈표 5-2〉 한 · 중 · 일 간 비교우위 및 약점

국가	비교우위	약점
중국	· 13억 인구의 거대한 시장 · 다국적기업의 대대적인 투자 · R&D(자금 및 인력)의 대대적인 투자 · 양호한 기초과학 수준 · 전통적인 잠재력	· 자본주의 체제로의 전환에 따른 위험 · 중진국 함정의 위험
일본	· 세계 최고의 기술력(특히 첨단 소재 · 장비 분야) · 산업화된 차기기술 축적이 세계 최고 수준(특히 녹색 분야)	· 원전사태 이후 제조기지 매력 급감 · 초고령화 사회 본격 진입
한국	· 대기업의 빠른 의사결정에 의한 선제적인 투자 · 제조기술을 중심으로 한 조립완성품 분야의 조직 능력	· 조립완성품 분야의 경쟁력이 소수 대기업의 소수제품에 국한 · 글로벌 경쟁력을 갖춘 중소 · 중견 기업이 거의 없음 · 고령화사회 본격 진입

우리 조립완성품 분야의 경쟁력은 삼성 등 소수 대기업 제품에 국한된다. 〈일본경제신문〉에 따르면 조사대상 50개 품목에서 한국 기업은 스마트폰, TV 등 8개에서 1위를 차지했는데, 이 중 삼성그룹 제품이 7개였다. 삼성이 흔들리면 한국 경제 전체가 영향을 받는 취약한 구조인 것이다.

중국은 13억 인구와 광대한 국토로 대변되는 규모의 힘이 참으로 무섭다. 이게 중국의 확실한 비교우위이다. 특히 규모의 힘 중 13억 인구의 소비와 과학기술 투자로 양성되는 전문인력은 누구도 흉내낼 수 없는 힘이자 경쟁력이다. 제 2장에서 여러 번 강조한바, 13억 인구가 역동적으로 소비하기 시작했고 중국은 이 힘으로 전 세계의 공장과 기업을 블랙홀처럼 빨아들일 것이다. 중국이 세계 최대 생산기지이면서 최대 소비시장이 될 것이란 뜻이다. 이와 함께 어마어마한 R&D 투자와 대규모 과학기술 인력의 양성은 중국 R&D 시스템의 비효율을 압도하고도 남을 것이다.

서구학자들 중 많은 이들에게 중국의 혁신(革新) 역량을 과소평가하고 미래를 어둡게 보는 경향이 있다. 물론 현재 시스템은 대단히 비효율적이며 요소투입 위주의 성장에서 벗어나려면 많은 시간이 걸릴 것이다. 그러나 중국이 계획 중인 R&D 투자와 인력양성이 계획대로 실현된다면 시스템의 비효율을 극복할 수 있을 것이다. 중국 산업은 규모의 힘과 조립완성품 제조업을 중심으로 세계 최고의 경쟁력을 확보할 것이다.

반면, 일본의 확실한 비교우위는 세계 최고의 기술력을 갖춘 중소·중견기업이 많다는 것이며, 향후 산업화가 기대되는 차세대 기술의 축적에서도 세계 최고 수준이라는 데 있다. 원전사태 이후 제조기지의 매력이 급감하는 등 일본 산업의 위상이 점차 약화되고 있지만, 일본은 세계 최고 수준의 기술력을 바탕으로 고부가가치 부품·소재·장비(특히 첨단소재와 정밀기계) 중심으로 비교우위를 확보할 것이다.

이렇게 되면 주력 제조업의 조립완성품은 중국이 세계최고의 경쟁력을 확보하고, 우리나라가 부품・소재・장비 분야에서 일본을 일정 부분 이상 극복하지 못하면, 조립완성품 분야는 중국에게 밀리고 부품・소재・장비 분야에서 일본과의 격차를 줄이지 못하는 새로운 형태의 샌드위치 신세에 놓일 가능성이 높다. 우리는 위기의식을 가지고 이러한 상황이 오지 않도록 최선의 노력을 경주해야 한다.

6

한국의 대응방향
(한 · 중 · 일 분업구조의 변화 관점)

1. 새로운 성장전략의 기본틀

필자는 앞에서 우리에게 새로운 성장동력이 아직 나타나지 않았을 뿐 아니라, 시간이 갈수록 기존 동력이 약화되어 장기적으로 저성장 구조가 고착화될 가능성에 관해 지적했다. 그렇다면 과연 우리에게 얼마만큼의 시간이 주어진 것일까? 필자의 판단으로는 향후 10년이 새로운 성장동력을 만들어내기 위해 총력을 기울여야 할 중차대한 시기가 될 것이다. 이때까지 우리 경제가 지탱될 수 있도록 기존 성장동력을 유지 · 강화시키는 일을 병행해야 함은 물론이다.

그런데 새로운 성장동력을 조성한다는 게 말처럼 쉽지 않다. 땅을 골라 씨를 뿌리고 물을 주고 제때 잡초도 뽑는 등 봄부터 온갖 정성을 쏟아야 가을에 비로소 열매를 얻듯이, 새로운 동력도 전략적으로 투자해 오랜 기간 정성스럽게 키워야 하는 것이다. 우리나라 반도체산업이 지금

같은 주력산업으로 우뚝 선 것도 10년이 넘는 기간 동안 척박한 환경에서도 신념을 가지고 기업, 대학, 정부가 합심해 혼신의 노력과 지속적인 투자를 했기 때문이다. 막대한 시간과 돈과 사람이 들어야 번듯한 성장동력이 나올 수 있다. 그래서 어떤 분야를 목표로 어떤 길로 갈 것인가 하는 추진목표와 전략을 수립하는 일이야말로 첫 단추를 제대로 끼우는 것처럼 매우 중요하다.

이제부터 한·중·일 분업구조라는 국제적 여건에서 우리의 성장전략에 관한 목표와 추진전략을 간략하게 제시하고자 한다. 우선 〈표 6-1〉은 성장동력의 주체 및 분야 그리고 성장정책 패러다임의 전환 등을 요약한 것이다. 우선 어떤 분야를 성장동력으로 육성할 것인가, 제조업에 계속 투자할 것인가 아니면 서비스산업에 투자할 것인가에 관해 말하자면 제조업이 주력이 되고 서비스산업이 보조적인 역할을 해야 한다.

우리나라는 1960년대 경제개발을 시작한 이래 지금까지 50년이 넘게 제조업 위주의 투자를 해왔다. 이 결과 제조업 전반에 걸쳐 기반을 갖춘 전 세계에서 몇 안 되는 국가가 됐다. 우리의 최고 강점은 전 제조업에 걸친 튼튼한 제조기반이다. 따라서 우리의 새로운 성장동력도 최우선적으로 제조업에서 찾아야 한다. 물론 서비스산업의 중요성을 폄하할 생각은 추호도 없다. 다만 성장동력은 하늘에서 갑자기 떨어지지 않으며,

〈표 6-1〉 새로운 성장전략 추진방향

- 주체 : 대기업 → 대기업 + 중소 · 중견기업
- 분야 : 제조업 조립완성품 → ① 제조업 부품 · 소재 · 장비
  ② 서비스산업
  ③ 신산업(녹색 · 융합 등)
  수출 → 수출 + 내수
- 목표 : 국제경쟁력 제고 → 국제경쟁력 제고 + 고용창출 + 양극화 해소
  (성장측면)
- 정책 : 산업(성장)정책 → 산업정책 + 고용정책 + 인력정책+ 경쟁정책의 융합

오랜 투자와 정성이 필요하다. 이런 점에서 우리에게 서비스산업은 제조업보다는 훨씬 많은 시간과 돈을 필요로 한다.

결국 새로운 성장동력은 제조업이 주 역할을 하고 서비스업은 보조적인 역할을 하는 방식으로 구성될 수밖에 없다. 제조업 중에서도 중소·중견기업이 담당하는 부품·소재·장비 분야가 후보 1순위가 되어야 하며, 가능성도 높다. 아울러 총요소 생산성을 일정 수준 이상 높이고 고용을 창출하기 위해서라도 중소·중견기업이 새로운 성장동력의 주축이 되어야 한다. 과거 대기업이 그랬던 것처럼 중소·중견기업이 새로운 성장주체가 되면 지금의 양극화 현상도 현저히 완화될 것이며 소득재분배도 훨씬 나아질 것이다. 세계 어느 나라도 대기업의 경쟁력만 가지고 선진국으로 도약하지 못했다. 앞으로 우리는 중소·중견기업의 성장동력화에 사활을 걸어야 한다.

분야별로는 부품·소재·장비 분야가 쉽지는 않지만 기회와 가능성이 충분하다. 그간 산업화 과정에서 축적된 역량이 있기 때문에 중국의 관련업계가 우리를 따라오는 데는 시간이 걸릴 것이다. 우리 조립완성품 분야가 일본의 부품·소재·장비를 공급받아 경쟁력을 키우면서 발전했듯이, 향후 중국의 조립완성품 발전에 우리도 일본 같은 역할을 할 수 있어야 한다. 이 전략이 맞아 떨어진다면 우리는 적어도 10~20년 동안 새로운 성장동력을 확보할 수 있을 것으로 기대된다. 여기에 서비스, 녹색(綠色), 융합(融合) 등 신산업이 싹을 틔울 수 있도록 한다면, 부품·소재·장비 제조업과 함께 균형 잡힌 성장동력 포트폴리오를 구축할 수 있을 것이다.

다음으로 수출(輸出)과 내수(內需) 중 어느 분야를 우선시할 것인가 하는 전략적 선택 부분이다. 물론 내수의 성장 기여도를 높여야 하지만 성장동력 측면에서 보면 당연히 수출이 주력이고, 내수는 보조적인 역할을 해야 한다.

내수가 경제성장에서 의미 있는 기여를 하려면 적어도 인구가 1억 명 이상인 일본 정도는 되어야 한다. 5천만 명의 내수로 성장을 견인하는 데는 분명 한계가 있다. 따라서 내수시장이 상대적으로 작은 우리가 일정 수준 이상의 경제성장을 지속하려면 수출이 절대적인 역할을 할 수밖에 없다. 하지만 양극화 현상은 결코 바람직하지 않으므로 내수 활성화를 통해 수출에의 과도한 쏠림을 어느 정도 해소해야 한다.

이런 측면에서 볼 때 중국 내수시장은 분명 우리의 새로운 성장동력이 될 수 있다. 중국은 우리나라와 불과 1시간 30분 거리에 있다. 서울에서 지방에 가는 시간과 비슷하다. 역사적이나 문화적으로 공감하는 부분도 많다. 대만이나 홍콩을 제외한 어느 나라보다 유리하다. 물론 중국에서 성공하기가 말처럼 쉽지는 않다. 그래도 우리 내수시장의 한계를 극복하는 방안 중 하나가 중국을 '제 2의 내수시장화'하는 것이며, 이를 주요 성장동력의 하나로 추진할 필요가 있다. 중국의 '제 2의 내수시장화'를 위한 진지한 고민과 실질적 행동에 나서야 할 때다.

한편 성장전략의 목표도 근본적으로 바뀌어야 한다. 기존 산업정책의 목표는 묵시적으로든 명시적으로든 오로지 국제 경쟁력 제고에 있었다. 기업과 산업의 경쟁력 제고를 통한 수출 극대화가 지상 최대의 목표였다. 이를 위해 수월성(秀越性)의 원칙에 따라 제일 잘하는 사람과 기업·산업을 선택해 자원을 집중하는 전략을 취했다. 원래 의도는 아니었겠지만 결국 대기업 위주의 정책이 되고 말았다. 이 같은 성장전략 목표는 대폭 수정되어야 한다. 국제 경쟁력 제고와 함께 고용창출과 양극화 해소도 똑같은 비중을 가진 공동목표가 되어야 한다. 앞으로의 성장은 고용창출과의 연계성이 대폭 강화되어야 하며, 복지와도 조화를 이루면서 추진되어야 한다.

새로운 성장동력의 창출은 기존의 산업정책만으로는 한계가 있다. 앞으로는 산업·고용·인력정책과 경쟁정책이 연계되고 융합된 패키지 형태여야 한다. 특히 R&D와 인력정책과의 연계가 중요하다.

한 국가의 경제나 산업의 발전에서 가장 중요한 원천은 무엇일까? 바로 사람, 인적 경쟁력이다. 아무리 자원이 많고 국토도 넓고 인구가 많아 성장 잠재력이 높아도 국민이 우수하지 않고 부지런하지 않으면 결코 발전할 수 없다. 우리가 무엇을 바탕으로 경제개발 50년 만에 무역 1조 달러의 세계 경제 10위국으로 도약할 수 있었는가? 다름 아닌 우리 국민의 우수성 때문이다.

청소년들이 매년 국제 수학 올림피아드에서 최고의 성적을 거둘 정도로 한국인은 머리가 좋을 뿐만 아니라 누구보다 부지런하면서 진취적이다. 결국은 사람이 가장 중요한 성장원천이다. 세계 경제·산업의 판세를 잘 읽고 이 흐름에 맞는 세계 최고 수준의 인재를 양성하는 것이 중요하다. 그러나 우리나라 인력양성 시스템은 여러 가지 측면에서 시대에 맞지 않고 낙후되어 있다. 우리는 이제 인력양성 시스템(교육+훈련 시스템)을 대내의 환경변화에 적합하게, 우리나라 인재가 진정한 성장원천이 될 수 있도록 개편하는 작업을 진지하게 고민할 때가 되었다.

2. 전략 ①: 중소·중견기업을 새로운 성장동력으로 육성

소수 대기업에 의존하는 경제구조에서 탈피해 견실한 산업강국으로 도약하기 위해서는 중소·중견기업이 성장과 고용의 원천이 되어야 하며, 따라서 이들 기업의 육성이 정책과 국정의 최우선 과제가 되어야 한다. 대기업 위주의 산업구조와 정책체계로는 중소·중견기업의 성장동력화가 요원할 수밖에 없다. 현재의 구조를 깨뜨릴 정도로 파괴력이 있으면서도 광범위한 정책조합이 필요한데, 이를 열거하면 아래와 같다.

첫째, 중소·중견기업이 성장할 수 있도록 상품시장은 물론 생산요소시장, 특히 인력 공급시장에서 건전한 경쟁이 유지되는 생태계를 조성해야 한다. 둘째, 중소·중견기업의 R&D 등 혁신역량을 대기업 수준으로 높여야 한다. 셋째, 좋은 본보기가 될 수 있도록 글로벌 경쟁력을 갖춘 5백여 개 정도의 중소·중견 기업군을 육성해야 한다. 넷째, 중소·중견기업 전반에 걸친 대대적인 혁신으로 총요소 생산성을 높여야 한다. 다섯째, 대-중소기업의 상호발전을 위해 대기업 정책 및 제도의 개편이 이루어져야 한다.

1) 중소·중견기업의 성장 생태계 조성

경제구조가 대기업 위주로 심하게 경도되어 있다 보니 인력과 금융시장에서 중소·중견기업이 우수인력과 필요자금을 확보하기가 무척 어렵다. 정부는 이 문제를 해소하기 위해 특단의 노력을 경주해야 한다. 통상적인 지원 프로그램 몇 개로는 결코 이 문제를 해결할 수 없다. 특히 중소·중견기업에 우수한 인력이 가게 하려면 경제적 인센티브뿐 아니라 국민들의 인식과 사회적 분위기도 바뀌어야 한다.

정부는 기본적으로 시장기능을 존중하되 인력, 자금이 대기업 중심으로 왜곡되어 독과점의 폐해가 발생할 것에 대비해 교정적(矯正的) 처방을 마련하면서 중장기적 방안도 수립·추진해야 한다. 특히 산업별 실태를 미시적으로 파악해 대기업의 독과점으로 인해 중소·중견기업의 성장이 근본적으로 방해받을 경우 과감한 개입이 필요하다. 소프트웨어 산업이 좋은 예다.

우리나라 소프트웨어 시장 수요 비율은 민간 60%, 공공기관 40%이다. 민간 수요의 대부분은 대기업에서 발생한다. 그런데 대기업은 거의 대부분 전산과 소프트웨어 개발회사를 두고 있어서 같은 그룹에서 나오는 모든 물량은 당연히 소속 전산기업으로 간다. 그런데 대기업의 전산자회사는 거의 대부분 중소기업에게 하도급을 준다. 건설회사가 중소건설업체에게 일감을 넘기는 것과 비슷하다. 첨단과 창의력이 중요한 소프트웨어산업에서 건설산업에서나 볼 수 있는 관행이 똑같이 벌어지는 것이다.

아무리 좋은 기술을 개발하고 혁신으로 생산성을 향상시키더라도 건설업계처럼 투입인력과 시간을 계산해서 돈을 지급하다 보니 얼마나 값싼 인력을 고용해 저가에 공급하는지가 중요해진, 오로지 가격만 존재하는 각박하고 살벌한 산업생태계가 되고 만 것이다. 이런 산업에서는 혁신을 기대할 수 없다. 이 산업에 종사하는 기술인력 역시 좋은 대우를 받을 수 없다. 1980~90년대에는 공과대학 중에서도 전산학과, 컴퓨터공학과에 우수한 인력이 몰렸지만, 최근 이들 학과는 가장 인기가 없는 학과 중 하나가 됐다. 연봉수준이 다른 산업보다 낮고, 밤샘작업이 잦은 3D 업종이기 때문이다.

이런 생태계에는 정부가 아무리 많은 돈을 쏟아부어도 소용이 없다. 전도유망한 인력이 창업을 하고, 중소·중견기업이 되어 성장하는 것도 거의 불가능하다. 하나의 예를 들었지만, 정부는 산업·상품 시장 및 요소 시장 등에서 대기업의 독과점 혹은 시장 지배력 남용에 의해 중소·중견기업의 발전이 근본적으로 방해받는 요인을 미시적으로 정확히 진단하고 처방해야 한다.

2) 중소·중견기업 정책의 전면 개편을 통한 성장역량 제고

정부 정책담당자 혹은 이를 연구하는 대학교수에게 "현재 중소·중견기업 지원제도의 철학과 기조가 무엇인가?"하고 묻는다면 누구도 선뜻 답을 내놓지 못할 것이다. 현재의 지원제도는 그때그때 필요에 따라 생겨나다 보니 여러 목표가 혼재된 백화점식 정책 혹은 만병통치약처럼 보이지만 한 가지 병도 제대로 고칠 수 없는 처방전에 비유할 만하다.

현행 지원제도하에서 글로벌 경쟁력을 갖춘 중소·중견기업군을 육성하는 것은 대단히 어렵기 때문에 많은 전문가들이 제도의 전면 개편에 한목소리를 내고 있다. 제도 개편과정에서 지원규모를 늘리는 것도 중요하지만, 가장 먼저 고려해야 할 것은 지원 프로그램의 내용과 질이다.

현재 중소기업 지원 프로그램 중에는 기업역량 제고와는 무관하게 경영에 필요한 단순 운영비를 지원하는 부분이 너무 많다. 이렇게 되면 중소기업 지원은 '밑 빠진 독에 물 붓기'가 되고 만다. 아무리 많은 운영비를 지원해도 중소기업의 역량 자체는 그다지 좋아지지 않기 때문에 한계 상황에 몰릴수록 더 많은 운영비를 필요로 한다. 설령 역량이 좋아진다 하더라도 그것은 요행에 의한 것이지 정책목표에 따라 의도된 결과는 아닌 경우가 많다. 그렇다면 중소·중견기업의 지원제도는 어떤 철학과 방향성을 가지고 재편되어야 할까?

첫째, 이들의 역량을 높이는 방향으로 집중되어야 한다. 돈이 없고 능력이 없는 사람에게 물고기 잡는 법을 가르쳐 줄 것인지 아니면 계속 물고기를 잡아줄 것인지의 문제에서 답은 너무나도 자명하다. 그럼에도 현실은 당장의 곤란함과 어려움에 이끌려 기업의 연명과 보호에만 재원을 쏟아붓는 우(愚)를 범하고 있다. 아직도 우리 국민들 사이에는 '중소기업은 약자이니 보호해야 한다'라는 정서가 강하다. 중소기업 보호를 위해 엄청난 자금을 계속 지원하지만 경쟁력 제고에는 큰 도움이 안 되는 현행 제도의 이면에는 이 같은 집단적 정서가 자리 잡고 있다.

중소·중견기업의 자생력을 높이는 쪽으로 프로그램의 대폭적인 물갈이가 필요하다. 운용비 지원 프로그램은 혁신역량을 높이는 기업 등 꼭 필요한 경우에만 한정적으로 허용해야 한다. 이렇게 하면 현재의 지원 규모만 가지고도 상당한 효과를 거둘 수 있다. 아울러 자생력 제고는 중소·중견기업 전반에 걸쳐 대대적인 혁신을 유도하는 방향이어야 한다.

둘째, '중소기업 → 중견기업 → 대기업'으로 원활하게 성장해 나갈 수 있는 방향으로 프로그램이 설계되어야 한다. 즉, 기업의 성장단계에 맞추어 지원이 이루어져야 한다는 말이다.

제 4장에서 살펴본 것처럼, 우리나라 기업들에게는 창업해 성장하는 과정에서 단계별 정체구간이 있다. 매출액을 기준으로 1～2백억 원, 1천억 원, 2천억 원, 1조 원 등의 구간에서 병목현상을 보이는데, 특히 2천억 원 선이 되면 대부분 성장을 멈추게 된다. 이에 대한 원인을 정밀하게 분석해 이들이 정체구간을 돌파할 수 있도록 단계별, 기업별 맞춤형 지원이 필요하다. 현행 제도는 이러한 분석 없이 규모에 무관하게 백화점식으로 지원한다. 그리고 중소기업이기만 하면 모든 프로그램의 지원 대상이고, 중소기업을 졸업하면 모든 지원으로부터 제외됨과 동시에 대기업을 겨냥한 규제가 갑자기 밀려오다 보니 지원중단과 규제급증의 이중고를 한꺼번에 감내해야 한다.

이런 지원제도 아래라면 누군들 중소기업을 졸업하고 싶겠는가? 많은 회사들이 필요 없이 회사를 쪼개고 또 쪼개 중소기업 지위를 유지하려는 이유가 바로 여기에 있다. 물론, 중소기업이 성장해 일정 규모 이상이 되면 자력으로 커야 하는 것이 아닌가 하는 반문이 있을 수 있다. 그러나 이런 논리는 우리 현실에는 맞지 않는다. 중소기업을 졸업해 매출액 2~3천억 원 규모의 회사가 갑자기 대기업 그룹과 똑같은 대우를 받는 것은 누가 봐도 합리적이지 않다고 생각할 것이다. 규모가 커질수록 지원규모나 정도를 점차적으로 줄여나가는 방안을 모색하는 것이 기업의 성장을 촉진하는 지원제도가 될 것이다.

셋째, 지원제도의 대상이 개별기업인가 아니면 일부 중소기업군 혹은 중소기업 전체인가 하는 관점에서 제도를 분류할 필요가 있다. 대부분의 지원제도가 개별 중소·중견기업에 대한 직접적 지원이기 때문에 하는 말이다. 앞으로는 중소기업 전체 또는 중소기업 공동지원 프로그램을 많이 발굴해야 한다. 이렇게 하면 똑같은 예산으로 훨씬 많은 효과를 거둘 수 있는데, 좋은 예가 중소기업이 입지한 산업단지를 리모델링해 젊은 인력이 즐겁게 일할 수 있도록 만드는 사업을 꼽을 수 있다.

시화·안산산업단지, 남동산업단지 등 우리나라 대부분의 국가산업단지는 1970년대에 건설되어 인프라와 근무환경 등이 대단히 노후화되었다. 산업단지 내 주차공간이 없어 도로 옆 불법주차가 일상화되다시피 하고 교통사정도 좋지 않다. 지원시설이 턱없이 부족하고 낡은 데다 특히 젊은 층이 좋아하는 영화관, 쇼핑몰, 운동시설 등 휴식공간이 전무(全無)하다. 이런 환경에서 근무하기를 좋아하는 젊은 층은 거의 없다.

모든 악조건을 무던하게도 견뎌냈던 1970~80년대의 수출역군을 지금 이 시대에 기대할 수는 없다. 산업단지 내 중소기업이 필요인력을 채용하기 위해서는 기업 자체도 중요하지만 주변환경이 쾌적해야 하며 휴식공간, 오락시설도 필요하다. 만약 노후화된 산업단지를 리모델링해 젊은이들이 가고 싶을 정도의 문화, 휴식공간을 마련하고 배움의 터전을 닦는다면 단지에 입주한 모든 중소기업이 따로 돈을 들이지 않고도 큰 혜택을 볼 수 있다. 앞으로의 지원은 가능한 한 많은 중소기업이 동

남동산업단지 전경

시에 혜택을 받을 수 있는 방향으로 재편되어야 한다.

넷째, 대대적인 혁신이 이루어질 수 있는 프로그램을 많이 기획·시행해야 한다. 여기서 초점은 개별 기업의 혁신역량을 뛰어넘어 혁신을 확산시키는 프로그램을 많이 도입하자는 것이다. 그래서 대기업들이 IMF 위기 이후 경험했던 대대적인 혁신과정을 중소·중견기업들도 경험하자는 것이다. 보다 많은 기업이 혁신하기 위해서는 업종·규모·지역별로 세분화된 혁신 노하우와 사례를 개발·보급하는 사업, 혁신인력을 교육시키는 사업 등을 지원·보완하는 프로그램들이 나와야 한다.

다섯째, 중앙부처와 지방정부에 산재된 지원 프로그램 간의 정책 연계성을 강화하고 시너지 효과를 최대화해야 한다. 예를 들어 각 지자체들은 중소기업 해외 마케팅 사업을 운영하는데, 해외 전시회 지원이나 20명 내외의 수출사절단 파견사업이 대부분이다. 그런데 이런 사업이 지자체마다 따로 시행되다보니 해외 전시회만 해도 중국이나 대만 등 경쟁국에 비해 참가규모가 너무 초라하다. 국제 전시회는 목 좋은 곳에서 많은 바이어의 주목을 받고 세(勢)도 과시해야 성과가 있는 법인데, 이래서는 효과를 기대할 수 없다. 수출사절단 역시 소규모로 꾸려지다 보니 현지의 대형 바이어들이 만나주지 않는 경우가 대부분이다.

지자체의 해외 전시회나 사절단 사업을 업종별로 묶어 공동으로 지원해야 더 큰 시너지효과가 나는 법이다. 중앙부처와 지자체 사업들을 분석해서 묶을 것을 묶는다면 같은 예산이라도 2~3배의 효과는 쉽게 낼 수 있을 것이다.

3) 글로벌 경쟁력을 갖춘 중소·중견기업군의 육성

제 4장에서 우리나라 중소·중견기업 가운데 독일의 '히든 챔피언'의 기준에 해당하는 곳이 10개 내외라고 지적한 바 있다. 이 정도로 우리 중소·중견기업의 역량은 매우 열악한 수준이다. 우리나라의 미래 성장동력을 위해 빠른 시일 안에 대기업뿐 아니라 중소·중견기업군에서도 글로벌 경쟁력을 갖춘 기업이 많이 나와야 한다.

산업통상자원부(구 지식경제부) 조사에 따르면, 5년 안에 '히든 챔피언' 수준으로 도약 가능한 기업은 100개 이내이며, 10년 안에는 300~400개로 파악된다. 물론 잠재력 수준을 보고 추정한 것이기 때문에 이들 기업 중 얼마나 많은 숫자가 실제 '히든 챔피언'에 오를지는 정부정책 개선과 의지, 기업의 뼈를 깎는 혁신 노력 등에 달렸다.

중소·중견기업군의 글로벌 경쟁력 확보를 위해서는 선도기업군이 대단히 중요하다. 항상 처음이 어려운 것처럼 글로벌 경쟁력을 가진 중소·중견기업이 하나, 둘 생겨나 일정 숫자 이상이 되면 그때부터는 점차 가속도가 붙는다. 자신감과 노하우의 확산이 일어나는 것이다. 따라서 향후 5년은 선도기업군의 육성에 혼신의 힘을 기울이는 시간이 되어야 한다. 선도기업군 육성은 혁신역량을 높이는 쪽으로 재원을 집중하되, 철저히 전략적이고 개별 맞춤형이어야 한다. 이런 점에서 각 분야별로 성장 잠재력을 가진 중소·중견기업을 선정하고 경쟁력 강화에 필요한 모든 요소를 패키지로 지원하는 방안이 적극 강구되어야 한다. 또한 정부 지원과는 별개로 대기업이 자율적으로 강소기업 육성 프로그램을 마련할 수 있도록 분위기를 조성할 필요가 있다. 대-중소기업 공동 발전 방안의 하나로 대기업도 적극 검토할 필요가 있다고 생각한다. 예를 들어 '2020년까지 삼성전자 협력업체 중 강소기업 30개 육성' 등의 형태가 될 수 있을 것이다.

4) 대-중소기업 간 공동발전을 위한 새로운 관계 정립

대기업과 중소·중견기업이 함께 발전하기 위한 새로운 관계 정립에는 서로 다른 2가지 차원의 접근방법이 필요하다. 하나는 정부가 적극적으로 개입해 대기업의 불공정 거래 등 바람직하지 않은 행위를 시정하는 영역이며, 또 다른 하나는 대-중소기업 간 상호협력·발전을 하나의 기업문화로 자율적으로 정착되도록 유도하는 영역이다. 여기서는 전자의 경우를 중심으로 살펴보겠다.

대기업은 지금까지 우리나라의 유일한 성장동력으로서 경제성장에 절대적으로 기여했으나, 최근 들어서 오히려 성장을 저해하는 부정적 기능과 요소가 크게 부각되었다. 선진국 도약을 위해서도 대기업과 함께 중소·중견기업의 역할이 더욱 절실해지나 대기업이 이들의 성장에 장애가 됨에 따라 정부의 적극적인 대책이 절실하다. 대기업의 바람직하지 않은 행위를 크게 구분해보면 다음과 같다.

① 납품단가의 부당인하, 기술탈취, 인력 빼가기, 계약의 구두변경과 추후 관련경비 지불 거부 등의 부당행위
② 소프트웨어산업, 특히 IT 서비스산업과 같이 자회사에 일감을 몰아줌으로써 해당 산업의 건전한 발전을 저해하는 행위
③ 인력·금융 등 주요 생산요소 시장의 대기업 중심 왜곡

①과 ②는 의도한 행위이며, ③은 의도하지 않은 행위이다. ②와 ③의 경우는 앞에서 설명했으므로 여기서는 ①에 대해서만 설명하기로 한다.

이 부분은 대기업과 중소기업의 이른바 '갑(甲)-을(乙) 관계'에서 발생하는 문제다. 모 개그프로그램 코너인 〈갑을컴퍼니〉에서 우리 사회 곳곳의 갑-을 관계를 풍자하지만, 사실 세계 어느 사회에서나 이런 관계는 있기 마련이다. 특히 대기업과 중소기업-협력업체 사이가 대표적인 갑을관계라 할 수 있다. 조립 대기업과 부품·소재 협력기업, 건설 대기업과 하도급 중소기업, 백화점 대기업과 입점 중소기업 또는 자체 브랜드(*private brand*) 상품 제조업체 등 그 형태는 다양하지만 갑의 우월적 위치에서 행해지는 부당 혹은 부당에 가까운 행위의 본질은 비슷하다. 어느 나라나 대기업과 중소기업의 불평등한 관계는 있기 마련인데, 유독 우리나라에서만 갑의 부당한 대우가 도를 지나쳐 심각한 경제·사회 문제가 되는 이유는 무엇일까?

해답은 대기업 종사자들의 마인드에서 찾을 수 있다. '협력업체는 우리가 발주하는 물량으로 먹고 사는데 단가인하, 사람·기술 빼가기 등의 손해쯤은 감수할 수 있는 게 아닌가' 하는 잘못된 생각과 관행이 오랫동안 굳어지다 보니 하루아침에 고치기가 어려운 것이다. 그리고 이런 행태가 쉬쉬하면서 구체적으로 밝혀지지 않는 것도 협력업체의 목줄을 대기업이 틀어쥐었기 때문이다.

최근 정부가 대-중소기업 동반성장을 위해 많은 노력을 기울인 결과 사회적 공감대가 형성되고 개선사례도 속속 나오고 있지만, 워낙 오래된 관행이고 드러나기 힘든 속성 때문에 협력업체들의 피부에 와 닿기까지는 아직도 많은 시간이 필요하다.

갑을관계에서 파생되는 부당행위 근절을 위해서는 협력업체가 잘 되어야 대기업도 산다는 마음가짐, 협력업체도 한식구라는 문화, 대기업-협력업체의 공동발전이 장기적으로 유리하다는 믿음이 뿌리내려야 한다. 부당행위 근절에 대한 정부의 강력한 의지와 지속적인 노력이 뒷받침되어야 함은 물론이다.

그런데 최근 경제민주화(經濟民主化) 논의와 관련해 염두에 두어야 할 사항이 있다. 대기업의 순기능과 역기능을 가려내어 순기능은 강화하되 역기능은 최소화하는 방향으로 경제민주화가 추진되어야 한다는 것이다. 즉, 대기업의 성장촉진과 국제 경쟁력을 제고하되 산업생태계의 건전한 발전을 저해하는 부정적 기능과 행태는 근절해야 한다. 부정적 측면만 들추어 포퓰리즘식의 '대기업 때리기' 처방은 한순간에는 통쾌할지 몰라도 아직 대기업 이외에 이렇다 할 성장동력이 없는 우리 처지에서는 제 목을 조르는 행위나 마찬가지다.

3. 전략 ②: 부품 · 소재 · 장비산업의 육성

1) 중국에 대비한 부품 · 소재 · 장비산업 육성 프로젝트 추진

향후 중국은 조립완성품을 중심으로 계속 발전하겠지만, 부품 · 소재 · 장비 분야에서만큼은 우리나라와 경쟁하기에 시간이 걸릴 것이다. 따라서 중국의 조립분야 발전을 기회로 우리 부품 · 소재 · 장비를 중국에 성공적으로 공급할 수 있다면 우리는 10~20년 동안의 성장동력을 확보할 수 있다고 앞에서 지적한 바 있다.

세계 최대의 제조기지 역할을 하는 중국에 특정 부품 · 소재 · 장비를 공급한다면 이 기업의 매출과 이익은 지금보다 최소한 3배 이상 증가하고 해당 분야 최고의 기업이 될 것이다. 현재 우리나라의 주요 자동차 부품 생산기업은 대체로 세계 5~10위권 수준인데, 이들이 중국 기업의 협력업체가 된다면 당장 1~2위를 다툴 것이다.

그런데 이런 일은 결코 쉬운 일이 아니다. 모든 산업에 걸쳐 세계 최고의 다국적기업이 중국에 진출해 있다. 또한 중국 토종기업들이 정부의 강력한 지원을 등에 업고 무섭게 성장하고 있다. 첨단 고부가가치 분야는 일본 · 독일 등 글로벌 기업과 경쟁해야 하며, 저부가가치 분야는 홈그라운드의 이점을 가진 중국 기업과 싸워야 한다. 우리 기업들이 하루 빨리 독일 · 일본 기업과 경쟁할 만한 수준이 되어야겠지만, 글로벌 경쟁력을 갖춘 우리 중소 · 중견기업이 드물고, 이 수준으로 발전할 수 있는 생태계를 갖추고 있지 못하기 때문에 쉬운 일이 아니라는 것이다.

따라서 중국에 대비한 부품 · 소재 · 장비 육성 특별 프로젝트가 중소 · 중견기업 육성정책의 전체 틀 속에서 추진될 필요가 있다.

2) 일본의 제조기지 역할 퇴조에 따른 대체역할 극대화

일본에서는 조립완제품 분야뿐 아니라 부품·소재·장비기업들도 일본을 떠나고 있다. 이는 추세다. 얼마나 많이 일본을 떠날지는 알 수 없지만 일본에서 경쟁력을 확보할 수 있는 분야를 제외하고는 계속 이전할 것으로 전망된다. 따라서 우리는 부품·소재·장비 분야의 중간영역에서 첨단·고부가가치 영역으로 진입할 수 있는 절호의 기회를 최대한 활용해야 한다.

일본을 떠나는 기업들이 선호하는 지역은 동남아시아 또는 대만이지 결코 한국이 아니다. 일본은 한국을 경쟁상대로 보기 때문에 우리나라에 대한 기술이전에 대해 우려하며, 역사적으로 양국 관계가 우호적이지 않은 점도 불리하게 작용한다. 그럼에도 불구하고 우리는 일본 기업을 적극 유치해야 한다. 이를 위해 그들의 우려를 덜어주는 것이 중요하며, 이전해 오는 일본 기업에 대해서는 특별 인센티브도 고려해야 한다. 한·중·일 분업구조가 재편되는 시점을 맞아 일본의 우수기업을 유치하는 것이야말로 제조기지로서의 유리한 위치를 선점하는 데 큰 힘이 되기 때문이다. 이를 위해 중앙정부와 지방자치단체의 공동의 노력이 필요한데, 특히 지자체 단위의 노력이 중요하다. 한-일 기업 간 기술협력, 인력 교류 협력 등을 대폭 강화할 필요가 있으며, 일본 기업에 대한 M&A도 적극 추진해야 한다.

이러한 측면에서 우리는 일본과의 산업협력을 새로운 차원에서 추진해야 한다. 최근 중국에 너무 치중하다 보니 일본과의 산업협력이 소원해졌는데, 이는 바람직하지 않다. 물론 중국과의 협력이 중요하기는 하다. 그러나 대일(對日) 산업협력을 재정립해 보다 활발한 기업·산업 간 교류, 협력이 이루어질 수 있도록 두 나라 모두 노력해야 한다.

4. 전략 ③: 중국 시장을 제2 내수시장으로 공략

필자는 제 2장에서 향후 중국의 큰 방향 중 하나로 한계 조짐을 보이는 투자 -수출 위주 성장에서 투자-수출-내수의 균형 잡힌 성장전략으로의 전환을 강조했다. 이런 변화는 우리에게 대단히 중요하다. 중국이 우리의 중요한 성장동력인 만큼 중국의 변화 움직임에 선제적으로 대응해야 한다. 그런데 중국 내수시장 공략은 결코 호락호락한 일이 아니다. 지금까지 많은 기업들이 요란하게 중국에 진출했지만, 몇몇 업체를 제외하고는 대부분 실패하고 말았다. 다음과 같은 이유 때문이다.

첫째, 이미 현지에 진출한 세계최고 수준의 다국적기업 및 이들의 유명 브랜드는 물론, 정부의 비호 아래 터줏대감 노릇을 하는 중국 기업과도 경쟁해야 한다. 더욱이 중국인이 100% 장악한 유통산업은 전국적인 네트워크가 없어 성(省) 별로 유통망 장악기업이 전부 다르다. 어떤 한 성의 사업자가 다른 성의 유통망에 접근하는 게 쉽지 않다. 토종기업조차 사정이 이런데 하물며 외국 기업이야 오죽하겠는가? 이런 이유로 중국에서 성공하려면 세계 최고 수준이 되어야 할 뿐 아니라 철저히 현지화 되어야 한다.

둘째, 중국 시장에 대한 철저한 조사·분석 없이 진출하는 경우가 대다수였다. 우리 기업 중에는 중국을 우리보다 수준이 낮은 시장으로 치부하고 국내 유행이 지난 물품을 '땡처리'하는 곳으로 활용하는 경우가 많다. 이런 비즈니스는 한두 번은 성공할지 몰라도 결국 실패하기 마련이다. 중국은 워낙 방대한 나라다. 서로 다른 나라 약 30여 개가 국경을 맞댄 것과 같다.

그렇다면 30개 지역을 각기 다른 나라로 간주하고 지역특성에 맞는 전략으로 접근해야 하는데, 우리 기업들은 너무 주먹구구식이다. 우리 정부나 공공기관 또는 기업 누구도 중국 내수시장에 대해 철저하게 조사한 적이 없다고 생각한다. 미국, 일본, 독일 등 선진국들은 이미 오래 전에 중국 시장의 중요성을 인식하고 현지기관과 함께 엄청난 돈과 인력을 투입해 조사와 분석작업을 벌였고, 이렇게 해서 얻은 데이터를 계속 수정, 보완하고 있다. 이들은 이렇듯 철저한 조사·분석 결과를 바탕으로 중장기 진출전략과 세부 실천방안을 마련해 차근차근 시장을 공략하고 있다.

셋째, 본사와 지사 간의 관계다. 나중에 중국 시장의 성공사례를 소개할 때 밝히겠지만, 본사와 중국 지사와의 관계가 중국 시장 공략에 있어서는 대단히 중요하다. 대부분의 한국 기업 본사는 중국 시장을 중요하게는 생각하면서도 세계 여러 시장 가운데 하나쯤으로 보는 경향이 있다. 또한 현지사정에 밝지 못한 본사에 권한이 많다 보니 의사결정이 잘못 이루어지고, 중국 지사는 책임 문제와 함께 본사의 눈치를 보다가 의사결정을 미루곤 한다.

넷째, 그간 우리 기업의 대(對) 중국 전략은 내수시장 공략보다 임가공(賃加工) 생산기지에 무게를 두었다. 이런 이유들 때문에 우리 기업의 중국 성공사례가 별로 없는 것이다.

한편, 이제 소개하려는 기업은 비록 규모가 작지만 우리 기업들이 참고할 만한 성공요인을 가졌다.[1] 참존어패럴이란 아동복업체다. 이 회사는 '트윈키즈'(Twin Kids) 브랜드의 국내 아동복 1위 기업(국내매출 9백억 원)으로 국내 아동복 시장은 정체되어 있으나 이 회사는 매년 15~20%씩 성장하고 있다. 중국에 진출한 150개 한국 기업 중 이익을 내는 기업은 10개사 정도로 추정되는데 이 회사는 중국에 진출한 기업 중 가장 성공한 기업으로 평가된다. 1998년 칭다오로 제조 분야를 이전하여 중국 내수용뿐 아니라 국내 판매용 제품을 모두 이곳에서 생산하고 한국의 본사 인력은 기

1 중국 현지에서 인터뷰한 내용을 요약한 것이다.

참존어패럴의 아동복 브랜드 '트윈키즈'

획, 디자인 및 한국을 대상으로 한 마케팅의 역할을 수행한다.

2008년 중국 판매법인을 설립(준비기간까지 약 7년 소요)하여 중국 내 본격 판매 시작, 2011년 매출 2.8억 위안(476억 원), 2012년에는 매출 4억 위안(680억 원)을 달성할 것으로 전망되며, 매년 40% 이상 성장하여 2015년 직영매장은 5백 개에 달할 것으로 예상된다. 향후 매출 7~8억 위안(약 1천 4백억 원)으로 중국 1위를 목표로 현재는 중국 아동복 시장에서 매출 순위 3위로 입지 구축에 성공하였다.

이 회사의 성공요인으로는 첫째, 중국 아동복 시장이 급성장할 것으로 보고, 미리 준비하여 시장을 선점한 것이다.

둘째, 철저한 중국 현지화를 통해 한국 시장과 차별화된 중국 특화제품 기획과 마케팅 활동을 수행했다는 점이다. 대부분의 국내기업이 중국 토종기업화되지 못해 실패하고, 중국 시장을 너무 쉽게 인식하여 대부분 한국에서 남은 재고를 파는 아울렛(*outlet*) 개념으로 접근하여 실패한 것과는 달리 이 회사는 다른 접근법을 이행했다.

셋째, 중국 문화 및 관습을 중시한 경영을 통해 한국 방식일 수도 있는 '쥐어짜기식'으로 중국 직원을 다루지 않고 중국 현지직원을 존중하고 복지 및 교육에 대폭적인 투자를 하였다. 이에 참존어패럴에 근무하던 직원이 3배의 급료를 받고 현지에 진출한 한국 대기업으로 직장을 옮겼으나, 한국식 경영방식에 견디지 못하고 다시 참존으로 되돌아온 경우도 있었다.

넷째, 중국 '트윈키즈'에 대한 한국(본사) 오너의 전폭적인 지원과 경영에 대한 빠른 의사결정(특히 투자)이 중국시장 선점에 결정적 역할을 하였다.

다섯째, 칭다오 제조법인 설립 이후 소비자, 지방정부, 관계사, 중국 직원에 대한 철저한 약속이행 등을 통해 중국 내 신뢰를 쌓았다.

위 사례에서 보듯이 중국 내수시장은 우리의 가장 중요한 성장동력이 될 것이고, 우리는 중국에서 충분히 성공할 수 있는 역량 또한 가졌다. 우리나라는 어느 나라보다 중국과 지리적으로 가깝고 동질성도 크다. 따라서 역동적이고 진취적인 우리 국민과 기업들이야말로 중국 시장의 높은 벽을 넘을 적임자다.

그러면 구체적으로 어떻게 중국을 공략해야 할 것인가?

첫째, 중국 정부의 내수 주도형 성장전략의 추진방향과 구체적인 내용을 파악하는 것이 중요하다. 12·5 계획에 대강 나와 있지만, 중국 정부의 진정한 의도를 파악해야 한다. 어느 분야에 중점을 두는지, 어느 지방에서 어떤 분야를 육성하는지, 외국인이 접근 가능한 영역은 어디인지 등인데, 중국 정부가 자국민만을 대상으로 하는 영역에 진출하고자 하면 백전백패(百戰百敗)가 분명하다. 중국 정부조차 아직까지 결정하지 못했거나 생각하지 못한 사항도 있을 것이다. 우리가 중국 내수시장에 성공적으로 진출하려면 중국 정부의 생각과 의도 파악에 상당한 노력을 기울여야 한다. 왜냐하면 내수주도형 성장전략에서는 정부의 생각과 의도가 결정적이기 때문이다.

둘째, 중국인들이 우리에게 원하는 것을 정확히 파악하고, 그 분야의 진출에 집중해야 한다. 중국 기업은 다국적기업에 비해 아직 부족한 점이 많으며, 이를 한국 기업이 대신해주었으면 하는 게 분명히 있다. 그들의 이런 부족한 분야 또는 도움을 주었으면 하는 분야는 산업·지역·기업별로 각각 다를 것이다. 우리는 여기에 주목해 중국 기업이나 중국인이 가려워하는 곳을 긁어줄 수 있어야 한다.

셋째, 중국 소비시장 공략에 필요한 사항을 철저히 조사, 분석해야 한다. 적어도 조사·분석에 포함되어야 할 내용을 간략히 소개하면 다음과 같다.[2]

- 중국 정부의 내수 확대를 위한 구상과 의도
  - 성(省)별, 산업별 규획 및 외자투자 허용목록 등 주요 경제개발 계획에 반영된 내수확대의 현실적 의미와 내용
  - 외국기업이 접근 가능한 내수영역 중 한국 기업에도 유의미한 영역
- 한국 고도성장기 소비구조의 변화 분석
  - 중국의 현 단계와 유사한 한국 고도성장기(1980년대 후반~90년대 중반)의 내수현황
  - 해외기업이 전략적으로 진출한 내수업종
- 중국 소비시장 및 소비계층 분석
- 한국의 중국 내수시장 진출 유망지역 및 업종
- 중국 내수시장 진출전략

넷째, 우리 기업의 전략과 체제 정비에도 힘써야 한다. 지금까지 우리 기업의 대(對) 중국 전략은 기본적으로 생산기지로의 활용이었다. 하지만 앞으로는 전략의 변화가 필요하며, 이에 상응한 내부조직의 변화, 즉, 본사-지사 간 위상의 정립과 협력행태에 대한 정비가 필요하다. 특히 우리 내수기업과 서비스업체들은 중국 시장을 염두에 두고 경영활동을 강화해야 한다.

---

2 조영삼 (2012), "중국 성장모델을 어떻게 평가, 이해할 것인가".

다섯째, 한・중 FTA를 서둘러야 한다. 세계 최고 기업들의 중국 진출이 가속화되고 있으며, 유통망을 장악한 토종업체들의 경쟁력이 빠르게 높아지고 있다. 이 말은 시간이 지날수록 진입장벽은 높아지고, 우리 기업의 입지는 줄어들 것이란 뜻이다. 이미 그런 조짐이 나타나는 분야들이 많다. 따라서 우리가 중국 내수시장에 유리한 조건으로 진입하기 위해서는 한・중 FTA가 절대적으로 필요하다. 중국 내수(內需) 쟁탈전이 더욱 치열해질 것이므로 한・중 FTA를 경쟁력 확보수단으로 활용해야 한다.

이런 관점에서 보면 선진 다국적기업도 위협적이지만, 일본의 지원을 받는 대만이 대단히 염려스럽다. 대만은 중국과 이미 2010년 6월에 일종의 FTA인 경제협력기본협정(*Economic Cooperation Framework Agreement*, ECFA)[3]을 체결했다. 낮은 단계의 FTA 형태이긴 하지만, 대만은 중국 공략을 위한 대단히 중요한 교두보를 확보한 셈이다. 무엇보다 언어장벽이 없으며, 같은 민족으로 특별대우를 받기 때문에 매우 유리한 위치에 있다. 또한 일본 기업들이 중국 진출의 협력 파트너로 대만을 지목하면서 돕고 있다. 최근 중국 각 지방을 다니다보면 대만 기업의 진출이 두드러진다는 사실을 금세 확인할 수 있다.

더 늦기 전에 중국과의 FTA를 서둘러야 한다. 그것도 중국이 원할 때 체결해야 한다. 중국의 생각이 바뀌면 우리가 아무리 FTA를 하고 싶어도 하지 못하는 상황이 올 수도 있다. 물론, 중국과의 FTA 체결을 걱정하는 사람이 많다. 농촌은 물론 중소 제조업계도 국내 시장이 중국 기업에게 잠식당하지 않을까 걱정하고 있다.

---

3 ECFA는 상품무역의 관세 및 비관세 장벽을 철폐하고, 서비스 무역 개방, 투자보장, 분쟁해결, 지식재산권 보호 등까지 포괄하는 광범위한 무역협정을 말한다. 2010년 6월에 중국과 대만 양측 간에 체결된 경제협력기본협정으로 양안 8백 개 항목의 상품관세는 2년 안에 단계적으로 철폐될 예정이다. 또한 이 양안(兩岸)협정이 사실상 중국과 대만의 경제통합 효과를 이룰 것으로 전망되어 차이완(차이나 + 타이완) 시대가 좀더 가까워진다는 점에서 그 의미가 있다.

그런데 한·중 FTA를 체결하면 누가 유리한지는 명약관화(明若觀火)하다. 5천만 시장과 13억 시장이 동등한 조건 아래 개방된다면, 누가 유리하겠는가? 한·중 FTA는 조속히 추진하되 농업 등 경쟁력이 취약한 분야는 개방을 유보하거나 보완대책을 철저히 수립해 추진하는 것이 옳은 방향이다.

5. 글을 마치면서

영원한 강대국(强大國)은 없다. 일정 기간 번영한 나라는 때가 되면 쇠퇴하기 마련이다. 쇠퇴했다가도 문제점을 보완해 개혁(改革)에 성공하면 다시 번영의 길을 걷을 것이고, 그렇지 못하면 그대로 주저앉아 버릴 것이다. 한 나라가 지속적으로 발전하기 위해서는 대내외 환경변화에 대응해 끊임없는 내부혁신(內部革新)을 이룩해내야 한다. 〈로마인 이야기〉의 저자인 시오노 나나미(塩野七生)는 〈또 하나의 로마인 이야기〉에서 로마가 1천 년 이상 강대국 노릇을 할 수 있었던 이유를 다음과 같이 설명한다.

> 로마가 1천 년 이상이나 계속된 것은 결코 운이 좋아서가 아니고 그들의 자질이 특별히 우수해서도 아니다. 다만 있는 그대로의 모습을 직시하고 그것을 개선하려는 기개가 있었기에 번영이 오래 지속될 수 있었다.

우리나라는 시오노 나나미가 이야기하는 시스템의 전반적인 재구축(*remodeling*)이 필요한 시점에 와 있다. 우리는 이제 대내외적 환경을 직시하고 적어도 10년 후 자신의 모습을 그려보면서 기존 제도와 시스템을 어떻게 개혁할 것인지 진지하게 고민해야 한다. 시간이 많지 않다.

지금까지 한·중·일 내부와 세 나라 간 분업구조의 변화에 대비해 우리나라 성장전략을 전면 개편해야 할 필요성에 관해 살펴보았다. 또한 고령화의 가속화, 중국의 추격 등에 대응해 새로운 성장동력을 발굴해야 하며, 이를 위해 시스템 및 제도의 조속한 개선이 강구되어야 함을 강조했다. 졸저(拙著)를 계기로 우리 성장전략의 변화와 시행방안 등이 보다 활발히 논의되었으면 한다.

중국 12차 5개년 계획 분야별 개요

1. 거시경제 목표

〈표 7-1〉 12차 5년 계획과 11차 5년 계획의 주요 목표 비교

분야	12차 5개년 계획			11차 5개년 계획		
	2010년	2015년	연평균 성장률	계획목표	달성상황	연평균 성장률
GDP(조 위안, %)	39.8	55.8	7.0	7.5	11.2	11.2
서비스업 부가가치 비중(%)	43	47	4.0*	40.5	43.0	2.5*
9년 의무교육 보급률(%)	47.5	51.5	4.0*	-	-	-
고등학교 취학률(%)	82.5	87.0	4.5*	-	-	-
도시화율	47.5	51.5	4.0*	47.0	47.5	4.5*
R&D/GDP	1.8	2.2	0.4*	2.0	1.8	0.5*
1만 명당 발명특허 보유	1.7	3.3	1.6*	-	-	-
도시민 1인당 가처분소득(위안)	19,109	26,810 이상	7% 이상	5.0	9.7	9.7
농촌주민 순소득(위안)	5,919	8,310 이상	7% 이상	-	5,919	8.9
도시 등록실업률	4.1	5.0 이하	-	5.0	4.1	-
도시 신규취업(만 명)	-	-	4,500*	4,500	5,771	-
도시 기본양로보험 보급(억 명)	2.57	3.57	1.0*	2.23	2.57	8.1
도·농 3대 기본의료보험 보급률	-	-	3.0*	-	-	-
도시 보장성 주택건설(만 채)	-	-	3,600*	-	-	-

주: *는 5년간 누적치

2. 금융

1) 기본방향

- 금융기구 다원화, 서비스 효율 제고
- 감독·심사·리스크 관리능력 제고
- 금융시장화 확대

2) 금융기구 개혁

- 국유 금융기관 지속 개혁, 국가개발은행(수출입은행 등) 지속 개혁
- 금융기업 현대화, 내부 및 리스크 관리능력 제고
- 예금보험제도 수립, 증권선물 경영기관의 발전
- 보험기관 서비스 및 리스크 통제능력 제고
- 금융자산관리공사의 상업화 전환
- 금융업 종합경영시범사업 추진

3) 다원적 금융시장 시스템 육성

- 금융시장 발전, 금융혁신 장려, 직접융자 비중 확대
- 화폐유동성 관리 강화
- 주식발행심사제도 시장화 개혁 심화, 메인거래소(主板)[1]과 중소기업거래소(中小板)[2] 규범화, 창업기업거래소(創業板, 코스닥에 해당) 설립, 장외교역시장 확대, 해외기업거래소(國際板)[3] 설립 모색
- 채권시장 육성, 채권업종 혁신·다양화로 자산 증권화(化) 추진 모색
- 선물 및 금융파생상품 시장 육성

---

1 중국의 중심 증권거래소로 상해 증권거래소를 지칭한다.

2 전통산업의 중소기업 중심거래소로 심천 증권거래소를 지칭한다.

3 외자기업 및 해외에 상장한 중국 기업을 위해 별도로 설립한 증권거래소이다.

4) 금융 통제시스템 완비

- 화폐정책의 목표체계 수립을 통한 화폐정책 결정 시스템 개선
- 이자율 시장화 개혁, 금융시장 기준이자율 체계 수립
- 환율관리제도 유동화 촉진, 외환관리체제 개혁, 인민폐 국제화 확대
- 외환보유고 경영관리 개선, 활용 분야 확대, 수익성 제고

3. 노동(戶口)

1) 기본방향: 농촌인구의 점진적 도시유입 추진

- 농업인구의 점진적 도시 주민화(住民化) 적극 추진
- 농민의 자율적 선택 전제하에 토지계약권, 합법적 거주지 권익 보호
- 지역사정 감안하에 근무 및 도시거주 기간을 충족한 농민공의 도시주민 전환 추진
- 대도시 인구 조절, 대·중도시 인구관리 강화 등 외지인구의 유입을 조절하고 중소도시와 소도시(小城鎭) 인구의 유입 확대 촉진
- 지역사정 감안하에 농업인구의 도시유입 규모 확정
- 도시 이전이 어려운 농민공[4]에 대한 공공 서비스 개선 및 권익보호 강화
- 도시지역 내 농민공 자녀에 초·중 의무교육 제공, 중·고등교육의 여건 개선
- 노사관계 안정을 통한 도시지역 내 농민공의 양로 및 의료보험 혜택제공
- 농민공 기초훈련 지원제도 건립, 농민공 훈련비용의 성급(省級) 단위의 일괄부담
- 농민공 주거여건 개선, 농민공의 도시지역 주택보장 시스템 향유 장려

4 농민호적을 지닌 도시지역 임시노동자를 말한다.

4. 국토이용(도시화)

1) 도시화전략 방안 구축

- 대도시에 의탁하고 중소도시를 중심으로 하는 확산기능(輻射)을 갖춘 도시군(群) 점진적 구축, 대·중·소도시와 소도시의 협조적 발전을 추진
- 동부지역을 국제 경쟁력을 갖춘 도시군으로 육성하고, 중·서부지역 중 여건이 되는 곳을 일정 규모의 도시군으로 육성
- 특대도시의 중심 시가지 압력 완화, 중소도시의 산업기능 강화, 소도시의 공공 서비스 및 거주기능 강화, 대·중·소 도시 인프라의 통합적(일체화) 구축 및 네트워크화 추진
- 기존 중소도시의 발전 잠재력을 발굴, 발전여건이 좋고 자원환경이 양호한 중소도시를 우선적으로 발전시킴
- 소도시 중점육성, 여건이 갖춰진 동부지역의 중심 소도시, 중·서부 지역 현급(縣級) 도시, 중요 변경 거점지역을 중소도시로 육성

2) 도시의 종합적 수용능력 강화

- 주민을 중심으로 하고(人本), 토지 및 에너지 절약, 생태환경 보호, 안전, 특화 발전, 문화 및 자연유산 보호 등의 원칙에 따라 과학적 도시계획 편제, 도시건설 표준 건전화, 계획의 집행능력(강제성) 강화
- 합리적인 도시개발 경계선 확정, 신시가지 건설 규범화, 시가지(市區) 편입지역 인구밀도 제고, 토지 이용구조 조정, 특대도시 면적의 과도한 팽창 방지
- '도시병'의 예방·관리 및 시정(市政) 공용시설 확대를 통한 교통, 통신, 전기, 난방, 가스, 상하수도 등의 인프라 수준 제고
- 도시 녹지 및 공공활동 공간의 확대 및 도시 공공문화·체육시설 건설
- '도시 중간지역 농촌'(城中村) 및 도농 결합부 개조

- 건축시장 감독 강화 및 규범화, 도시건설 투자 융자체제 개혁 확대, 시정(市政) 프로젝트 건설채권 발행
- 디지털시티 건설 추진, 정보화 및 정밀화 서비스관리 제고

5. R&D

1) 기본방향

- 독자적 혁신능력 제고
- 중점 분야 추월 및 발전 지원
- 국가 혁신체계 구축 가속화, 기업의 혁신능력 지원, 과학기술 성과의 현실화 촉진, 과학기술 혁신형 경제발전 추진

2) 중요 과학기술 분야 기술혁신

- 선도 기초연구 및 기술연구 강화
- 새로운 학과의 발굴을 통한 물리학, 생명과학, 공간과학, 지구과학, 나노과학 등 분야의 미래 과학기술 경쟁력 제고
- 과학기술 발전, 산업제고, 민생개선의 상호결합으로 경제사회 발전에 필요한 주요 수요 충족
- 현대 농업, 장비제조, 생태보호, 에너지 자원, 정보 네트워크, 신소재, 공공안전 및 건강 등 분야 기술혁신 달성
- 국가 중요 과학기술 프로젝트 실시

3) 기업중심의 기술혁신 체계 건립

- 과학기술 체제의 개혁 확대로 과학기술 자원의 효율적 배치 및 종합을 촉진
- 과학기술 자원 보유기업의 지원 확대, 기업주체, 시장의 유도, 산학연이 결합하는 기술혁신 체계 건립
- 연구기관과 고등교육기관의 혁신능력 강화, 대형 기업의 R&D 투자 장려, 중소기업의 혁신활동을 지원, 기업 · 과학연구기관 · 고등교육기관이 공동으로 참여하는 혁신전략 연계 추진, 기업가와 연구인력의 혁신 역할을 지원
- 군사-민간 간(軍民) 과학기술 자원 융합의 강화, 과학기술 발전에 대한 중개 서비스 장려, 서비스기업 능력 제고
- 혁신형 도시, 독자혁신 시범구, 첨단 신기술 지역 클러스터 기능 확대
- 지역별 혁신센터를 구축, 북경 중관촌(中關村)을 세계적인 과학기술 R&D 센터로 육성

4) 과학기술 인프라 건설 강화

- 기초 · 선도 · 공용기술 연구 플랫폼의 강화, 중요 과학기술 인프라 건설 개선, 상호연계, 공동개방 및 효과적 이용 강화
- 중점학과 · 전략적 고기술 국가과학센터 · 국가(중점) 실험실의 건립, 국가 과학기술 기초 플랫폼 구축
- 핵심 산업기술 분야 국가공정(工程) 실험실의 구축, 국가공정센터 건설 특화
- 기업지향적 기술개발 및 기술혁신 서비스 플랫폼 건설

5) 과학기술 혁신 지원정책 강화

- 기업혁신 및 과학연구 성과 산업화에 대한 재정, 세수, 금융 지원
- 과학기술 재정 투입의 점진적 확대, 기초연구 투자 확대
- 기업 R&D 비용 공제 등 통한 세수 장려정책 추진
- 지적 재산권 저당 등 혁신 장려 금융정책 실시
- 기술재산권 거래시장 건립
- 지적 재산권 법률제도 개선, 지적 재산권의 창조・운용・보호・관리 강화
- 독자적 지적 재산권을 보유한 기술표준 채택 및 추진
- 과학기술 평가 장려제도 개선 및 과학연구에 대한 신뢰 강화

6. 국유기업 개혁

1) 기본방향

- 공유제를 주체로 하되 다원적 소유제가 공존하는 경제제도 유지
- 각종 소유제 경제의 평등한 합법적 생산요소 이용
- 공정한 시장경제 참여 및 동등한 법적 보호를 향유하는 환경 운영

2) 국유기업 개혁

- 국유경제의 전략적 조정 추진, 국유자산 운용 및 유동 메커니즘 건전화, 국가안보 및 국민경제에 핵심적인 업종과 분야에 집중
- 대형 국유기업 상장(上場), 상장여건이 미비한 국유 대형 기업은 주식 다원화 추진, 독자적 국유제의 유지가 필요한 기업의 공사화(公司化) 추진
- 철도, 염업(鹽業) 등 분야의 정부-기업, 정부-자본의 분리
- 전력(電力) 체제 개혁을 위한 수송과 분배 시범사업 점진적 추진
- 전신(電信), 석유, 민간항공 및 시정(市政) 공용사업 개혁
- 독점업종의 시장진입 완화, 경쟁적 시장구조 형성

3) 국유자산 관리체제 개선

- 정부의 공공관리 기능과 국유자산 출자자의 기능 분리
- 공익성 국유기업과 경쟁성 국유기업 구분관리 방안 모색
- 모든 국유기업 및 분급(分級) 관리, 국유자산 경영 및 수익 공유제도의 정상화
- 국유 금융·행정사업기관 자산과 자연자원 자산관리 시스템 개선

4) 비공유제 경제 발전지원 및 유도

- 비공유제 경제 발전의 제도적 장애 제거 및 촉진정책 실시
- 민간자본의 시장진입 장려·유도, 시장진입 기준 및 혜택 정책 투명화
- 주식참여, 주식통제, 인수합병 등을 통한 비공유자본의 국유기업 개조와 재편 장려·유도

일본과 한국의 글로벌 포춘 500 기업 리스트

〈표 7-2〉 일본의 글로벌 포춘 500 기업 리스트(68개)

(단위: 백만 달러)

순위	기업명	포춘 순위	매출액(2011년)
1	토요타자동차	10	235,364
2	일본우정홀딩스	13	211,019
3	일본전신전화	29	133,077
4	히타치제작소	38	122,419
5	JX홀딩스	41	119,258
6	닛산자동차	42	119,166
7	혼다자동차	64	100,664
8	파나소닉	66	99,373
9	일본생명	74	90,783
10	소 니	87	82,237
11	메이지야스다생명	96	77,463
12	도시바	97	77,261
13	미쓰비시상사	115	70,492
14	도쿄전력	127	67,751
15	미쓰이물산	132	66,512
16	AEON	134	65,989
17	미쓰비시UFJ	144	62,706
18	다이이치생명	145	62,462
19	Seven&I홀딩스	151	60,668
20	후지쓰	166	56,582
21	마르베니	168	55,604
22	이토추	172	54,093

〈표 7-2〉 계속

순위	기업명	포춘 순위	매출액(2011)
23	일본제철	180	51,812
24	스미토모-미쓰이 금융그룹	191	49,967
25	이데미츠고산	199	48,828
26	MS&AD보험	209	47,684
27	미쓰비시전기	214	46,094
28	KDDI	220	45,241
29	캐 논	224	44,631
30	도키오마린홀딩스	236	43,264
31	스미토모생명	239	43,086
32	스미토모상사	247	41,301
33	미쓰비시화학	252	40,632
34	소프트뱅크	253	40,559
35	JFE홀딩스	256	40,104
36	덴 소	259	39,954
37	NEC	271	38,462
38	브리지스톤	276	37,943
39	미쓰비시중공업	299	35,727
40	간사이전력	301	35,607
41	NKSJ홀딩스	306	35,343
42	미디팔홀딩스	310	34,832
43	미즈호금융그룹	316	34,394
44	코스모오일	329	33,672
45	동일본철도	347	32,070
46	스즈키자동차	350	31,817
47	샤 프	354	31,104
48	추부전력	356	31,020
49	알프레사홀딩스	371	29,551
50	아이신세이키	379	29,183

〈표 7-2〉 계속

순위	기업명	포춘 순위	매출액(2011)
51	쇼와쉘석유	389	28,497
52	후지필름홀딩스	400	27,804
53	T&D홀딩스	413	26,649
54	마루한	418	26,333
55	스미토모전자	422	26,082
56	일본담배	427	25,759
57	마쓰다자동차	428	25,749
58	코마츠	436	25,099
59	스미토모화학	446	24,670
60	리 코	461	24,108
61	고베제철	467	23,617
62	스즈겐	469	23,556
63	노무라홀딩스	471	23,453
64	다이와하우스	472	23,415
65	야마다덴키	477	23,246
66	일본유센	481	22,896
67	미쓰비시자동차	482	22,890
68	도쿄가스	496	22,218

〈표 7-3〉 한국의 글로벌 포춘 500 기업 리스트(13개)

(단위: 백만 달러)

순위	기업명	포춘 순위	매출액(2011)
1	삼성전자	20	148,944
2	SK홀딩스	65	100,394
3	현대자동차	117	70,227
4	포스코	146	62,230
5	LG전자	196	48,977
6	현대중공업	203	48,485
7	GS칼텍스	235	43,280
8	한국전력공사	264	39,296
9	기아자동차	266	38,988
10	S-Oil	383	28,808
11	한국가스공사	429	25,721
12	우리금융그룹	449	24,435
13	현대모비스	465	23,736

부록 3

일본 기업의 한국 투자 사례

〈표 7-4〉 2011년 이후 일본 기업의 한국 투자 사례

기업명	투자 내용
도레이	• 광학용 PET 필름 및 전자용 분리막 필름 증설 • 한국 도레이 첨단 소재와 구미 3공장 탄소공장 건설
스미토모화학	• 평택에 스마트폰용 터치패널 공장 신설, 전량 삼성전자 납품 계획

〈표 7-5〉 최근 일본 기업의 대한 투자 사례(2011년 이후)

기업명	투자 내용
아사히카세이 (동서석유화학)	• 아시아 가전수요 급증에 따라 아크릴로니트릴을 연간 54.5만 톤 생산예정
미쓰비시레이온 (호남석유화학과 합작한 대산MMA)	• 전남 여수공장에 아크릴수지 성형재료 6만 톤 증설 계획 • 충남 서산공장에 메타크릴산2-히드록시에틸 생산설비 신설
JX닛코닛세키에너지 (GS칼텍스 · SK종합화학 · SK루브리컨츠)	• GS칼텍스와 경북 구미공장에 리튬이온 전지용 음극재 설비 건설 계획 • SK종합화학과 1백만 톤 규모 파라자일렌 생산회사 설립 합의
미쓰비시화학 (미쓰비시상사 · 포스코컴텍)	• 전남 광양에 연간 10만 톤 규모의 침상코크스 공장 건설 계획
테이진 (CNF)	• 한국 CNF와 2012년부터 리튬이온전지용 분리막 생산 예정
우베코산 (삼성모바일디스플레이)	• 삼성모바일디스플레이와 충남 아산에 폴리이미드 생산회사 설립 계약
이비덴	• 2012년 포항에 등방성 흑연 등 특수 탄소제품 생산공장을 착공

〈표 7-5〉 계속

기업명	투자내용
알박	• 경기 평택시에 LCD 및 유기발광다이오드 관련 한국초재료 연구소 설립
토카이카본 (포스코켐텍)	• 포스코켐텍과 등방(等方) 흑연 블록사업 합작계약 체결
덴소	• 경기 의왕시에 자동차 관련 상용화 기술개발을 위한 R&D센터 설립 결정
OSG	• 탭, 초경 드릴, 엔드 밀, 전조공구의 3개 공장을 순차적으로 이전
야스나가 (한국야스나가)	• 전북 익산에 커넥팅 로드, 실린더 헤드, 실린더 블록 등 자동차 엔진 생산을 위한 공장 건설 결정
도쿄일렉트론 (하나실리콘)	• 경기 화성시에 반도체 제조장비의 연구시설 50억 엔 투자
다이셀 (다이셀세이프티 시스템즈코리아)	• 경북 영천시에 자동차 에어백용 가스발생장치 생산, 판매법인 설립

주: 각종 언론보도 정리

저력과 혁신을 통해 일본을 이끄는 50개 기업

일본의 경제 주간지 〈이코노미스트〉는 2012년 4월 3일 "저력과 혁신을 통해 일본을 이끄는 50개 기업"이라는 타이틀 아래 인구 고령화, 동(東) 일본 대지진, 엔고(高) 등 각종 악재에도 불구하고 괄목할 만한 실적을 올린 50개 기업을 소개하는 특집기사를 게재했다. 그 원문을 번역・소개한다.

지진, 엔고, 태국 홍수 등과 같은 역경 속에서도 사상 최대의 이익을 경신하는 일본 기업들이 있다. 섬유산업으로 출발한 도레이(東レ)의 경우 2012년 3월 결산에서 영업이익이 1천 1백억 엔으로 사상 최고치를 달성할 것으로 보인다. 흔히 도레이라고 하면 미국 보잉에 납품하는 여객기용 탄소섬유를 떠올리지만 현재 이익 가운데 약 30%인 3백억 엔을 폴리에스테르 실(絲), 섬유, 봉제품 등에서 거뒀다.

도레이가 직물공장을 세워 태국에 진출한 것은 50년 전이다. 도레이는 발 빠르게 아시아로 진출해 범용제품은 아시아 신흥국에서, 고기능제품은 일본에서 생산하고 있다. 도레이는 이처럼 코스트(*cost*)를 달러(*dollar*) 베이스로 관리하는 동시에 세계적인 적지(適地) 생산 체제를 구축했다. 그리고 의류회사 유니클로와 함께 고(高)기능성 내의 '히트텍'을 개발하는 등 최종 수요자의 요구에 대응해 개발을 추진해 온 것도 수익에 큰 보탬이 됐다.

1. M&A, 지금은 상식

엔고는 수출기업으로서는 큰 장애요인이지만 해외기업을 인수합병(M&A)하는 데는 오히려 호재로 작용한다. 사진필름을 주력사업으로 추진했던 후지필름홀딩스(Fuji Film Holdings)는 2000년부터 현재까지 약 40건, 총 6천 5백억 엔을 국내외 M&A에 투자해 경영 다각화를 추진했다. 디지털 추세에 제때 대응하지 못해 올 1월 파산하고 만 세계 최대의 필름 업체인 미국의 이스트먼 코닥(Eastman Kodak)과 비교하면 아주 대조적이다. 후지필름은 이미 1970년대부터 디지털 시대가 도래할 것이라고 보고 선제적으로 대응했다. 1983년에는 사진필름과 어깨를 나란히 하는 수익사업인 X-선 화상(畵像) 장치의 디지털화에 성공했다. 지난 2003년 최고경영자(CEO)로 취임한 모리시게 타카시(森重隆)는 "토요타의 경우 자동차, 신일본제철(新日鐵)의 경우 철(鐵)이 없어진다고 생각하라"며 임직원을 다그쳐 사업 다각화를 추진했다. 후지필름은 지금은 액정패널용 광학필름, 의약품, 화장품으로까지 사업을 확대하고 있다.

히타치(日立)금속은 단순히 고(高)기능 뿐만 아니라 내열과 내구성을 떨어뜨리지 않으면서도 에너지를 절감해 경량화(輕量化)를 꾀할 수 있는 소재를 공급함으로써 성장세를 이어가고 있다. M&A에도 적극적이다. 2003년에는 미국 하니웰(Honeywell)로부터 배전설비에 사용되며 에너지 절감효과가 있는 비정질금속(*amorphous metal*: 전기적 성질과 내식성이 뛰어남) 사업을 인수했다. 또 2004년에는 고성능 자석 기술을 보유한 스미토모(住友)특수금속을 사들였다. 히타치 금속은 현재 하이브리드카나 전기자동차용 모터에서 없어서는 안 될 네오씀 자석 시장에서 세계 1위를 달리고 있다.

고객이 안고 있는 과제를 해결하는 데 도움을 얻을 수 있다면 과감히 M&A를 실행에 옮기는 경영이 효과를 나타내고 있다. 회사 설립 이래 주물(鑄物) 부품 분야에서는 가볍고 얇지만 견고하고 내열성이 높은 엔진배기용 주물제품이 연비성능을 향상시켰다. 이에 따라 유럽 자동차업체들로부터의 주문이 크게 늘어나고 있다. 소재 업종 애널리스트는 "앞으로 연비가 뛰어난 제트엔진과 발전용 터빈으로의 사업 확대도 기대해 볼 수 있다"고 밝혔다. 또한 히타치금속은 해외시장 진출에도 적극적이다. 중기계획이 끝나는 2012년 말에는 해외매출액 비율을 50%, 해외생산 비율을 30%로 높일 계획이다.

2. 삼성에 뒤지지 않는 기업

유럽 채무위기와 엔고 등 역경에도 움츠러들지 않는 소재업계의 선도업체들은 공동화를 두려워하지 않는 생산거점의 글로벌화, 업종 다각화를 위한 과감한 M&A 결정 등의 공통점을 가졌다. 일본 기업이 '선택과 집중'을 못하는 데다 '의사결정'이 늦다고 하지만 시대의 흐름을 내다보고 선제적으로 대응한 소재업계의 선도업체들에게는 맞지 않는 얘기다.

일본이 삼성, LG의 급성장으로 액정TV와 반도체에서 한국에 뒤처진 것처럼 보이지만 반도체 제조장치에 관한 한 한국과는 상생(*win-win*) 관계를 구축해 놓았다. 지난해 한국의 대일(對日) 무역적자는 285억 달러로 전년에 비해 21%나 감소했다. 동일본 대지진 후 공급망의 단절과 원자력발전소 사고 여파로 일본으로부터 건설기계·조명기기·사무기기 등의 수입이 감소하고, 일부는 한국업체의 제품으로 대체됐다. 그러나 도쿄일렉트론과 히타치 하이테크놀로지스 등 반도체 제조장치 업체들은 엔고와 지진에도 수입감소의 영향을 크게 받지 않았다. 엄재한 〈산업타임즈〉 서울지국장은 "액정과 반도체를 생산하는 최첨단 핵심기술과 관련된 제조장치는 그리 쉽게 한국산 제품으로 바꾸지 못한다"고 말했다.

중국을 비롯한 아시아 신흥국가들이 개발도상국에서 중진국, 고도성장기로 돌입한 가운데 수요 확대를 기대할 수 있는 분야가 바로 자동화기계다. 스기야마 카츠히코(杉山勝彦) 무사시정보개발(武藏情報開發) 대표는 "인건비 급등으로 종전 수준을 뛰어넘는 자동화 및 노동력 절감이 필요하다"고 말했다. 예를 들면 코일을 자동으로 감는 기계 분야에서 세계 1위를 달리는 닛토쿠(日特) 엔지니어링은 스마트폰과 태블릿PC 등의 수요 확대 및 신흥국에서의 노동력 절감을 위한 자동화 투자가 겹쳐지면서 2010년도 영업이익이 전년의 약 5배 수준으로 늘어났다. 또한 스기야마 대표는 "독일과 어깨를 나란히 하며 일본의 장기(長技)로 불리는 공작기계 분야에서는 생산업체들이 많지만 각자의 전문 분야가 달라 공존할 수 있다는 게 일본의 강점이다"라고 말했다.

NC(수치제어) 선반 분야에서 높은 경쟁력을 가진 모리세이키(森精機) 제작소, 대형소재 가공용 문형(門形) MC(다기능 수치제어 공작기계) 분야에서 높은 시장 점유율을 자랑하는 오쿠마(大隈), 금형용 정밀가공에 강한 마키노(牧野) 후라이스제작소 등이 대표적인 예다.

아시아 신흥국에서 일어나고 있는 농업의 자동화도 일본으로서는 호재다. 미국과 유럽지역의 농업이 트랙터를 필요로 하는 데 반해 아시아는 경운기나 모내기 기계에 대한 수요가 많다. 아시아의 농업자동화가 가속화하면 쿠보타(久保田)와 이세키농기(井關農機)가 큰 혜택을 얻게 된다.

아시아의 고도성장에 힘입어 소방차에 대한 수요도 늘어난다. 일본계 공업단지에 배치된 일제 소방차가 서서히 아시아 시장에 침투하기 시작했다. 일본 시장에서 1위를 달리는 모리타(森田) 홀딩스는 중국・베트남 등에서 현지생산을 시작함에 따라 앞으로 아시아 시장에서의 성장을 기대할 수 있을 것 같다.

검사와 계측 등도 일본이 높은 기술 경쟁력을 가진 분야다. 차세대 통신규격인 LTE 휴대폰과 기지국용 계측기에 힘입어 호조를 보이는 안리츠(Anritsu)의 경우 미국 최대의 이동통신 사업자 버라이즌(Verizon)으로부터 수주한 것을 비롯해 전 세계 각국에서 문의가 늘어나고 있다. 일본이 스마트폰 시장에서 미국의 애플과 삼성에 뒤처졌지만 실제로 그 안에 들어가는 부품 분야에서는 건투(健鬪)한다고 할 수 있다.

아사히카세이(旭化成)의 전자컴퍼스와 미쓰이(三井) 금속의 고기능 동박(銅箔), 타쓰타(龍田) 전선의 전자파 차단필름 등 눈에 보이지 않는 분야를 중심으로 세계 시장에서 상위를 차지하는 기업들도 많지만 스마트폰의 보급, IT 이용 확대 등으로 독자적인 비즈니스 모델을 구축해 성장하고 있는 서비스 기업도 적지 않다.

3. 내수에 아직 기회가 있다

휴대폰용 게임회사로 그리(GREE), 디엔에이(DeNA)가 유명하지만, 요리 레시피 전문 사이트인 쿡패드(Cookpad)는 월간 이용자수가 1천 3백만 명을 넘어 집에서 음식을 만들어먹는 사람들 사이에서는 모르는 사람이 없을 정도로 유명한 사이트로 성장했다. 쿡패드는 유료회원과 타이업 광고(*tie-up advertising*: 복수의 광고주가 하나의 광고 스페이스 또는 시간을 공유해 상승효과를 노리는 광고)가 주 수익원이지만 야채배달 서비스, 식재료업체에 대한 컨설팅에도 나서 앞으로는 실제 점포로 유도하는 업종 다각화를 기대할 수 있다.

의사를 대상으로 의약품 정보를 제공하는 의약회사의 영업맨(MR) 서비스를 인터넷에서 전개하는 독자적인 비즈니스 모델로 급성장 중인 엠쓰리(M3)의 경우 일본 의사 27만 명 중 20만 명 이상이 엠쓰리의 서비스를 이용한다. 미국과 한국에서도 시작된 이 비즈니스 모델은 일본의 독자적인 것이다.

또한 공장과 건설현장 등에서 필요한 비품과 간접자재의 통신판매를 통해 급성장하는 업체가 모노타로(Monotaro)다. 나야 히로시(納博司) 이치요시 경제연구소 주임연구원은 "바구니부터 블루시트(야외에 놀러 갔을 때 땅바닥에 깔아놓는 시트)에 이르기까지 150만 개 아이템을 빠짐없이 일괄공급할 수 있다는 게 모노타로의 강점이다. 원가절감을 원하는 소규모 공장과 중소 건자재 판매점들로부터 좋은 반응을 얻고 있다"고 말했다. 미국의 간접 자재 통신판매 업체인 그랜저가 본사였지만 이 비즈니스 모델을 주목한 스미토모상사 출신의 사장이 창업했다.

인구감소, 저출산, 고령화를 맞은 일본이지만 변함없이 세계 3위의 경제규모를 자랑하고 있다. 시선을 돌려 내수를 깊이 파보면 수요를 발견할 수 있다. IT에서가 아니라 실제 오프라인 점포에서 그것을 증명한 것이 균일가 안경을 내세워 급성장하고 있는 안경전문점 진스(JINS)다. 와시마 히데키(和島英樹) 라디오 닛케이 기자는 "진스는 젊은이들 사이에서 인기가 있는 최첨단 디자인을 IT기술을 바탕으로 중국에 발주해 이른바 '안경의 유니클로'라고 할 수 있다"고 말했다. 이에 더해 꽃가루 알레르기 예방과 안구건조증 대책 등 안경의 사용방법과 패션을 동시에 추구함으로써 새로운 수요를 불러일으켰다. 인구의 감소에도 불구하고 새로운 라이프스타일을 제안함으로써 성장을 이뤄낸 것이다.

엔고, 고령화, 인구감소, 디플레이션 경제, 원료 및 전기요금의 급등, 높은 세금 등 일본 기업을 둘러싼 환경은 세계에서 가장 척박하다 해도 과언이 아니다. 하지만 이런 역경을 뛰어넘어 성장하는 기업들이 있다. 미국과 유럽을 본받지 않아도, 정부에 의존하지 않고도 성장할 수 있는 길은 있다.

〈표 7-6〉 엔고현상에 지지 않는 유력소재 기업

기업명	투자내용
도레이	과거 최고 영업이익 1천 1백억 엔 달성, 50년 전부터 아시아 전개
스미토모화학	범용품을 싱가포르 · 사우디아라비아에서 생산, 농업화학 1등 기업으로 신흥국 시장으로도 세력 확대
신에츠화학공업	염화비닐, 반도체 실리콘웨이퍼 세계 1위
후지필름홀딩스	1970년대부터 디지털화에 대응해 경영 다각화, 2000년도 이후로 국내외 M&A 약 40건(투자금 6천 5백억 엔)
아사히글라스	건축 · 자동차용 유리 생산 최대급, 높은 코팅기술을 보유한 독일의 유리업체 인수
히타치금속	고급 특수강, 네오슘 자석 분야 세계 정상급, 에너지 절약 · 경량 · 내열 · 내구의 과제를 소재로써 해결 제안

〈표 7-7〉 한국의 성장에 연동하는 기업

기업명	투자내용
디스코	반도체, 전자부품용 연삭 · 연마장치로 세계 1위, 한국, 대만 수출 호조
어드밴테스트	반도체 제조장치 대기업, 미국 베리지 사 인수로 세계 점유율 40% 이상
대일본스크린제조	웨이퍼 세정장치로 세계 최정상, 유기EL(AMOLED) 도포장치를 한국에 출하
도쿄일렉트론	반도체 제조장치 세계 2위
히타치 하이테크놀러지스	스마트폰, 태블릿PC 수요 확대로 한국, 미국에 반도체 제조장치 수출 호조

〈표 7-8〉 IT, 스마트폰 보급으로 늘어나는 서비스

기업명	투자내용
JSR	신흥국에서의 저연비 타이어 인기로 타이어용 고무 증산
오쿠마	다기능형 수치제어 공작기계(MC) 대기업, 국내외 공통으로 MC와 공작기계용 수치제어(NC) 선반이 호조
마키노후라이스제작소	금형, 부품용의 MC로 아시아 수요 확대
모리세이키제작소	NC선반 · MC부문 최대기업
일특엔지니어링	아시아 공장 에너지 절약화 투자와 스마트폰 수요 확대로 코일용 권선기 호조
나부레스코	산업용 로봇의 변감속기 세계 점유율 60%
이세키농기	아시아에서 농업작업 자동화 시작
쿠보타	농업작업 자동화로 아시아 지역 수요 급격히 확대
모리타홀딩스	소방차 점유율 국내 1위, 신흥국에서 소방차 수요가 급격히 확대되어 중국과 베트남에서 현지생산
화낙	NC장치 세계 1위

〈표 7-9〉 내수를 찾아 성장하는 기업

기업명	투자내용
코시다카홀딩스	가라오케 본점 '마네기케코'의 직영 전개, 피트니스클럽 프랜차이즈 '카보스'도 인기
게오홀딩스	DVD 대여사업은 잔존자(殘存者) 이익, 중고의류를 전국 250개 점포로 확대
진스(JINS)	세계에서 드문 안경 SPA, 균일요금 안경 판매 전개
북오프코퍼레이션	중고책 판매 1위, 중고의류 판매도 확대
쓰무라 제약	한방약 점유율 80% 이상
와타미	노인홈, 고령자 대상 도시락 배달 이익이 선술집 운영을 추월
산도락쿠	창업 이래 50년 동안 매출 및 이익 증가. 드럭스토어 사업 전개

찾아보기

(용어)

ㄱ

가계부채 (家計負債) 239
가속도 143
가전산업 147
가정 내 에너지 관리 시스템 (HEMS) 203
가치사슬 21
가트너 150
갑 (甲)-을 (乙) 관계 270
〈갑을컴퍼니〉 270
〈강남스타일〉 23
강소 (强小), 강중 (强中)기업군 199
강제성 항목 131
개방형 혁신 (*open innovation*) 199
개발도상국 19
개별 맞춤형 268
개혁 리스트 140
개혁 피로도 192
개혁개방 41, 128
건설기계 산업 165
게임의 룰 151
경영의 가치사슬 77
경원 (敬遠) 167
경제 삼국지 253
경제민주화 (經濟民主化) 225
경제성장 기여도 30
경제적 교류 168
경제협력개발기구 (OECD) 237
경제협력기본협정 (*Economic Cooperation Framework Agreement*, ECFA) 279
경착륙 138
계획경제 112
고기능성 첨단소재 163
고단위 처방 140
고령사회 237
고령화 76
고령화현상 45
고베 (神戸) 대지진 180
고부가가치 경제구조 128
고부가가치 (高附加價値) 의류산업 163
고비용-저효율 41
고성장-저물가 31
고용 없는 성장 212
고용절약적 생산방식 234
고용창출 29, 231

공급사슬 (*supply chain*) 89
공급선의 복선화 182
공염불 (空念佛) 228
공용부품 147
공작기계 93, 159
곶감 빼먹기 30
과잉생산 159
과잉설비 38
과학기반형 50
관치금융 84
교육열 74, 233
교정적 (矯正的) 처방 263
교토 기업군단 199
구조조정 140
국가혁신 능력 191
국가경쟁력 지수 100
국가산업단지 266
국가채무 174
국가혁신 시스템 120
국내총생산 (GDP) 20
국영기업 51
국영은행 85
국유경제 85
국유기업 51
국유기업의 병폐 115
국유제 (國有制) 112
국제 구리 시장 75
국제 수학 올림피아드 261
국제 특허출원 99
국제 분업구조 73
국제통화기금 (IMF) 금융위기 24
국진민퇴 (國進民退) 현상 53
굽는 기술 201
귀국 창업자 107
규모의 경제 70
규모의 파괴력 133
규모집약적 조립산업 49, 144
규모집약형 I 50
규모집약형 II 50
규모집약형 일관공정산업 143
규모집약형 조립가공산업 146
극단적인 낙관론 126
극단적인 비관론 126
글로벌 10대 철강기업 156
글로벌 50대 혁신기업 54
글로벌 500대 기업 51
글로벌 불균형 (*global imbalance*) 31
글로벌 스탠더드 53
글로벌 플레이어 53
글로벌 R&D 인력 97
글로벌 TOP 10 혁신기업 60
금융부문 개혁 115
기계산업 93
기득권 집단 113
기러기식 성장이론 168
기술성 평가 225
기술의 점프 159
기술이전 273
기술탈취 269
기술확산 시스템 121
기업 분할사례 224
기업가정신 194
기업부문 개혁 114
기초과학 순위평가 (*Essential Science Indicators*, ESI) 105

ㄴ · ㄷ

나가사키 (長崎) 항 22
난공불락 198
남동산업단지 266
남유럽 국가 33

납품단가 269
내부개혁 189
내수 위주 산업 158
내수(內需) 쟁탈전 279
내수 활성화 260
내수시장 확대 128
내수주도형 128
내재화 248
넛크래킹(*nut-cracking*) 244
노동생산성 24
노동시장 개혁 117
노동집약적 전통산업 143
노무라자본시장연구소 67
노사분규 80
녹색(綠色) 230
녹색경제 128
농경지 수용권 119
농촌 토지 소유권 118
니치톱(*Niche-Top*)전략 199
니트족 193
닛토쿠(日特)엔지니어링 299
다이아몬드 구조 182
다케나카제작소 200
단계별 평가제도 104
단선형 구조 234
대규모 기업집단 216
대규모 영업적자 175
대기업 때리기 271
대기업 전속성 223
대기업집단 71
대내적인 불균형 42
대도약(*leap-frog*) 54
대량생산 시스템 177
대마불사(大馬不死) 84, 225
대외적 불균형 41
대일 역조(逆調) 168, 251
대일(對日) 산업협력 273
대장(隊長) 기러기 168
대체수요 38
대학교육 투자 233
대학입시 233
대형 패널 149
더블딥(*double dip*) 36
도농격차 110
도레이(東レ) 297
도시의 구인배율 80
도시화율 48
도심직하형(都心直下型) 지진 180
도쿄일렉트론 172
도쿠가와(德川) 막부(幕府) 22
독자 설계능력 247
독자적인 조직역량 152
동부 연안도시 82
동부 연안지역 135
동북아 분업구조 188, 233
동일본 대지진(大地震) 43, 169
디스플레이산업 148
디폴트(*default*) 상태 32
땡처리 274
〈또 하나의 로마인 이야기〉 281

ㄹ · ㅁ

라디오 닛케이 302
라인 강의 기적 105
러일전쟁 22
레노버(Lenovo) 92
〈로마인 이야기〉 281
루이스 전환점 41
르네사스일렉트로닉 182
리더십의 부재 178
리먼브라더스 86

리모델링 266
린 프로덕션(*Lean Production System*) 177
마구잡이식 벌목 125
마이루이 62
마치 206
마키노(牧野)후라이스제작소 300
만병통치약 264
만사 오케이 168
매출액 대비 R&D 비중 101
메가트렌드(*mega-trend*) 230
메모리반도체산업 38
메이드 인 재팬(*made in Japan*) 208
메이드 인 차이나(*made in China*) 48
메이지유신(明治維新) 22
메자닌 금융(*mezzanine capital*) 226
명동 사채시장 116
모노즈쿠리 경영연구센터 195
모노타로(Monotaro) 301
모리세이키(森精機)제작소 300
모리타(森田)홀딩스 300
모바일 운영체제 57
모터라이제이션(*motorization*) 75
무라타제작소 200
무사시정보개발(武藏情報開發) 299
무상복지 26
무역 1조 달러 19
무역부문 96
무역입국론 185
무역적자 구조의 고착화 186
문화대혁명 67
물질성장 26
미국 가전산업 40
미국 자동차산업 40
미드-엔드(*mid-end*) 시장 160
미디어텍(Mediatek) 149
미스매치(*mismatch*) 234
미쓰이(三井)금속 300
민간소비 증가율 111
민공(民工) 117
민생안정 130
민영기업 85
민영화 빙침 53
밑 빠진 독에 물 붓기 264

ㅂ

바이두 106
박정희 대통령 서거 27
반값 등록금 26
반도체 제조장비 172
밤샘작업 263
방한복 업체 96
백가쟁명(百家爭鳴) 189
백색가전의 프리미엄화 59
백전백패(百戰百敗) 277
백화점식 정책 264
백화점식 지원 224
뱅크런(*bank run*) 34
버블 붕괴 173
범 국유기업 그룹 101
베이비붐 세대 181
변곡점(變曲点) 45, 212
변두리 R&D 101
병목현상 265
병자호란(丙子胡亂) 22
보산철강 157
보증수표 140
보편적 복지 26
복지재정 29
볼륨존(*volume zone*) 44, 204
부동산 담보 225
부동산 불패(不敗) 239

부산 사상공단 245
부설 연구소 99
부품기업 122
북유럽 국가 33
분업구조(分業構造) 45
불균형 성장 72, 212
브릭스(BRICs) 시장 205
블랙박스 92, 145
블랙홀 254
블루시트 301
비국유부문 기업 102
비무역부문 96
비유럽계 국가 18
비정규직 근로자 234
비정규직 일자리 28
비정질금속(*amorphous metal*) 298
빅3 177
빈곤인구 48
뿌리산업 21

ㅅ

사각지대(死角地帶) 250
사교육 시장 233
사교육비(私敎育費) 238
사내 하도급 제도 234
사막화 125
사상공단 사태 245
사생결단(死生決斷) 244
사업 다각화 84, 141
사유제 112
사회보장제도 111
사회안전망 28
사회풍조 222
산업 생태계 162
산업 R&D 103
산업별 생태계 21
산업별 치킨게임 38
산업통상자원부 268
산업혁명 17
산업화시대 80
산학연 컨소시엄 103
삼국시대 167
삼성전자 착시(錯視)현상 171
삼성전자 효과 171
상생(*win-win*)관계 299
상호출자 제한집단 215
상호학습 196
샌드위치 신세 162
생산가능 인구 189
생산거점의 분산화 182
생산공정의 디지털화 73
생산라인(*fabrication*) 24
생산혁명 73
생산효율성 24
생활가전산업 147
생활연구소 206
서고동저(西高東低) 현상 137
서부 개척시대 137
서부 대개발 82, 137
석유화학산업 159
선도그룹 121
선순환 시스템 29
선순환(善循環) 고리 27, 69
선택과 집중 299
선택적 복지 26
선행학습 233
설계능력 251
설비 생산성 24
섬유 · 패션산업 90
성숙기 241
성장 저하속도 139

성장동력 포트폴리오 259
성장엔진 137
성장의 낙수효과(*trickle-down effect*) 27
성장정체 현상 225
성장중시형 128
성장통 142
세계 3위의 경제대국 169
세계 식료품 가격 76
세계 에너지 위기 27
세계 점유율 1등 품목 48
세계 제조기지 134
세계 최대 소비국 112
세계 최대 제조기지 112
세계무역기구(WTO) 42
세라믹콘덴서 200
소득 양극화 26
소득 재분배 259
소득격차 110
소득수지 흑자 186
소비 잠재력 145
소비세 인상 192
소비자극 정책 128
소재강국 134
소재기업 122
소프트웨어 역량 152
소프트웨어 저작권료 153
쇄국정책 22
쇠퇴기 241
수(水)처리 사업 203
수월성(秀越性)의 원칙 260
수직통합(*vertical integration*) 150
수출사절단 267
수출역군 266
수출의 경제성장 기여율 241
수출주도형 무역부문 96
수출주도형 성장 67
수출-투자주도 37
수치제어(NC)기계 특수 160
스마트시티 실증사업 203
스마트카(*smart car*) 152
스마트폰 150
스마트폰 '빅 2' 150
스마트TV 152
스위스 국제경영개발원(IMD) 100
스태그플레이션 27
스펙 쌓기 29
시민의식 26
시안(西安) 245
시장 지배력 264
시장경제 체제 43
시장지향적 개혁 71
시화·안산산업단지 266
식민지 시절 167
신 36조 132
신기술·신산업 분야 203
신발 클러스터 77
신생산업국 143
신에너지 자동차 156
신자유주의 경제기조 27
신주쿠(新宿) 172
신흥 민영기업군 53
실사구시적 시장화 계획 71
실증연구 122
쌍궤제(雙軌制) 71

ㅇ

아몰레드(AMOLED) 149
아사히카세이(旭化成) 300
아울렛(*outlet*) 276
아웃소싱 20, 231
아이팟(iPod) 91

아키텍처(*Achitecture*)이론 145, 195
악순환의 덫 190
안경의 유니클로 302
안드로이드 151
안리츠(Anritsu) 300
알리바바그룹 64
압축적인 성장 26
액정표시장치(LCD) 148
양강 신도시 82, 137
양적 성장 87
양적 완화 36
양쯔(揚子) 강 135
양탄일성(兩彈一星) 106
언어장벽 279
에너지 생산 24
엔화 가치 187
엠쓰리(M3) 301
역내 불균형(*internal imbalance*) 33
역설계(*reverse-engineering*) 87
역수입 186
연공 임금체계 234
연구개발 20
연착륙 138
영·정조 시대 22
영어교육 238
영업맨(MR) 서비스 301
영재교육 238
오쿠마(大隈) 300
온건한 낙관론 126
온건한 낙관론자 142
온건한 비관론 126
완성품 기업 122
완충역할 142
왕도(王道) 154
왕푸징(王府井) 172
외국인 투자의 블랙홀 69
외자계 기업 85, 98, 162
외환보유고 47
요소투입 성장모델 79
요소투입 주도 성장 67
요소투입형 성장 24, 164
우루과이라운드(UR) 229
우시 파마테크 61
우울한 세대 29
우주개발 협동조합 200
위안화 평가절상 110
유교적 전통 112
유니클로 82
유럽은행(ECB) 33
유로체제 34
유착 시스템 191
유튜브 23
융합(融合) 230
은퇴 엔지니어 169
의류산업 163
이공계 석·박사 졸업생 105
이란-미국 37
이세키농기(井關農機) 300
이스라엘 208
이스트먼 코닥(Eastman Kodak) 298
〈이코노미스트〉 196
이해관계자 232
인덕터 200
인력 빼가기 269
인력수급의 엇박자 234
인력 풀(*pool*) 158
인위적·동원적 배분 71
인위적인 자원배분 72
인재특구 107
인적 경쟁력 261
일관공정산업 49, 156
일본 경제산업성 198

〈일본경제신문〉 254
일본 산업계 168
일본 재무성 174
일본 재생전략 203
일본 전력수요 183
일본식 히든 챔피언 199
일본의 50대 유력기업 197
잃어버린 10년 43, 193
잃어버린 20년 193
임가공(賃加工) 생산기지 275
임계점 190
임금 양극화 234
임진왜란(壬辰倭亂) 22
입지 경쟁력 208
잉리솔라 64

ㅈ

자동차산업 153
자민당 191
자본 생산성 24
자본 효율성 141
자본집약적 산업 49
자본집약화 231
자생력 265
자영업 228
자원소모적 성장전략 124
자원수출 20
자원의 대량낭비 113
자전거 138
자주화 133
자체 브랜드(*private brand*) 270
자체부품 채택률 148
작은 결혼식 238
잠재 성장률 174, 235
장기 성장률 136
장기 플랜 44, 181
장비기업 122
장수기업 192
장수상점 192
재료공학 134
재무장 노력 202
재벌총수 168
재정위기 32
재정절벽 35
저가형 범용기계 93
저기술-저부가가치 87
저부가가치 생계형 자영업 28
저(低)부담, 저(低)수준 복지 26
저생산성 228
저성장 기조 34
저스트 인 타임(*Just In Time*) 177
저장대 107
저출산 76
적자국(赤字國) 34
적지(適地)생산 체제 297
적층형 세라믹콘덴서(*Multi-Layer Ceramic Capacitor*: MLCC) 201
전기자동차 90
전력공급의 불안정 183
전력부족의 장기화 184
전면전 243
전문공급자형 50
전문공급자형 산업군 159
전통산업 50
정공법 141
정보화혁명 31
정부 출연 연구소 122
정부의 역할조정 114
정책 연계성 267
정체구간 220
정치개혁 실패 178

정치적 리더십 191
제10차 5개년 계획 49
제1차 경제개발 5개년 계획 22
제2의 내수시장화 260
제2차 산업혁명 17
제2차 석유파동 27
제6공화국 80
제로 전투기 22
제로섬(*zero-sum*)게임 27
제조기반 258
제조업 공동화 181, 184
제조업 기반 20
제조업 왕국 일본 170
제조업의 가치사슬 143
젠(*zen*, 禪)스타일 57
조강생산 비중 156
조립완성품 분야 45
조립기업 122
조립-부품-소재 143
조화로운 사회 건설 128
주먹구구식 274
주문자상표부착(OEM) 91
주물(鑄物)부품 298
중개무역 19
중관춘(中關村) 107
중국 공산당 74
중국 내수시장 260
중국 모델론 78, 114
중국 사금융 116
중국 사업본부 76
중국 성장 모델론 67
중국 옐로우페이지
(China Yellowpage) 64
중국 특수(特需) 159
중국과학원 106
중국국가심계서(National
Audit Office) 119
중국산 중간재 164
중국식 개발전략 88
중국·대만 연합군 148
중국의 실리콘밸리 107
중부지역 굴기 130
중소기업 매물 194
중소기업 지원제도 223
중소·중견기업 159
중진국 함정 79
중화(中華)의 영광 126
중화문명 126
쥐어짜기식 276
지니계수 110
지대(*rent*)의 원천 140
지방경쟁 72
지방경제 145
지산지소 204
지식기반 경제 패러다임 105
직물산업 163
진검승부 244
진스(JINS) 302
진입규제 115
진입장벽 250
진주만 폭격 22
질적 전환 140
집단적 정서 265
집적지 120
집중조달 및 온리 원 182

ㅊ~ㅍ

차세대 에너지 125
차스닥 66
차이나 인사이드(*China Inside*) 164
참존어패럴 275

창업인재 106
천인계획(千人計劃) 106
철강 전문연구기관 158
철강산업 39
침탑형 구조 216
청년 실업률 32
청일전쟁 22
체제 안정성 110
체제개혁 112
체제전환 조치 71
체질강화 140
초고령사회 237
초정밀나사 200
총요소 생산성 24, 164, 213
추세적인 성장 142
충칭(重慶) 82, 137
친환경전기차 63
친환경자동차 산업 155
카사르테(*casarte*) 6문(門)형 냉장고 59
캥거루족 193
커트라인 108
컴퓨터 강국 92
컴퓨터산업 92
콘드라티에프 파동주기
(*Kondratieff cycle*) 38
쿠보타(久保田) 300
쿡패드(Cookpad) 301
타쓰타(龍田)전선 300
타이업 광고(*tie-up advertising*) 301
태평양전쟁 22
톈안먼(天安門) 사태 42
토요타의 추락 177
토종기업 96
토종기업화 276
토종산업군 96
토지개발 프로젝트 118
토지시장 개혁 118
《통상백서》 204
통합(*integral*) 195
통합형 제품 208
투입요소 24
두자 · 수출 증가율 111
투자 · 수출주도 성장 109
투자입국론 186
트윈키즈(Twin Kids) 275
특수목적 회사 119
패널기업 248
〈패스트 컴퍼니〉(*Fast Company*) 54
포스코 157
포춘 500대 기업 51
포퓰리즘 34
폭스콘 83
표준화된 부품 153
푸둥(浦東) 신도시 82
프로스트 앤 설리컨(Frost & Sullican) 62
프리터족 193
피라미드 구조 182, 209
피쳐폰 149

ㅎ

하드웨어 역량 152
하류(下流) 193
《하류사회: 새로운 계층집단의 출현》
193
하산론(下山論) 185
《하산의 사상》 185
하우스 푸어(*house poor*) 29
하이얼 56
학벌(學閥)지상주의 234
학술인재 106
한가구 한자녀 정책 81

한계기업 139
한국식 경영방식 277
한 · 중 FTA 279
한 · 중 · 일 분업구조 258
합자기업 153
해외 마케팅 사업 267
혁신 네트워크 147
혁신가능성 94
혁신기술 (*disruptive technology*) 151
혁신수준 94
혁신역량 89
혁신의 연결고리 246
혁신인재 106
현장의 암묵지 92, 145
현재진행형 143
현지생활 연구체제 206
호구제도 81
화교 74
화석연료 자동차 90
화웨이 56
화이브라더스 66
환경 · 자원 소모적 성장 79
환상적인 시장 155
후지 산 (富士山) 분화 180
후지키메라종합연구소 198
후지필름홀딩스 (Fuji Film Holdings) 298
후커우 (戶口: *hukou*) 제도 117
후쿠시마 원자력발전소 183
휴대폰산업 149
흑자국 (黑字國) 34
희유금속 156
희토류 156
히가시오사카 (東大阪) 시 200
히든 챔피언 (*hidden champion*) 172
히타치 하이테크놀로지 172
히트텍 297

기 타

A/S 네트워크 60
BGI 61
BYD 신화 63
CGS (*China Gold Supplier*) 65
CISRI (China Iron & Steel Research Institute Group) 158
G2 47
GDP 대비 R&D 비율 97
K-POP 23
LTE (*Long Term Evolution*) 57
PCT (*Patent Cooperation Treaty*) 99
PKZ (*Personalkosten Zuschuβ*) 226
R&D 시스템 개혁 119
R&D 역량 97
R&D 인력비용 57
R&D 지출 97
WSD (*World Steel Dynamics*) 157
12 · 5 계획 127
13억 명의 소비자 133
1조 달러 클럽 19
211 공정 107
3중 (三重) 충격 244
3D 업종 263
6 · 25 전쟁 22
6중고 44, 179
7대 전략적 신흥산업 129
985공정 107

찾아보기
(인명)

덩샤오핑(鄧小平) 67
런정페이(任正非) 56
리옌홍(李彦宏) 106
마오쩌둥(毛澤東) 58
마윈(马云) 64
먀오롄성(苗連生) 64
모리시게 타카시(森重隆) 298
미우라 아츠시(三浦 展) 193
버락 오바마(Barack Obama) 233
보시라이(薄熙來) 137
사카모토 료마(坂本龍馬) 194
스기야마 카츠히코(杉山勝彦) 299
스이궁(施一公) 106
시오노 나나미(塩野七生) 281
시진핑(習近平) 37
싸이 23
쑨리핑(孫立平) 112
쑨정차이(孫政才) 137
아카마츠(赤松) 168
야우싱퉁(丘成桐) 106
왕종레이(王忠磊) 66
왕종쥔(王忠軍) 66
왕찬푸(王傳福) 63
워렌 버핏(Warren Buffett) 63
이병철 95
이츠키 히로유키(五木寛之) 185
패빗(K. Pavitt) 50
헤르만 지몬(Hermann Simon) 220
황샤오칭(黃小慶) 106
후지모토 다카히로(藤本隆宏) 145